Jeannine Mik, Sandra Teml-Jetter

Keine Angst, Mama!

Jeannine Mik, Sandra Teml-Jetter

Keine Angst, Mama!

Wie Eltern Ängste und Sorgen überwinden
und Kinder selbstbewusst begleiten

Kösel

Hinweis: Dieses Buch bietet Orientierungshilfen und Reflexionsimpulse für den Umgang mit weit verbreiteten Ängsten und Sorgen im Erziehungsalltag. Dennoch kann es eine Psychotherapie oder auch die Dienste eines psychologischen Beraters nicht ersetzen. Gerade bei Angst- und Panikattacken kann es notwendig sein, professionelle Hilfe in Anspruch zu nehmen. Alle im Buch vorkommenden Personen sind verfremdet bzw. frei erfunden. Jede Ähnlichkeit mit lebenden oder toten Personen ist rein zufällig und in keiner Weise beabsichtigt.

Sollte diese Publikation Links auf Webseiten Dritter enthalten, so übernehmen wir für deren Inhalte keine Haftung, da wir uns diese nicht zu eigen machen, sondern lediglich auf deren Stand zum Zeitpunkt der Erstveröffentlichung verweisen.

Penguin Random House Verlagsgruppe FSC® N001967

Copyright © 2021 Kösel-Verlag, München,
in der Penguin Random House Verlagsgruppe GmbH,
Neumarkter Str. 28, 81 673 München
Umschlag: Weiss Werkstatt München
Umschlagmotiv: © galina_kovalenko/stock.adobe.com
Redaktion: Ralf Lay
Druck und Bindung: CPI books GmbH, Leck
Printed in Germany
ISBN 978-3-466-31157-6
www.koesel.de

Dieses Buch ist auch als E-Book erhältlich.

Inhalt

- 9 **Einleitung: Ein Eltern-Ermutigungsbuch**
- 9 Einladung zum Innehalten
- 16 On a Personal Note: Warum wir über Angst und Integrität schreiben
  - 16 Jeannine: Aufgebrochen, um zu heilen
  - 21 Sandra: Lernen, das Gute zu halten
- 23 Wie du dieses Buch verwenden kannst

- 26 **I. Angst: Ein Geschenk, das keiner will**
- 28 Deine Angstbilder: Wovor fürchtest du dich?
- 32 Einführung in die Angst: Jenseits deines vollen Potenzials
  - 32 Warum ich wünschte, ich wäre ein Zebra
  - 37 Alltagsangst: Das Korsett, das wir selbst schnüren
  - 38 Angst, warum bist du da?
  - 41 Ein neuer Blick auf die Angst: Aufruf zu einem Leben in Integrität
- 45 Der Angstkörper: Zustände erkennen und Verbindung ermöglichen
  - 46 Emotionen als interpretierte Körperempfindungen
  - 47 Meine Nerven: Sicher sein und Sicherheit spenden
  - 59 Panikattacken: Stresstoleranz und Körperweisheit im Extremfall
- 61 Troubleshooting: Übungen für den Umgang mit Angst
  - 63 Die Schmetterlingsübung
  - 63 Die 5–4–3–2–1-Übung
  - 67 Nervennahrung für dein Regulationsmenü
  - 70 Tonglen: Angst aufsaugen, Verbundenheit aussenden
  - 73 Angst erlauben nach der Grinberg-Methode

78 **II. Selbstbewusst begleiten: Orientierung beginnt in dir**
80 Kinder lesen in ihren Eltern
85 Das Beste in uns leben
88 Ein erfülltes Leben im Paradigma der Differenzierung
90 Wie wir Kinder durch Emotionen begleiten
    93 Zwischen »O mein Gott!« und »Alles fein!«
    96 Sicherheit durch emotionale Distanz
    101 HALT: Wie du dich selbst stoppen kannst
104 **Wie du in zwölf Schritten dein Kind traumatisierst**
    104 Ein fruchtbarer Boden für allerlei Traumata
    107 Zwölf Orientierungswerte für meine Familie
110 **Durch die Angst gehen: Sehen, was war, und gestalten, was ist**
    110 Inneres Wissen: Ich kenne dich, und du kennst mich
    113 Fehlersuchbilder: Was Kindergehirne kollabieren lässt
    118 Absichtsbewusstsein: Was hast du im Sinn?
    120 Stopp, jetzt! Effektbewusstsein und kindliche Grenzen
    123 Kränkungen und No-Gos: Davor habe ich zu Recht Angst
134 **Unsere Kinder leben in unseren Angstbegrenzungen**
    137 Aus der Spirale aussteigen
    138 Grenzen, Regeln und Verbote reflektieren
143 **Liebe Mama, lieber Papa: Was ich euch sagen will**

146 **III. Dein Conscious Mindset: Die Macht der inneren Bilder**
150 Denkschablonen entlarven: Weißt du, was du glaubst?
153 Wie persönliche Werte (un)glücklich machen
    154 Das Maß aller Dinge: Schlechte Werte gegen bessere tauschen
    160 Wie du gute von schlechten Werten unterscheidest
    162 Neue Werte finden
164 Schuld, Verantwortung und dein erwachsenes Ich
    167 Fantasiereise zu deiner inneren Erwachsenen
    170 Die Reise vertiefen
    171 Gute Erfahrungen mit deiner Erwachsenen machen
172 Aufrichtig leben: Nötiges Wachstum und Entscheidungen
    174 Veränderung in Beziehungen und die Angst vor Trennung
    176 Wachstumskreise
189 Zeit aufzuräumen: Ich lebe meine Integrität
    190 Dazugehören: Der Verrat an deinem Wesenskern
    193 Lauschen lernen: Wie deine innere Stimme zu dir spricht
    199 Dein Ja und dein Nein aus vollem Herzen
    201 Beziehungen gestalten mit meiner Integrität als Kompass
    208 Mein neuer Tanz und die anderen: Inspiration oder Gefahr?
    209 Seit ich integer bin …
211 Motivwerkstatt: Auf dem Weg zur gelebten Vision
    212 Dein Motiv: Starte mit »Warum?«
    218 Vision Board: Dein Herzens-Warum in Bildern
220 Das Ego: Warum so viele Menschen Angst vor Veränderung haben
222 Gut reguliert ist halb gewonnen
224 Ein Geschenk an dich: Der Brief deines Wunsch-Future-Self

226 Nachwort: Selbstbewusst durch die Angst
in Verbundenheit

229 **Anhang**
229 Übungsverzeichnis
229 Literaturverzeichnis
232 Bildnachweis
232 Anmerkungen

Einleitung:
Ein Eltern-Ermutigungsbuch

Einladung zum Innehalten

»Was ist eigentlich das Problem mit Angst? Warum muss man darüber ein Buch schreiben?« Juni 2020. Ich sitze Sandra in ihrer gemütlichen Küche gegenüber, meinen Kopf in den Laptop versenkt, während ich ihr diese Fragen stelle. Dann lehne ich mich zurück, streiche mit der Hand über meinen Bauch – ich bin im sechsten Monat schwanger mit meinem zweiten Kind – und sehe sie erwartungsvoll an. Bis eben befanden wir uns noch mitten im Schreiben. Nun aber stutzt sie: »Wie jetzt?«

Nachdem wir bereits Stunden um Stunden in die Thematik investiert, recherchiert, diskutiert und massenweise Zettel vollgeschrieben haben, verstehe ich ihre Verwunderung: seltsame Frage. »Ich meine es ernst. Wo ist denn bitte das Problem?«, frage ich weiter. Mit Fragen kann man Sandra herrlich aus der Reserve locken. Das durfte ich erfahren, als wir uns diesem Prozess zum ersten Mal gemeinsam stellten und *Mama, nicht schreien!*[1] schrieben. Es klappt. Sandra holt Luft, richtet sich auf und sagt: »Ich kann dir sagen, wieso ich dieses Buch schreibe! Weißt du, wie viele Eltern bei mir in den Beratungen sitzen und mir seufzend sagen: ›Ich habe Angst, etwas falsch zu machen, und mein Kind erleidet dadurch einen Schaden‹?« Ich sehe sie an, sage nichts. Ich weiß, da kommt noch etwas. Sie fährt fort: »Das ist Angst! Angst vor der Zukunft, vor Fehlern. Deshalb will ich das hier schreiben. Weil uns die Zukunftsangst die Gegenwart verpassen lässt. Elternschaft ist ein Teil der Schule des Lebens, den es zu bewältigen gilt.«

O ja, denke ich mir und lasse ihre Worte in meinem Kopf widerhallen. Ich nicke. Dann schweift Sandra ab: »Es ist ja schließlich der Fluss des Lebens. Und nicht der Stausee des Lebens! Wobei auch ein Stausee reguliert werden muss ...« Und während sie weiter über Flüsse, Seen und Autobahnen philosophierte, habe ich bereits, was ich wollte: ein klares Warum.

Eines, das mich unendlich berührt, und eines, auf das noch viele weitere folgen sollen.

Ich kenne sie, die Angst, und ich weiß, dass ich damit alles andere als allein bin. Öfter, als mir lieb war, habe ich am eigenen Leib erfahren, wie es sich anfühlt, wie in Trance am Jetzt vorbeizugehen; wie festgeklebt an zermürbenden, belastenden Gedanken an eine unsichere, womöglich furchtbare Zukunft. Viel zu oft habe ich den wertvollen Moment direkt vor meiner Nase verpasst.

Ja, mit Ängsten kenne ich mich mittlerweile aus. Nicht nur in der Theorie. Manchmal wünschte ich mir, dem wäre nicht so. Dann werde ich daran erinnert, dass die teilweise sehr intensiven Erfahrungen und Erlebnisse der letzten Jahre mich zwar aufgebrochen und auf meine Knie gebracht haben, zugleich aber auch die größten Wachstumseinladungen meines bisherigen Lebens waren. Und dass ich – auch dank ihnen – heute besser als jemals zuvor weiß, wer ich bin.

> Wir können nur die Menschen und Eltern sein, die wir sein wollen, wenn wir wissen, welche inneren Bilder und Überzeugungen uns jeden Tag leiten.

Unreflektierte Angst beeinflusst unsere Gedanken und entsprechend auch unser Verhalten in allen Lebenssituationen maßgeblich. Wir können nur die Menschen und Eltern sein, die wir sein wollen, wenn wir wissen, welche inneren Bilder und Überzeugungen uns jeden Tag leiten.

Das, was nach unserer Erfahrung *wirklich* relevant ist für den bewussten Umgang mit Ängsten und was es zu erforschen gilt, um Kinder selbstbewusst zu begleiten, wirst du in diesem Buch lesen. Wo du hinsehen und was du anpacken musst, um wahrhaftig in deine Kraft zu kommen – das ist es, was uns interessiert. Diese Dinge sind wahrlich bunt und manchmal nicht auf den ersten Blick erkennbar.

Aufgrund der Vielfalt der Themen und weil wir wissen, dass Zeit zum Lesen als Elternteil oft ein rares Gut ist, haben wir dieses Buch in drei Teile unterteilt. Klar, sie hängen zusammen. Aber du kannst frei wählen, womit du starten möchtest. Und es wird hoffentlich immer noch einen Sinn ergeben, wenn du mit Teil II oder III beginnst und wild herumhüpfst. Wir haben uns bemüht, jeden dieser Abschnitte in sich rund zu machen, mit Anfang und Ende. Damit du nicht erst nach der Lektüre des gesamten Buchs etwas Greifbares in Händen hältst, sondern jetzt gleich das, was dir etwas für deinen Umgang mit Ängsten und Sorgen oder fürs bewusste Begleiten deines Kindes bringt.

Im ersten Teil beschäftigen wir uns mit Ängsten, deinem Körper und deinem Nervensystem. Angst hat so viele Gesichter. »Alltagssorgen« können uns enorm ängstigen und einschränken. Mehr, als vielen bewusst ist. Darüber wollen wir sprechen. Und auch einen mutigen Blick auf Zustände werfen, die so intensiv sind, dass sie weitreichende Folgen für unser Leben und Wohlbefinden haben. Wir schaffen ein allgemeines Verständnis für Ängste und sehen uns die Vorgänge an, die sich in deinem Körper abspielen, wenn du Angst hast. Wieso fürchtest du dich eigentlich? Woher kommt die Angst, was löst sie aus? Was treibt dein Gehirn? Warum hast du diese körperlichen Empfindungen? Und was hat dein Nervensystem mit alldem zu tun? Wissen ist Macht und kann dich direkt in angsterfüllten Situationen beruhigen. Gleichzeitig wird für dich sichtbar, in welchen Zustand du kommen musst, um in deinem Leben Raum für Neues zu schaffen, das dir und deiner Familie guttut.

Praktische Übungen, die dich zum Spüren, Erkennen und Verändern einladen, findest du auch im ersten Teil. Du bist nicht ausgeliefert, sondern kannst etwas tun! Nach unserer Erfahrung ist diese Gewissheit gerade bei der Angst, bei der wir uns auch in Bereichen wie Kontrolle und Kontrollverlust bewegen, wichtig, um die Füße halbwegs wieder auf den Boden zu bekommen. Damit die Spannung nach und nach der Entspannung weichen kann.

Im zweiten Teil geht es primär darum, wie wir Kindern Sicherheit geben und sie selbstbewusst begleiten können. Unser Vorbild prägt und beeinflusst. Was wir in verschiedenen Lebensbereichen vormachen, wird zur Schablone für unsere Kinder, an der sie sich orientieren. Eine essenzielle Frage, die uns begleiten wird, ist: Was erzieht wirklich? »Erziehen« verstehen wir hier im Sinne von »prägen«, das ist wichtig. Was hinterlässt also einen bleibenden Eindruck bei deinem Kind? Die Antworten darauf werden dich vielleicht überraschen. Wollen wir Elternschaft bewusst leben, sind wir eingeladen, uns mutig unterschiedliche Forschungsfragen zu stellen und mit dem umzugehen, was sich offenbart. Wer und was hat dich geprägt? Wie haben deine Eltern dich erzogen, und wie haben sie sich auf dich und aufeinander *bezogen*? War ihnen die Beziehung zu dir wichtiger als ihre Vorstellungen davon, wie du sein solltest? Haben sie Verantwortung übernommen für ihre Entscheidungen, ihre Haltung und ihre Handlungen? Jeder Mensch, dem du jemals begegnen wirst, macht eines von zwei Dingen: Entweder er gibt seine Muster blind an die nächste Generation weiter. Oder er konfrontiert sich selbst auf der Suche nach etwas, das nach seiner persönlichen Einschätzung »besser« ist als das, was er selbst erfahren hat. Irgendjemand muss irgendwann einmal den Anfang machen. Wir dürfen auf unserem Weg durch die Elternschaft das belastende Alte erkennen, benennen und verändern: Wie bist *du* heute selbst als Elternteil in der Welt? Erkennst du an, wo du stehst, und konfrontierst du dich mutig selbst, damit es dir und deinen Kindern gut gehen kann?

Und im dritten Teil widmen wir uns der »Brille«, durch die du die Welt siehst. Wir laden dich ein, deine inneren Bilder zu hinterfragen und – sofern du das möchtest – so einiges neu zu gestalten. Die bewusste Auseinandersetzung mit deinen Gedanken, Werten und Überzeugungen als Ursprung für deine Handlungen ist eine der sinn- und kraftvollsten Beschäftigungen, denen du in deinem Leben nachgehen wirst. Deine inneren Bilder sind maßgeblich für alles, was dich betrifft. Dazu zählt natürlich auch, wie du dich selbst siehst, deine Kinder und deine Beziehungen. Es bestimmt, was du dir zutraust und was du verdient oder nicht verdient zu haben meinst. Bist du gut genug? Wie darfst du leben? Darfst du Grenzen haben und dich gut um dich selbst kümmern? Bist du es wert, geliebt zu werden? Wovor fürchtest du dich? Gibt es jemanden, dem du nicht widersprechen darfst? Wir könnten endlos weiterschreiben. Was deutlich wird, ist die allumfassende Bedeutung deines »Mindsets« für dein gesamtes Leben[2] – also auch dein Wohlbefinden und Elternsein.

Spätestens jetzt wird wahrscheinlich schon deutlich, dass die Themen des Buches natürlich alle zusammenhängen – auch wenn du ganz frei entscheiden kannst, wo du starten willst, und die Inhalte dann idealerweise genauso einen Sinn ergeben: Wenn ich ängstlich und dauerbesorgt bin, kann ich nicht gleichzeitig Leuchtturm sein und Sicherheit spenden. Angst verhindert Kontakt.

> Angst verhindert Kontakt.

Wenn die Welt durch die Brille, die ich permanent trage, ein gefährlicher und feindsinniger Ort ist, ebenso wenig. Umgekehrt liegen oft genau bei jenen Themen, denen wir uns hauptsächlich in Teil II widmen, die Wurzeln von zermürbenden Sorgen und Ängsten bis hin zu ausgewachsener Panik im Erwachsenenalter verborgen.

Dies soll ein *Ermutigungsbuch* für Eltern sein. Ja, wir wollen dir Mut machen. Mut, in deine Größe und Kraft zu kommen. Mut, dein Leben zu gestalten und dein »Ich will« laut werden zu lassen. Unser Ziel ist es nicht, mit dir ins Drama zu gehen und dort steckenzubleiben. Das mag sich zwar wie Lebendigkeit anfühlen, ist es aber nicht. Wir sprechen zu deinen gesunden Anteilen – zu jenen, die heil und integer geblieben sind. Damit du, davon ausgehend, aus deinem Besten handeln kannst. An einem Ort, an dem du dich sicher fühlst, Balance empfindest und Stress als etwas erlebst, von dem du weißt, dass du es managen kannst. Für uns essenziell ist dein reflektiertes, selbstbewusstes Standing im Hier und Jetzt. Deine Kinder brauchen dich als differenzierte, aufrichtige Erwachsene.³ Auch und gerade dann, wenn es schwierig wird! Deine Gedanken und inneren Bilder schaffen deine Realität. Die Frage ist: Unterstützen sie dich dabei, der Mensch zu sein, der du sein willst? Oder hindern sie dich in Wahrheit daran? Welches Vorbild bist du für deine Kinder *wirklich*?

Wenn du dich mit deiner Integrität und deinem erwachsenen Ich beschäftigst und entdeckst, wie es sich anfühlt, gemäß deinen eigenen Werten zu handeln, arbeitest du so gleichermaßen auch deine Vergangenheit auf. Aber mit einem Fokus, der im Heute sinnvoll und lösungsorientiert ist. Wenn wir uns trauen zu sehen, was war, erhebt sich etwas in unserem Inneren, und wir gehen *aufrichtig* weiter. Niemals könnten wir ein Buch über Angst, Selbstbewusstsein und Integrität schreiben, ohne uns dem zu widmen.

Wir sind davon überzeugt, dass man für niemanden schreibt, wenn man versucht, für alle zu schreiben. Deshalb ist dieses Buch nicht für alle. Dieses Buch ist für dich, wenn du bereit bist, dich auf neue, innere Prozesse einzulassen und dich selbst zu reflektieren. Du kannst nur nach innen gehen, wenn du innehältst.

Wir schreiben für diejenigen, die bereit sind, alles zu tun, um notwendige Veränderungen in ihrem Leben vorzunehmen. Für diejenigen, die entschieden sind zu wachsen und auch bei Gegenwind dranbleiben. Menschen, die final an einen Punkt kommen wollen, an dem sie stolz auf sich selbst sind: stolz auf die Prozesse, denen sie sich gestellt haben, und stolz darauf, dass sie immer wieder durch ihre Angst durchgehen. Wir schreiben für Menschen, die wissen, dass nicht Fehler das Problem sind, sondern Stillstand an einem Ort, an dem es schmerzt – egal, ob sie selbst leiden oder ihre Kinder, für die sie verantwortlich sind. Dieses Buch ist für dich, wenn du bereit bist, mal langsam zu machen, dich selbst und die Dinge, von denen du meintest, sie seien wahr, zu hinterfragen und dich auf einen neuen Mosaikstein im Bild deines Lebens einzulassen. Mutig gehst du einen Schritt nach dem anderen – mit deiner Vision davon, wie du leben willst, fest im Blick. Du weißt:

- Ich bin zu 100 Prozent selbst verantwortlich für meine Reaktion auf die Dinge, die passieren.
- Ich bin zu 100 Prozent selbst verantwortlich für meine Gedanken, Entscheidungen und Handlungen.
- Ich bin zu 100 Prozent selbst verantwortlich für mein eigenes Leben.

Durch die Lektüre dieses Buchs wird sich noch nichts verändern, weil Wissen allein nicht ausreicht. Es geht ums Tun. Um deinen Weg, dein Vorangehen und Weitermachen. Jeder Schritt, den du frei und im Einklang mit dir selbst wagst, lässt dich aufrechter gehen: *selbst-bewusster*. Als Leitsterne dienen dir Fragen wie »Was will ich *wirklich*?«, »Will ich *so* sein?« und »Was ist *jetzt* das Richtige zu tun?«. Sie helfen dir dabei, dich immer wieder nach deinen eigenen Werten auszurichten.

Es geht nicht darum, zu einem anderen Menschen zu werden. Es geht darum, endlich *wirklich* du zu sein. Selbstkonfrontation ist nicht »easy«, und Wachstum braucht vor allem eines immer wieder: dein Commitment. Dein »Ja, ich mache das! Ich ziehe das durch, weil ich weiß, was ich will und was ich nicht (mehr) will. Ich gehe den Weg!«. Alles beginnt mit dir. Wenn du dich bewegst, bewegt sich alles.

> Wenn du dich bewegst, bewegt sich alles.

Dieses Buch kann ein Teil deines Prozesses und somit einer von zahlreichen kleinen Mosaiksteinen sein. Niemals mehr! Aber viele unterschiedliche Mosaiksteine – gewissenhaft aneinandergereiht – schaffen mitunter die schönsten Gemälde. Wie soll deines aussehen?

Auf nach innen
Es geht nicht um Kinder. Solange wir nur über Kinder reden, schießen wir am Ziel vorbei. Du bist es, auf die wir zuerst blicken. Spüre, fühle hin zu dir und in dich hinein, um in die Verantwortung zu kommen. Verantwortung dafür, wie du bist: Wer bist du? Wer willst

du sein? Wie kommst du dorthin? Was oder wer hält dich ab? Wie willst du jetzt sein, hier und heute, in diesem Moment? Die Qualität der Beziehungen zu deinen Mitmenschen prägt dein Kind mehr als alles andere. In welchem Beziehungsklima wächst dein Kind auf? Deine Beziehung zu dir selbst und jene zu allen anderen dir nahestehenden Menschen beeinflussen dieses Klima. Kannst du darin atmen? Und die anderen? Wir wollen dich ermutigen: Komm ins Handeln, erforsche und konfrontiere dich. Verändere. Wieder und wieder, bis es sich gut anfühlt. Authentisch. Du. Selbst.

On a Personal Note: Warum wir über Angst und Integrität schreiben

Dieses Buch ist uns ein Herzensanliegen. Nicht zuletzt deshalb, weil wir beide als Frauen, Töchter und Mütter selbst Erfahrungen mit der Angst und ihren Folgen gemacht haben. Jede für sich ganz anders – und doch jede von uns beiden auf sehr intensive Weise.

Jeannine: Aufgebrochen, um zu heilen

Ich schreibe dieses Buch, weil mir meine Reise durch die Angst ein Leben so sehr im Einklang mit mir selbst ermöglicht hat, wie ich es mir früher nie hätte vorstellen können. Weil es eine Zeit gab, in der ich dachte, ich würde verrückt und somit alles verlieren. In diesem Buch werde ich auch von meinen eigenen Erfahrungen mit Angstzuständen berichten. Du wirst lesen, was nötig war, um an den Punkt zu kommen, an dem ich heute bin. Ich bin noch nicht angekommen. Ich wüsste auch nicht, wo. Vielmehr reise ich täglich und schaue, was kommt und wie ich damit umgehen will.

Ich bin ein sehr lebensfroher Mensch – war ich immer schon. Und ich lebte so sehr mit der Angst vor Krankheit und Tod, dass ich von dieser Tatsache keinen Schimmer hatte. Es war mein Normal. Es war mein Normal, das Schlimmste zu befürchten, von angsterfüllten Gedanken in Horrorszenarien zu gleiten und jederzeit mit einem Anruf zu rechnen, der den Tod eines geliebten Menschen bedeuten würde. Es war mein Normal, davon auszugehen, dass mein Körper keinerlei Selbstheilungskräfte hätte, dass ich bei jeder Kleinigkeit Medikamente bräuchte und überhaupt ein extrem schlechtes Immunsystem hätte. Es war mein Normal, mich im Heute zu beschränken aus Angst vor der Zukunft, aus Angst vor dem, was vielleicht / irgendwann / eventuell / unter Umständen – aber in meinem Kopf »auf jeden Fall« – eintreffen würde. Ich war Sonnenschein, Retterin und ein unsagbar gewünschtes Wunschkind. Meine Aufgabe war es, zu strahlen, Freude zu schenken, glücklich zu sein, zusammenzuhalten und zu stützen. Auch wenn mir diese Aufgabe nie jemand bewusst übergestülpt hatte.

Wenn ich einen Raum betrat, schwappten – wusch – die Befindlichkeiten jeder anderen Person auf mich über. Ich wusste immer, wie es wem geht, wer einen Satz wie aufgenommen hat, wer was als Nächstes tun wird und wem wie auf den Schlips getreten wurde. Meine Antennen waren dauerausgefahren und dabei nie auf mich gerichtet. Immer im Außen, wachsam. Hochsensibel, meinen manche; eine Traumafolge und somit Überlebensstrategie, weiß ich heute. Ich war ein exzellenter »People Pleaser«: immer schön nett sein, immer lächeln. Strahl weiter, Sonnenschein! Man mag mich. Ich bin hübsch, schlank, gepflegt: »Na, so ein liebes Mädchen!«

Wer bleibt dabei auf der Strecke? Ich. Immer und immer wieder. Mit allem, was sich in mir drinnen aufbäumt, wenn sich jemand schlecht benimmt und auf meinen Grenzen rumtrampelt. Aber dieses Bauchgefühl, diesen inneren Widerstand, dieses ganz glasklare »*Nein!*« der Seele – all das habe ich jahrelang ignoriert. Nicht absichtlich. Es war mein Normal. Ich habe gelernt, es zu übergehen. Damit »alles gut« ist. Dieser Druck auf der Brust, dieses Stechen, sie begleiteten mich jahrelang. Ich weiß das noch so gut. Und ich weiß auch noch, wie oft ich mich fragte, warum es wohl da war: »Ist gerade irgendwas falsch? Aber es war ja gar nichts!« Verbiegen tut weh. Nicht nur der Seele, sondern auch körperlich. Mein inneres Selbst, dieser »Kern«, der schrie schon lang. Aber ich hab ihn nicht gehört.

Das klingt jetzt alles so dramatisch – ist es ja auch –, aber zugleich habe ich das Glück, mit liebenden Eltern aufgewachsen zu sein. Mit Menschen in meiner Familie, in der jeder seine Macken hat – eh klar –, doch es war in Ordnung. Ich war echt glücklich, ich beschäftigte mich mit Dingen, die mich ehrlich interessierten, hatte Freunde, Beziehungen, war viel unterwegs, auf Reisen ...

Ich glaube, wir dürfen nicht den Fehler machen anzunehmen, dass nur Menschen, die todunglücklich sind, irgendwann Bekanntschaft mit Depression oder Angstzuständen machen. Das stimmt nämlich nicht! Es braucht kein völlig aus der Bahn geworfenes Leben, um an irgendeinem Tag plötzlich Panik zu bekommen und Kreislaufzusammenbrüche zu erleiden. Das anzunehmen wäre weit gefehlt! Aber wenn du nicht auf dein Innerstes hörst, dich zu lange verbiegst, grausame innere Überzeugungen mit dir rumträgst ... warum auch immer ... und das dein Normal ist, brichst du irgendwann zusammen. Dann braucht es nur ein einzelnes Erlebnis, das dich endgültig aufbricht. Dann hast du Arbeit vor dir, denn dann ist der Punkt erreicht, an dem es nicht mehr anders geht. So war es bei mir: Ich hatte die Anzeichen so lange ignoriert und beiseitegeschoben, bis der Schrei meines Wesenskerns mich in die Knie zwang. In diesem Moment, in dem es keine Alternativen mehr gab, fand ich mein »Ja« zu meinem Weg. Nach den ersten paar Panikattacken und Episoden, die über mehrere Tage andauerten und die ich wie neben mir erlebte, hatte ich so große Angst, das Allerwichtigste in meinem Leben – meine kleine Familie – zu verlieren, dass ich entschied: »Ich werde wieder zu mir finden. Ich werde durch die Angst gehen. Keine Ahnung, wie, aber ich muss. Koste es, was es wolle.«

Mir war völlig klar, dass ich mit diesen extremen Zuständen

nicht die Mutter sein konnte, die mein Kind brauchte. Und ich war ganz sicher nicht die Frau, die ich sein wollte; und die Folge wäre ein Leben gewesen, das ich niemals haben wollte. Solange ich irgendwie in der Lage war, etwas zu tun, würde ich kämpfen. Durch die Angst durchgehen, egal, was es mir abverlangte und wen ich enttäuschen müsste, um endlich gemäß dem zu leben, was *wirklich* mir selbst entspricht. Entscheidungen, neue Handlungen und neue Gedanken. Nicht *gegen* jemand anders – sondern nur *für* mich selbst. Für mein Wohlergehen und meinen Weg. Für mich. Und weil ich genau wusste: Auch das erzieht. Ich werde meiner Verantwortung für mein Kind nachkommen, indem ich durchgehe durch das, was mir das Leben bietet und mich aufrichtet. Weil ich ein aufrichtiger Mensch sein will. Einer, der für seine Werte einsteht, der mit dem umgeht, was das Leben ihm zuwirft, und der keine Angst davor hat, das Richtige zu tun. Das ist das Vorbild, das ich sein will.

Ich las Bücher, arbeitete mit Sandra und meiner Psychologin. Ich begann, Leute zu enttäuschen. Darunter auch meine Eltern und andere Menschen, die mir nahestehen. Das zerriss mich fast. Ich atmete mich durch meine Panikattacken, so gut ich es im jeweiligen Moment konnte. Ich grenze mich ab und fand so mehr zu mir. Ich ertrug nicht mehr stumm, sondern bezog Stellung. In meinem Inneren liefen so viele Prozesse ab, viele davon versuchte ich für mich zu verschriftlichen. Das half mir. Ich riss so vieles nieder, damit etwas Neues entstehen konnte. Ein Schritt nach dem anderen. Atmen, spüren, weitergehen.

Ein knappes Jahr dauerte dieser Prozess in seiner sehr intensiven Phase: von meiner ersten Panikattacke bis zur – aktuell – letzten. Mein Vater, einer der wichtigsten Menschen in meinem Leben, starb in dieser Zeit. Dann kam die Pandemie. Und meine zweite Schwangerschaft. Mein Leben im Schleudergang. Es ruckelt, wenn wir uns entwickeln und das Leben passiert. Es fragt nicht, ob's dir gerade recht ist. Eine Wachstumseinladung folgt der nächsten, und manchmal hast du das Gefühl, gar nicht mehr hinterherzukommen. Zumindest geht es mir immer wieder so.

Wie ist es heute? Mit dieser Frage komme ich zu meinem Warum für dieses Buch: Alles, was ich durchgemacht habe in diesen vergangenen Monaten, hat mich enorm verändert. Ich bin gewachsen, und das weiß ich. Leicht war es in den wenigsten Momenten, der Weg hat mir vieles abverlangt. Aber nun habe ich auch jede Menge, das ich teilen kann. Ich glaube nicht, dass mein Weg durch die Angst abgeschlossen ist – denn ich lebe ja zum Glück. Und alles Neue kann uns immer mal wieder ängstigen. Jeder neue Entwicklungsschritt vermag das. Das ist *auch* Leben! Es geht mir gut, ich fühle mich wohl. Ich gestalte aktiv meine Beziehungen. Ich sage nicht mehr »Ja« aus Höflichkeit, sondern nur, wenn ich es meine. Zumindest bemühe ich mich, das so zu machen, und reflektiere, wenn es mir nicht gelingt. Mein »Ja« aus vollem Herzen.

Ich sage auch »Nein«: Ich enttäusche andere Menschen, wenn alles andere bedeutete, mich selbst zu verleugnen. Heute weiß ich, dass mein Körper weise und kräftig ist. Ich bin kraftvoll, mein Immunsystem ist ein Wunder, und ich vertraue meinem Bauchgefühl. Ich höre hin und spüre mich. Ich bin verbunden, werde getragen und vertraue auf die Richtigkeit des Lebens.

Meine Gedanken und inneren Bilder haben sich verändert – ich habe sie verändert: Mein Gehirn hat neue Gedankenautobahnen gebaut und alte verlassen. Ich bin stark und fähig, gehe aufrecht und bin vollends gewillt, auch mal zu missfallen. Ich traue mich mehr, ich gestalte mein Leben anders und gemäß dem, was mir entspricht. Mit meiner kleinen Familie, meinen Kindern, habe ich mehr Geduld. Ich kann Sicherheit spenden und Leuchtturm sein. Nicht immer, aber oft. Und ich traue mich, klar Stellung zu beziehen und die Verantwortung zu tragen, wenn meinen Kindern meine Entscheidungen nicht gefallen. Ich bin nicht angekommen: Ich habe nach wie vor Lernfelder und mache Fehler. Kleinere, größere und regelmäßig. Aber ich weiß jetzt, dass das okay ist. Und dass ich meistens das Vorbild bin, das ich in diesem Moment, hier und heute, sein will. Wenn ich strauchle und irre und etwas falsch mache, dann ist das in Ordnung. Denn ich bin Mensch, und ich bemühe mich. Und all das »erzieht«.

Die Angst hatte ich nicht vorm Tod, sondern vorm Leben. Heute lebe ich. Ich will, dass die Geschichte von dem Berg, den ich erklommen habe, jemand anderem Kraft gibt für seine ganz persönliche Wanderung. Und es wäre schön, wenn dieser Mensch du wärst.

Sandra: Lernen, das Gute zu halten
Auch ich kenne sie, die Angst. Ich bin Ende der Sechzigerjahre geboren. Damals ließen Eltern – dem Zeitgeist entsprechend und im Glauben, das Richtige zu tun – ihre Kinder oftmals in ihrer Not allein. So war es zum Beispiel gang und gäbe, Kinder nur zu füttern, wenn es »Zeit war« – und nicht nach Bedarf. Diese Not wurde zu Angst und dann zu Panik: Es wäre gut für die Lungen, gut für den Charakter und schließlich auch gut für die Eltern selbst. Begleitet wurde diese Zeit meines Lebens von einem ausgeprägten Echo der Kriegsgeneration in Form von zwei besorgten, ängstlichen Großmüttern. Meine weiblichen Vorbilder waren selten in ihrer Mitte, bei sich und präsent. Um in unserem Wording zu sprechen: Sie waren nicht in ihrem »Kreis«, sondern sich selbst immer zwei Schritte voraus. Allzeit gewappnet, der Gefahr ein Schnippchen zu schlagen, und stets »vor-sichtig«. Die Männer erschienen mir infolgedessen als das schwache Geschlecht.

All das hat mich geprägt und erzogen. Es war das Normal meiner Kindheit. Über lange Strecken war somit die Angst auch meine ständige, mitunter lästige Begleiterin und Einflüsterin. Ihre Stimme wollte mich klein und brav halten, um nicht aufzufallen und auch gut ins System zu passen. Ich vertraute lange anderen Stimmen und gehorchte ihnen, nicht aber meiner eigenen. Ich habe wenig Sinnvolles riskiert, wenig rebelliert und mich maximal ins Gegenteildenken und -handeln gewagt. Aber nicht in Alternativen und somit hin zu etwas wirklich Neuem. Auch ich war immer wieder eine angepasste Gefallerin: bedacht, es anderen recht zu machen, keinen Staub aufzuwirbeln und mich weitgehend unsichtbar und unauffällig in emotional nahen Beziehungen zu machen.[4]

Angstfrei und entspannt war ich, wenn kein anderer Erwachsener in der Nähe war. Nur dann konnte ich selbst bei mir sein und dem nachgehen, wozu ich Lust hatte und was ich wollte. So dachte ich. Es ist nicht einfach, mit einem Menschen, der so ist, in Beziehung zu sein: Diese Menschen sind in Gegenwart anderer immer angespannt. Sie wissen nicht, was sie wollen, und nehmen sich dafür auch keine Zeit. Sie stecken immer zurück und investieren sich selbst in andere. Für die Dinge, die sie wirklich wollen, stehen sie dafür wie Beton ein und fahren über ihre Mitmenschen drüber: Da gibt es nur ein »Entweder-oder« und wiederum keine Alternativen. Es ist, als ob du entweder auf den weißen oder auf den schwarzen Tasten eines Klaviers spielst: Es wird eintönig. Es gibt kein Zusammenspiel, und die Melodien sind beschränkt.

In seinem Buch *Das Kind in mir ist immer da* schrieb der verstorbene dänische Familientherapeut Jesper Juul: »Wenn du mit deinem Leben nicht zufrieden bist, dann verändere es. Denn wenn du es nicht machst, dann wirst du deine eigene Familie damit kontaminieren. Dafür kann ich kein Verständnis aufbringen und keine Geduld. Klienten sagen oft: ›Das ist aber schwer!‹ Und ich sage: ›Ja, das ist es. Aber hat jemals einer versprochen, dass es einfach werden würde? Weißt du, das Leben ist schwierig!‹«[5]

Vor allem durch meine Elternschaft und meine Berufswahl war ich gezwungen, meine Sicherheitszone zu verlassen und mich auf die Suche nach meinem höchstpersönlichen »Sinnvoll« und »Richtig« zu machen. Ich musste Orientierung in mir suchen und mich auch mit meinen Ergebnissen zeigen. Es war an mir, mich als Orientierungsgebende und ein tatsächliches Gegenüber sichtbar zu machen. Das hatte das Ende meiner Ehe und meines Familiengefüges zur Folge und ermöglichte mir eine neue Chance auf Beziehungen auf Augenhöhe.

Mein Weg »in meinen Kreis«, also zurück in meine Mitte, wäre ohne Einbeziehen des Körpers undenkbar gewesen. In dieser Arbeit mit meinem Körper durfte ich erspüren, dass ich mir selbst immer zwei Schritte voraus gewesen war. Da gab es keine Entspannung und keine Freude an der Berührung. Ich erfasste, in welchem Angstkörper meine Seele gefangen war. Ich hatte stets in banger Erwartung gelebt. Nun musste ich mühsam lernen, die Momente zwischen Schmerzpunkten wirklich zu genießen und dem Schmerz als heilende Antwort des Körpers zu begegnen. Ich musste meine Atmung und Entspannung wiederfinden und den Körper seine Arbeit tun lassen.

Angst ist nicht etwas, was dir wie eine Wand gegenübersteht, sondern eine Welle, durch die du durchgehst. Und du atmest. Immer wieder atmen, ein und länger aus als ein. Es ist ein Prozess. Dieser Prozess heißt Leben.

Wie du dieses Buch verwenden kannst

Unser Vorschlag ist, dieses Buch als dein ganz persönliches Arbeitsbuch zu sehen und keine Scheu davor zu haben, es auch wirklich »zu deinem« zu machen.

- Mach dir Notizen! Halt fest, was dich bewegt und was während des Lesens in dir entsteht. Am liebsten wäre es uns, wenn wir dir in diesem Buch den nötigen Raum dafür zur Verfügung stellen und du alles direkt hineinschreiben könntest. Das würde aber über den Rahmen hinausgehen; deshalb empfehlen wir dir das Nächstbeste: Schnapp dir ein Notizbuch, und schreib alles nieder, was dir während der Lektüre in den Sinn kommt. Nutz es auch für die zahlreichen Übungen, die du hier findest. Tagebuchschreiben ist aus gutem Grund wieder en vogue: Es

unterstützt dich dabei, Abstand zu deinen Gedanken und Emotionen zu gewinnen, indem du sie vom Kopf zu Papier bringst. Was in dir war, findet so seinen Weg »aus dir heraus«.
- Nimm und gib dir Zeit. Halt inne bei den Übungen, und probiere sie aus. Mach dir auch Notizen zu deinen Erfahrungen damit und den Gedanken, inneren Bildern und Emotionen, die entstehen.
- Wenn dich ein Satz berührt, markiere ihn. Wenn dich eine Aussage stört, markiere sie ebenso, oder schreib sie auf, um dich später damit auseinanderzusetzen: Was lässt dich die Stirn runzeln und warum?
- Beobachte neugierig und unvoreingenommen die Reaktionen deines Körpers, wenn sich bei bestimmten Themen welche bemerkbar machen. Dein Körper ist weise! Im Leben allgemein wie auch auf deinem Weg raus aus Angst oder Sorge und hin zu deiner gelebten Integrität weiß er sehr gut, was zu tun ist. All die unterschiedlichen Körpersensationen können dir ein integrierter, immer verfügbarer Kompass sein. Nimm sie wahr, und bewerte dabei nicht: Es geht darum, was gerade in dir ist. Und alles darf sein.
- Wenn Widerstand in dir hochkommt, versuch den Schritt in die Selbstreflexion. Deine Lebenszeit ist dein wertvollstes Gut. Verschwende sie nicht, indem du während der Lektüre in einer Abwehrhaltung steckenbleibst, die dich selbst beschränkt.

Du kannst dich darauf verlassen, dass jeder Impuls und jede Übung in diesem Buch durchdacht und erprobt ist. Wir beabsichtigen, dich – durch die Mischung aus Forschung, Wissenschaft und gelebten Prozessen, Erfahrungen sowie Erkenntnissen – mit reichlich aktuellem, sinnvollem und gewinnbringendem »Vermutungswissen«[6] zu versorgen. Was wir mit dir teilen, ist fundiert und belegt. Gleichzeitig wissen wir, dass die absolute Wahrheit etwas ist, das wir als Menschen vergebens suchen. Was bleibt, sind die Erfahrungswerte zahlreicher Eltern, mit denen wir in den letzten Jahren arbeiten durften, und unsere eigenen.

Es liegen für uns Bescheidenheit und Demut in der Einsicht, dass jede Meinung es wert ist, untersucht und hinterfragt zu werden. Wer glaubt, alles zu wissen, der lernt nichts mehr. Und das wäre doch irgendwie schade, oder?

Nun gilt es für dich, dich dem Neuen gegenüber zu öffnen. Dann kannst du das meiste für dich und deinen Prozess aus diesem Buch herausholen. Das ist unsere Einladung an dich: Lass dich auf die Inhalte ein, öffne deinen Geist für neue Inputs.

Wir wünschen dir neue, sinnvolle Erkenntnisse, die für dich genau richtig sind. Und wir hoffen, dass dieses Buch zu deiner treuen Begleiterin wird, bei der du die Antworten findest, die du suchst. Los geht's!

I. Angst:
Ein Geschenk, das keiner will

Loslassen ist erkennen, was du nicht kontrollieren kannst.
Akzeptanz ist annehmen, was du nicht kontrollieren kannst.
Hingabe ist umarmen, was du nicht kontrollieren kannst.

Egal, wo du geboren wurdest, wie alt du bist, wo du lebst, welchen Job du hast, wie viel Geld du verdienst, welche sexuelle Orientierung oder welches Geschlecht du hast – so gut wie jeder Mensch wird irgendwann einmal im Laufe seines Lebens Bekanntschaft mit der Angst machen.

> Jeder Mensch macht im Laufe seines Lebens Bekanntschaft mit der Angst.

Sie ist, wie die Trauer, eine der großen »Gleichmacherinnen«.[7] Der größte Unterschied liegt wohl darin, wie Menschen mit ihr umgehen: Gerade in unserer westlichen Gesellschaft will man Schmerz jeglicher Art grundsätzlich schnellstmöglich beseitigen. Kaum ist das Symptom beschrieben, schon hält man ein Rezept und kurz darauf die Tabletten in der Hand. Wirklich hinschauen und Probleme an der Wurzel packen, das geschieht zu selten. Das gilt auch für die Haltung, die viele Menschen unangenehmen Zuständen wie etwa der Angst gegenüber haben: am besten schnell weg mit ihr, heute und für immer. Egal, wie sie sich zeigt. Hinsehen? Bloß nicht!

Nur die wenigsten von uns wurden im Umgang mit ihren Emotionen *begleitet* und sind mit erwachsenen Vorbildern groß geworden, die auf die Signale ihres Körpers hörten. (Was wir unter »begleiten« verstehen, liest du ausführlich in Teil II.) Hatten wir Eltern und Bezugspersonen, die stattdessen alles »runterschluckten«, verdrängten und überspielten, wuchsen wir in der unbewussten Überzeugung auf, dass dies der »richtige« Weg sei. Schließlich ist dies der, den wir kennen. Diese Haltung zeit unseres Lebens zu bewahren, kann uns verunsichern, einschränken, zermürben, beklemmen oder gar krank machen, wie du vielleicht am eigenen Leib erfährst.

Auch heute noch spricht kaum jemand offen über die Angst und ihre mitunter sehr belastenden Begleiterscheinungen: Das Thema ist nach wie vor tabu und schambesetzt. Angst wird als Schwäche gesehen, infolgedessen weiterhin unterdrückt und weggeschoben, man lenkt sich ab oder lebt sie in Form von überschäumenden Aggressionen aus. Dabei spielt sie im Leben vieler Menschen eine größere Rolle, als man vermuten würde.[8] Eins wollen wir dir deshalb mit Nachdruck sagen: Ganz egal, wie speziell und wie intensiv sie sich zeigt: Du bist mit deiner Angst nicht allein. Sehr viele Menschen erfahren Angst auf eine ganz ähnliche Weise wie du,

- ob du nun als Elternteil unsicher daherstrauchelst, weil du nicht weißt, wie du mit deinem Kind umgehen sollst, und keine Ahnung hast, wo deine Grenzen sind,
- ob du mit deinem Partner immer dieselben leidigen Streitigkeiten hast und Angst hast, ihn zu fragen, ob er überhaupt mit dir zusammen sein will.

Oder andersrum:
- ob du regelmäßig in den »Dramazug« einsteigst und über andere herziehst, weil du dich dann endlich lebendig fühlst und nicht auf dich selbst schauen musst,
- ob du dein Kind extrem einschränkst und es sich dir anpassen muss, sich kleiner machen muss, als es ist, weil du deine eigenen Ängste nicht kontrollieren kannst,
- ob dich negative, zermürbende Gedankenspiralen begleiten und dein Gehirn bei den kleinsten Unsicherheiten immer wieder auf Reisen in selbst erdachte Horrorszenarien geht oder
- ob du starke körperliche Reaktionen hast, die wie aus dem

Nichts getriggert werden und sich zu ausgereiften Panikattacken zusammenbrauen.

Die Liste ist bunt, die Abstufungen sind fließend. Wie gesagt: Wir sind viele. Und wir alle, jede Einzelne von uns, trägt selbst die Verantwortung dafür, wie sie umgeht mit der Angst und allem, was zu ihr gehört.

Was dich in diesem Teil erwartet, haben wir in der Einleitung angekündigt: Wir werden vielen Fragen rund um die Angst beantworten – etwa wieso sie wahrscheinlich da ist, wie du besser mit ihr umzugehen lernst oder was dir helfen kann. Wir werden neue geistige Bilder etablieren, die uns dabei helfen können, unsere Zustände auch im Alltag besser einzuschätzen. Gerade im Leben mit Kindern ist es wichtig für uns zu wissen, »wo« wir »unterwegs« sind. Damit wir einschätzen können, ob wir gerade bewusst handeln und überhaupt fähig sind, in Kontakt zu gehen, oder ob eigentlich der Autopilot am Steuer sitzt. Um besser mit den körperlichen Symptomen umgehen zu können, die mit der intensiven Empfindung von Angst oft einhergehen, werden wir uns zum Beispiel ansehen, was im Körper bei Angst passiert. Wir sind davon überzeugt, dass so manche gesuchten Antworten auch in anderen Abschnitten bei anderen Themen auftauchen werden. Und dass dann so manches plötzlich einen Sinn ergeben wird.

Was Menschen, die sich fürchten, brauchen, ist Sicherheit und Orientierung in all der Unsicherheit. Und final die Fertigkeit, mit der absoluten Unsicherheit unseres Seins umzugehen.

Deine Angstbilder: Wovor fürchtest du dich?

Wir haben unsere Online-Communities befragt, wovor sie sich fürchten und welche Ängste sie haben. Die Antworten kamen zahlreich, und doch waren viele ähnlich. Mit Abstand am häufigsten genannt wurde die Angst vor dem Tod oder vor schweren

Krankheiten. Bei einem selbst und auch bei den Menschen, die uns wichtig sind. Einige der Antworten, die wir erhielten, möchten wir mit dir teilen. Markiere, wenn etwas auch auf dich zutrifft, und ergänze deine persönliche Angstliste weiter unten. Es ist ein erster Schritt, deine Angst besser kennenzulernen. Nimm dir dafür ausreichend Zeit, und geh durch deine »Angstbilder«. Herzlich willkommen bei deiner persönlichen Bestandsaufnahme!

Übung: Wovor ich Angst habe

Ich habe Angst, dass …
- meinen Kindern oder meinem Partner etwas Schlimmes passiert.
- mir etwas Schlimmes passiert.
- ich meine Kinder alleine zurücklassen muss.
- mein Partner meine Kinder anders erzieht als ich.
- ich meine Ängste auf meine Kinder übertrage.
- ich meine Kinder aufgrund meiner alten, unbewussten Muster traumatisiere.
- ich nicht den Mut finde für berufliche Entwicklungsschritte.
- mein Kind psychisch krank wird.
- ich nie das Gefühl haben werde, ganz angekommen zu sein.
- mein Leben einsam bleibt.
- ich meinen Partner verlassen muss, weil unsere Werte zu unterschiedlich sind.
- mein Partner eine Affäre hat.
- mein Kind unglücklich sein wird.
- mein Kind niemals Freunde haben wird.
- mein Kind etwas Wichtiges nicht lernen wird.
- mein Kind ein ungesundes Essverhalten entwickeln wird.
- mein Kind mich allein lassen und hassen wird.
- ich zu dick bin.
- ich zu dumm bin.

☐ ich nicht gut genug bin.
☐ ich das alles nicht schaffe.
☐ mich meine Eltern enterben, wenn ich das mache, was ich will.
☐ ich zu wenig Geld habe.
☐ ich anstrengend für meine Umgebung bin.
☐ ich zu viel Raum einnehme.
☐ ich abgelehnt und ausgeschlossen werde.
☐ ich nie jemanden finde, der mich wirklich liebt.
☐ mich meine Schwiegereltern nicht mögen.
☐ ich niemals das Leben führen werde, das ich mir wirklich wünsche.
☐ etwas Gutes[9] passiert.

Hast du Angst vor etwas, oder befürchtest du etwas, was nicht auf der Liste steht? Schreib's auf, und ergänze unsere Liste.

Geh nun einen Schritt weiter. Betrachte deine persönliche Angstliste, und frag dich, seit wann du Angst hast vor diesen Dingen. Nimm dir Zeit für die Beantwortung. Begnüg dich nicht automatisch mit dem ersten Satz, der in dir entsteht. Forsche weiter, verweile etwas bei jedem einzelnen Punkt auf deiner Liste, und notier deine Antworten:

Ich habe Angst vor ... _____

Zum ersten Mal bin ich dieser Angst begegnet, als ... _____

Untersuch »dein« Bild nun weiter: Welche Szene siehst du vor deinem inneren Auge, wenn du an die Sache denkst, vor der du dich fürchtest? Endet deine Vorstellung nach deiner Aussage? Ist da ein Standbild? Untersuch das Bild, und lenk deine Aufmerksamkeit auf deinen Körper. Was passiert in dir, wenn du die Szene betrachtest? Was spürst du in deinem Körper?

Schreib deine Empfindungen nieder: »Wenn ich diese Szene betrachte, spüre ich ...«

Merkst du, was deine inneren Bilder in dir auslösen? Wie deine Gedanken dich »runterziehen« und in einen unangenehmen Zustand bringen können?

Drück jetzt im Geiste auf die »Play«-Taste, und lass den Film weiterlaufen: Was folgt auf das Standbild in deinem Kopf, in das du dich eingefühlt hast? Was kommt danach? Und was wiederum danach? Was passiert – mit dir und den Menschen, die in deinem Film mitspielen? Ist dir bewusst, dass *du* das Drehbuch schreibst? Weißt du noch, dass *du* die Regisseurin bist? Du führst Regie und bist zugleich mittendrin: Wirst du die Situation meistern?

»Erst der Mut zu sich selbst wird den Menschen seine Angst überwinden lassen«, schrieb der österreichische Psychiater Viktor E. Frankl.[10] Was kannst du tun? Welche möglichen Zukunftsszenarien gibt es? Fühl dich ein in die Szene, Bild für Bild. Geh langsam voran, nicht im Schnelldurchlauf. Was passiert jetzt in deinem Körper? Nimm wahr und schreib auf, was du spürst, während du gedanklich durch die Szene gehst.

Du hast nun einen ersten genaueren Blick auf deine Ängste gewagt und bist auch ein Stück weit in den Film eingetaucht, der vor deinem geistigen Auge entsteht, wenn du Angst hast. Zudem hast du in einer unangenehmen Situation den Kontakt zu deinem Körper aufgenommen und hingespürt. Frag dich nun: »Kann ich etwas tun, um zu verhindern, dass die Sache, vor der ich mich fürchte, eintrifft? Gibt es da etwas?«

Nein, denn jetzt sind wir dort angelangt, wo die meisten Ängste hingehören: bei jenen Dingen, die außerhalb unserer Macht liegen. »Gottes Angelegenheiten« sagen manche, »Schicksal« oder »Natur« nennen es andere. Angst und der Wunsch nach Kontrolle hängen oft zusammen. Anzuerkennen, dass es außerhalb von uns eben noch etwas Größeres gibt, dem wir uns auch fügen müssen, kann da große Entlastung bringen. Und wenn wir auch nicht alles beeinflussen können, dann doch immer noch unsere Einstellung zu den Dingen, die sind, wie sie sind. Das Leben ist auch eine Übung in Demut, Vertrauen und Hingabe an den Fluss des Lebens. Das sind aktive Handlungen und Haltungen, die nichts mit dem Gedanken »Dann kann ich's ja auch gleich bleibenlassen!« zu tun haben.

Sitze mit deinen Empfindungen. Atme. Spüre deinen Körper, und lass sein, was sein will.

Einführung in die Angst: Jenseits deines vollen Potenzials

Manche Menschen haben Angst vor dem Fliegen, Angst vor Höhen oder Tiefen und vor engen Räumen. Oder vor Spinnen und Clowns. Das sind Phobien. Andere Menschen aber – und damit beschäftigen wir uns hier – haben Angst vor etwas, was in ihrem Leben vielleicht passieren könnte. Angst vor der Zukunft. Das ist eine Angst, die irgendwie über allem schwebt, auch wenn sie oft nicht wirklich greifbar ist. Die interessiert uns. Denn sie ist es, die unser gesamtes Leben, unsere Haltung, unsere Überzeugungen, Emotionen und final entsprechend auch unsere Handlungen beeinflusst.

Warum ich wünschte, ich wäre ein Zebra

Stell dir vor, du bist ein Zebra an einem Wasserloch. Die anderen Zebras sind bereits gegangen, du bist allein. Und plötzlich ist da ein Löwe! Er sieht dich, und du weißt: Du bist Mittagessen! Der Löwe läuft auf dich zu. Für dich als Zebra ist das ein großes Problem, du läufst, so schnell du kannst, und rennst um dein Leben durch die Savanne. Fast hätte dich der Löwe erwischt – aber glücklicherweise hat er Konzentrationsprobleme und lässt sich von einem Erdhörnchen im letzten Moment ablenken. Er läuft dem Nager nach und ist weg. Juhu, du hast es geschafft! Du hast überlebt! Puh! Du läufst noch ein Stückchen weiter zu deinen Artgenossen, die genüsslich im Halbschatten Gras fressen.

Wenn du ein Zebra bist, beruhigt sich dein System nun allmählich. Die Alarmglocken schrillen nicht mehr, du »kommst runter«, und nach ein paar Minuten ist alles wieder gut. Die Gefahr ist nicht mehr da, du bist also wieder ganz im Hier und Jetzt und tust, was Zebras so machen. Kein Problem mehr. Alles fein.

Hättest du als Zebra aber ein menschliches Gehirn, würdest du darüber nachdenken, was da gerade passiert ist und was alles hätte passieren können. Du würdest den anderen Zebras aufgeregt davon erzählen: »Habt ihr den Löwen gesehen? O du meine Güte, es war so schrecklich! Stellt euch vor, er hätte mich beinah erwischt!« Nachts hättest du Probleme einzuschlafen, weil du darüber nachdenken würdest, was wohl morgen passieren wird: »Hoffentlich ist da nicht wieder ein Löwe! Was, wenn da zwei Löwen sind? O mein Gott. Ich werde da nie drüber hinwegkommen. Ich werde meine Zebrakinder auch nicht auf eine gute Zebraschule schicken können. Die Zebrawirtschaft geht auch den Bach runter.« Und du wirst weiterdenken und grübeln und dich sorgen. Die Gedankenspirale dreht sich weiter, und dein Gehirn geht munter auf Reisen, hin zu den furchtbarsten Szenarien, die dir einfallen.

Auf einen angstauslösenden Moment reagiert der Körper in Form von hoher Spannung und einem hohen Erregungsniveau. Wir haben Angst. Nach dem Auslöser sollte die Angst allmählich wieder verschwinden und Entspannung einkehren. Der Angstkreislauf sollte sich schließen, wie beim Zebra. Er hat einen Anfang, eine Mitte und ein Ende:[11]

Der Löwe ist der Auslöser und bedeutet den Anfang, in der Mitte rennt das Zebra um sein Leben, und am Ende gelingt ihm die Flucht. Angst vorbei. Viele Menschen sind jedoch im Mittelteil des Zyklus »hängengeblieben« und erleben Übererregung als ihre ständige Begleiterin. Sie rennen förmlich durchs Leben, finden kaum erholsame Ruhe und bleiben in Gedankenspiralen und sorgenvollen »Was wäre, wenn …?«-Szenarien.

> Der Angstkreislauf hat einen Anfang, eine Mitte und ein Ende.

Die Geschichte vom Zebra am Wasserloch[12] erzählt uns der Psychologe und Gründer des Zentrums für Compassion Focused Therapy Dennis Tirch. Die Hirnforschung sagt uns, dass menschliche Gehirne auf Vorstellungen reagieren, als wären sie echt. Sie unterscheiden kaum zwischen Realität und Fiktion. Das ist unsere größte Stärke und hat es uns beispielsweise ermöglicht, eine Sprache und all diese wunderbaren Errungenschaften der Menschheit zu haben. Aber jedes Mal, wenn unser Gehirn die »alten« Geschichten wieder aufruft, können sie eine Lawine an neuen, ebenso ängstigenden Gefühlen und negativen Gedanken nach sich ziehen … und schon dreht sich die Spirale von Katastrophengedanken und Sorgen wieder. Und darum wünschten wir uns manchmal, Zebras zu sein. Die können das schlicht und ergreifend nicht.

Akute Angst

Angst ist ganz grundsätzlich gut, sinnvoll und überlebensnotwendig. Sie ist eine gesunde und richtige Reaktion deines Körpers. Hätten unsere Vorfahren keine Angst gehabt, gäbe es uns heute nicht. Sie alle wären wohl von wilden Tieren verschlungen worden oder sonst wie umgekommen.

Stell dir noch mal den Löwen am Wasserloch vor: Da ist er! Was nun? Wirst du kämpfen, weglaufen oder ganz still stehen? Diese Entscheidung triffst du nicht bewusst. Das Zebra denkt auch nicht erst drüber nach, ob es jetzt flüchten sollte – es läuft einfach. Das Gehirn schüttet den Neurotransmitter Adrenalin aus und entscheidet binnen Millisekunden, was jetzt zu tun ist. Dafür ist das Stammhirn zuständig, eine sehr tiefe Hirnregion.

Was hier in so kurzer Zeit geschieht, soll unser Überleben sichern. Dafür war Angst evolutionär gesehen gemacht. Ist die Gefahr vorbei, bist du vielleicht etwas außer Puste, oder dein Herz schlägt noch schnell … aber schön langsam geht die Angst vorüber. Das ist ein Beispiel für akute Angst: die Reaktion auf eine aktuelle Bedrohung, also die Furcht vor etwas, was gerade wirklich passiert.[13] In dieser Sekunde.

Chronische Angst

Chronische Angst hingegen nährt sich aus der Furcht vor dem, was sein *könnte*. Es ist Angst, die scheinbar grundlos aus dem Nichts kommt: Schon ist sie da! Es fühlt sich so an, als wäre da der aggressive Löwe, der drauf und dran ist, dich anzugreifen. Bloß, der Löwe, der fehlt. Du hast Angst, obwohl *eigentlich* alles gut ist. Und der Körper reagiert entsprechend: Herzklopfen, Anspannung, der berühmte Kloß im Hals, die flache Atmung.

Besonders fies wird das Ganze, wenn der vermeintlich angriffslustige Löwe in Form deines dreijährigen Kindes vor dir steht, das unabsichtlich sein Glas Himbeersaft umgekippt hat. Verunsichert sieht es dich an. Wie reagierst du jetzt? Womöglich präsentiert sich der Löwe auch in Form deines Partners, der eigentlich um 18.30 Uhr daheim sein wollte, es ist aber schon kurz nach 20.00 Uhr, und er nicht erreichbar. Oder der Löwe ist deine Schwiegermutter, die dich wissen lässt, dass sie am Sonntag vorbeikommt und Gebäck mitbringt.

Menschen, die mit chronischer Angst zu tun haben, sind ständig auf einem sehr hohen Erregungsniveau. Es braucht dann nur noch einen Tropfen, damit das sprichwörtliche Fass überläuft. Irgendein Auslöser lässt es geschehen, und die Liste ist lang: ein gewisses Verhalten, ein bestimmter Tonfall in der Stimme, Wörter, Körperhaltungen, Berührungen, Nähe zu einem anderen Menschen, Gerüche, Farben, unbewusste Gedanken, innere Bilder und Vorstellungen … Das ist sie, die reale Angst ohne reale Gefahr in dem Moment, in dem sie auftaucht. Dein Gehirn und dein Körper machen etwas, für das es *eigentlich* gerade keinen Grund gibt. Zumindest nicht im Hier und Jetzt. Im Dort und Damals gab es diesen Grund aber sehr wohl. Nur weil der *Stressor* von damals nicht mehr da ist, heißt das nicht, dass auch der *Stress* mit ihm verschwand. Irgendwas ist »steckengeblieben«, wie es zum Beispiel bei einer traumatischen Erfahrung ist. Ein Trauma überwältigt dich, du konntest dich nicht wehren, und die Spannung im Körper konnte nicht gelöst werden.[14] Der Körper hat einen weitaus größeren Einfluss auf die Psyche, als viele ihm zuschreiben. Er unterscheidet nicht zwischen alten, vergangenen Ängsten und dem Jetzt. Das ist wichtig! Denn das erklärt, dass dein Körper richtig liegt mit dem, was er da macht. Du bist nicht »kaputt« oder verrückt, wenn du diese scheinbar grundlose Angst kennst. Zeigt sich deine Angst auf diese Weise, dann hat das eine tiefere Ursache, die es zu erforschen gilt.

> Der Körper unterscheidet nicht zwischen alten, vergangenen Ängsten und dem Jetzt.

Auf unsere Frage, ob es sinnvoll ist, Biografieforschung zu betreiben und so festzustellen, woher unsere Ängste kommen, antwortet der österreichische Psychotherapeut Wilfried Ehrmann:

»Das Verständnis für die eigene Biografie erleichtert und lindert die Angst. Wir können unsere Ängste im aktuellen Erleben bewältigen und überwinden, aber sie werden durch ähnliche Reize immer wieder ausgelöst werden – dazu wissen wir inzwischen viel aus der Gehirnforschung. Die biografische Arbeit löst die Angstreize aus ihrer Anonymität und gibt ihnen einen Ort in der eigenen Geschichte. Durch das Verstehen der Herkunft der Angst steigt die Top-down-Kontrolle in Gehirn und Nervensystem: Das Bewusstsein kann dem Unterbewussten, das die Angst produziert, mitteilen, dass das Gefühl aus einer alten Erfahrung stammt und dass die Gegenwart sicher ist.«[15]

Zu wissen, woher deine Angst rührt, kann also helfen. Auch wenn sie deshalb noch nicht verschwindet, ist es sinnvoll, ihrer Quelle auf die Spur zu kommen. Bedenke dabei bitte: Neben diesem Forschen und Entdecken kommt für uns Erwachsene und Eltern die Verantwortung direkt in der Situation hinzu, in der wir Angst haben. Auch wenn du einen guten Grund hast, warum es dir sehr schwerfällt, dich beispielsweise bei der fehlinterpretierten Himbeersaft-Szene emotional zu regulieren, ist deine Reaktion auf das Hoppla deines Kindes wichtig und relevant. Es sieht dich, beobachtet dich und liest in dir. Im *Jetzt*. Nicht in der Vergangenheit, wo der Grund begraben liegt.

Alltagsangst: Das Korsett, das wir selbst schnüren

Manche Menschen meinen, keine Angst zu haben, bewegen sich aber in Wahrheit nur in ihrem gewohnten Feld, in ihrer Komfortzone. Sie gehen nicht an deren Grenze oder gar darüber hinaus. In diesem beschränkten Seinszustand gibt es für sie keinen Grund, sich zu fürchten. (Mit deiner Komfortzone werden wir uns später noch beschäftigen.) Oder sie spüren bereits, dass da irgendwas faul ist, unterdrücken jedoch diese unangenehmen Gefühle, damit sie weiter in der so vertrauten Zone bleiben können. »Das Korsett passt nicht. Es ist drauf und dran, aus allen Nähten zu platzen … aber vielleicht, ja vielleicht, mit etwas mehr Zwirn und ein paar Stecknadeln drum herum, hält es noch ein wenig«, sagt die Angst und schnürt uns weiter zu. Egal, ob man diese Angst nun spürt oder nicht: Sie hindert uns daran, unser volles Potenzial zu leben. Und auch das geht nicht für immer gut, weil unser Inneres, der unerzogene und unverbogene Kern, nach Ganzheit und Entwicklung verlangt. Beispiele dafür, was diese »Alltagsangst« so mit uns anstellt, gibt es reichlich:

- Ihretwegen bleibst du in dem unerträglichen Job, weil er vermeintliche »Sicherheit« bringt. Und du schickst die Bewerbung für deinen Traumjob lieber erst gar nicht ab oder wagst den Sprung in die Selbstständigkeit nicht.
- Oder du führst eine Beziehung, in der du todunglücklich bist und Sex hast, den du langweilig findest.

- Du ziehst nicht um, obwohl du es dir so sehr wünschst. Du traust dich womöglich noch nicht einmal, deinen Wunsch auszusprechen – ganz abgesehen von einer potenziellen Umsetzung.
- Du sagst diesem besonderen Menschen nicht, was du für ihn empfindest.
- Du bereitest bereits den dritten warmen Snack zu, weil dein Kind die ersten beiden abgelehnt hat, und sagst aus Angst nicht »Nein«, obwohl du in dir drinnen ganz genau spürst, dass deine Grenze erreicht ist.
- Du fährst jedes Wochenende zu deinen Schwiegereltern um »des lieben Friedens willen«, obwohl du allein bei der Vorstellung Magenkrämpfe bekommst. Der »Krieg« tobt schon lang, nur eben in dir drinnen.

Egal, was konkret – vermeiden, akzeptieren, schlucken, kleinreden, wegschieben, nicht hinsehen, verstecken, aushalten, ertragen: Das, und mehr, macht Alltagsangst.

Angst, warum bist du da?

Niemand weiß bis zum heutigen Tage ganz genau, was Angst, Furcht und diverse damit einhergehende Zustände verursacht. *Die eine* Wurzel gibt es anscheinend nicht, und wir können davon ausgehen, dass viele verschiedene Faktoren Ängste verursachen oder begünstigen.[16] Allem anderen voran sind das prägende Erlebnisse in unserer Kindheit, wie etwa Entwicklungstraumata, die von manchen Forschern als »Mutter aller Krankheiten und Störungen« bezeichnet werden.[17] Auch Erfahrungen, die wir im Laufe unseres Lebens gemacht haben, und unsere aktuelle Lebenssituation können Ängste begünstigen. Außerdem zeigt sich, dass es für uns wahrscheinlicher ist, selbst chronische Angst auf irgendeine Weise zu erleben, wenn die Eltern damit zu tun hatten.[18]

Zu viel Stress oder traumatische Erlebnisse, die wir in sehr jungen Jahren haben, sind massiv prägend: Haben wir Eltern, die sich nicht gut um uns kümmern, werden wir überbehütet oder sozial ausgeschlossen, verspottet oder abgewiesen, hat das Auswirkungen. (In Teil II liest du, wie es Eltern garantiert »gelingt«, ihre Kinder zu traumatisieren. All die dort beschriebenen Verhaltensweisen können Kinder enorm verunsichern und somit Ängste auslösen.) Was unsere Lebenssituation im Hier und Jetzt angeht, können Ängste zum Beispiel durch übermäßigen Stress und Erschöpfung ausgelöst werden und auch dadurch, dass wir Menschen in unserem nahen Umfeld haben, die uns verletzen.[19] Wir sind soziale Wesen – schlecht behandelt zu werden kann weh tun, egal, ob wir Kinder sind oder Erwachsene. Der wesentliche Unterschied liegt in unserer Fähigkeit, damit umzugehen, und in den Möglichkeiten, die wir haben, uns selbst zu schützen: Als Kinder sind wir ausgeliefert. Wir haben keine Wahl, weil wir auf unsere Bezugspersonen angewiesen sind. Als Erwachsene jedoch können wir gestalten und bewusst entscheiden, was wir zulassen und wogegen wir uns verwehren. Was wir hier als Eltern vorleben und wie wir mit Menschen umgehen, die uns nicht guttun, beeinflusst wiederum unsere Kinder, die uns beobachten.

Gehen wir nach der Theorie des Schweizer Psychiaters C. G. Jung, sehen wir die Symptome der Angst als Botschafter unseres Unbewussten, das uns dazu einlädt, in unsere »Ganzheit« zu wachsen.[20] Es möchte nicht, dass wir länger angepasst und entgegen unseres wahren Charakters handeln und durchs Leben gehen. Es wird Zeit für Aufrichtigkeit und dafür, dich selbst als die wichtige Person in deinem Leben zu sehen. Die größte Chance auf Wachstum liegt oft in unserer größten Herausforderung. Sie hat das Potenzial, deine größte Stärke zu werden. Die Therapeutin und Autorin Sheryl Paul schreibt dazu:

> »Vielleicht wurde dir gesagt, dass du ›zu viel‹ bist: zu sensibel, zu dramatisch, zu emotional, zu analytisch. Und diese

Botschaft hat dein junges Selbst übersetzt mit: Ich bin falsch oder irgendwie kaputt. Aber dir muss nun klar werden, [...] dass mit dir absolut nichts falsch ist. Du bist nicht kaputt. Du bist nicht zu viel. Du bist nicht falsch. Es sind genau diese Eigenschaften, für die du beschämt wurdest, die du nun [...] nah an dein Herz schmiegen musst. Wenn du deine Sensibilität nicht länger als Belastung siehst, sondern als das Geschenk, das sie ist, wirst du beginnen, die verletzten Orte in dir zu heilen, und deine ganze Präsenz in die Welt bringen.«[21]

Ganz egal, ob du immer wieder starke Körperreaktionen hast oder es in deinem Fall »nur« um Alltagsangst geht, die dich dran hindert, so zu leben und Familie so zu gestalten, wie du es wirklich willst: Die Angst ist ein Signal deines ureigenen Selbst.

Wir sind übrigens keine Fans des Begriffs »Angststörung«. Das Wort »Störung« verleitet, wie viele Diagnosen, schnell zu einer sehr passiven, ertragenden Haltung. »Das ist jetzt nun einmal so, ich bin gestört«, könnte man schlussfolgern und sich damit abfinden. Dabei geht es gerade bei der Angst darum, ins Tun zu kommen und wohltuende Veränderungen vorzunehmen. Rauszukommen aus der Lähmung.

Du kannst lernen, dich aus der emotional-körperlichen Geiselhaft deiner Ängste zu befreien. Die Traumapsychotherapeutin Dami Charf führt dazu aus:

»Es gibt kaum etwas Verheerenderes für unser Leben als Angst. Angst ist wie eingeschnürt werden, Stacheldraht um die eigene Seele zu spüren. Angst ist, den Bewegungsspielraum zu verlieren, und Angst kann jede Lebensfreude für uns zerstören. Und genau deshalb ist es so wichtig, dass du dich mit Angst beschäftigst. Wir Menschen sind *Schmerzflüchter*. Wir gehen nicht dahin, wo es unangenehm ist. Da sind wir wie bockige Pferde. Wir stemmen die Füße in den Boden und wollen nicht hinschauen. Das Problem ist: Alles, wo du nicht hinschauen willst, was du in deiner Psyche am liebsten wegtust, das wird dich einholen.«[22]

Hast du gerade das Bild vor dir? Siehst du dich in dieser Haltung, die Füße in den Boden gestemmt, den Kopf weggedreht? Spürst du diesen Muskeltonus? In diesem Zustand kann nichts fließen, nichts heilen. Alles steht. Das gilt es zu erkennen und dem bewusst gegenzusteuern. Denn so gern wir uns dem Unangenehmen entziehen möchten, kommen wir doch nur voran, wenn wir genau dorthin spüren. Nicht gleich weitermachen, nicht gleich wegwischen, sondern damit »sitzen« und beobachten.

Achtung: Das heißt nicht, darin unterzugehen. Das wäre wieder nicht mit dem Gefühlten *umzugehen*! Es geht darum, unangenehme Gefühle *halten* und auch mal »sein« lassen zu können. Kurz: Wir tauschen im Idealfall das »Oje, bloß nicht« gedanklich gegen ein »Aha, interessant«.

Ein neuer Blick auf die Angst: Aufruf zu einem Leben in Integrität

Siehst auch du Angst heute als etwas, was es schnellstmöglich loszuwerden gilt, möchten wir dich einladen, das noch mal zu überdenken. In ihrem Kern ist die Angst absolut sinnvoll, mehr noch: Ja, deine Angst ist *für* dich.

Selbst dann, wenn sie so intensiv wird, dass du glaubst, dir bleibt die Luft weg. Und wenn dein Herz dermaßen rast, dass du fürchtest, du seist ernsthaft in Lebensgefahr. Auch bei solch extremen Zuständen ist deine Angst nicht die Gegnerin, die es zu bezwingen und mit allen Mitteln zu unterdrücken gilt. Sie ist vielmehr deine Freundin oder zumindest eine dir wohlgesinnte Bekannte. Manchmal auch eine unglaublich nervige, und sie kann auch *wirklich* Angst machen. Aber sie meint es nicht schlecht mit dir.

Die chronische Angst und die körperlichen und psychischen Signale, mit denen sie sich schließlich irgendwann bemerkbar macht, sind ein Liebesdienst deiner Seele: Dein unzufriedenes, vielleicht einstmals verstummtes Unterbewusstsein verschafft sich Gehör! Ein erster Schritt, um (wieder) ins Spüren zu kommen, ist die bewusste Wahrnehmung. Natürlich deutet nicht jede Magenverstimmung auf eine zugrunde liegende Angst hin. Manchmal hat man einfach einen schlechten Tag und ist nicht per se antriebslos. Es geht also vielmehr um sich wiederholende Muster und immer wiederkehrende Empfindungen. Häufige Warnsignale findest du in der Tabelle. Wie macht Angst sich bei dir bemerkbar?

> Deine Angst ist *für dich.*

Warnsignale für die Angst

Körper	Gedanken	Verhalten
• Ruhe- und Schlaflosigkeit • Herzklopfen, Rhythmusstörungen • körperliche Schmerzen • Brustenge • »Kloß« im Hals • chronische Krankheiten • Appetitlosigkeit, Verdauungsprobleme • Zittern • innere Unruhe • Kopfschmerzen • starkes Schwitzen • beschleunigte, flache Atmung • Panikattacken • Muskelverspannungen	• Konzentrationsschwierigkeiten • verstörende, angsterfüllte Gedanken • Sorgen und Grübeleien: • »Was, wenn ich mit dem falschen Partner zusammen bin?« • »Was, wenn ich meine Bestimmung verpasst habe?« • »Was, wenn ich todkrank bin?« • »Was, wenn ›die Welt untergeht‹?« • Worst-Case-Szenarien (»Das Schlimmste wird eintreten!«)	• negative innere Monologe (»Ich werde verrückt!«) • Ruhelosigkeit • Übervorsicht und Vermeidungsverhalten • Süchte, Zwänge • Perfektionismus • People Pleasing, übermäßiges Entschuldigen • Wut, schnelles Überreagieren • leicht irritierbar • freudlos • hilflos

Hartnäckig, wie sie ist, die Angst, schaltet sie immer weiter die Gänge hoch und bleibt auf dem Gaspedal, bis du *endlich* aktiv wirst. Sie und ihre unterschiedlichen Boten zeigen dir häufig, dass es an der Zeit ist, besser oder endlich auf dich zu achten. Eine Einladung für einen zweiten Blick, und da bringt dich nur Ehrlichkeit mit dir selbst weiter:

- Was tut dir schon sehr lange nicht gut, aber du hast es ignoriert?
- Wo verrätst du deinen inneren Kompass und deine Integrität?
- Welche wichtige Sache musst du endlich sehen?
- Was weißt du schon? Zum Beispiel über dich, deinen Partner, deine Eltern … und willst es nicht wahrhaben?
- Welche übernommenen Denkschablonen, inneren Überzeugungen und geistigen Bilder prägen dein Selbstbild und deinen Blick auf die Welt?

Sehen wir unsere körperlichen Symptome als die Hinweise, die sie sind, und nehmen wir eine neugierige Haltung ein, können wir beginnen hinzuspüren. Wir begeben uns auf eine Forscherreise in unser Selbst: unser Unterbewusstes, unseren Geist, unsere Seele. Deine Angst weist dich mit allen ihr zur Verfügung stehenden Mitteln darauf hin, dass es höchste Zeit wird, endlich etwas Bestimmtes zu *verändern*. Für dich! Für mehr Glück und Leichtigkeit und Weite in deinem Leben. Sie will dir dabei helfen, in deine Größe zu kommen. Dieser kleine Spalt, der da aufgebrochen wird – manchmal durch ein einzelnes Erlebnis, das das Fass endgültig zum Überlaufen bringt –, gibt einen Blick ins Unterbewusste frei, das gesehen werden will: dein unerzogenes Ich, der »Kern« deines Seins, der da irgendwo verschüttet liegt. Das kann Angst machen. Aber es ist lohnend für dein Leben und dein Wohlergehen, auch hier mutig zu sein und dich damit auseinanderzusetzen.

Wenn du nun deine Angst mit einem neuen, neugierigen Blick betrachtest: Ändert das etwas? Übergeh ihre Signale nicht mehr. Entscheide dich für das, was für *dich* gut ist. Mach dich auf die Suche nach deinen ganz persönlichen Antworten: Was will die Angst dir zeigen? Warum ist sie da? Es gibt einen guten Grund, warum dein Wesenskern sie dir geschickt hat. Dass du sie spürst, ist manchmal furchtbar und gleichzeitig großartig, denn es birgt so viele Möglichkeiten! Wie schlimm wäre es, taub dafür und somit wirklich ausgeliefert zu sein und es für den Rest deiner Tage ertragen zu müssen? Wie deutlich die Angst uns doch zeigt, dass es nicht nur gut, sondern auch *notwendig* ist, unser Leben selbst in die Hand zu nehmen. Also, richte dich auf, steh für dich ein, und geh den Dingen auf den Grund. Geh vorwärts. Für dich und deine Kinder. Lebe das Vorbild, das du sein willst. Du schaffst das!

Danke, Angst!
Du unangenehmes Ding, du bist doch gut!
Ich werde dich nicht mehr wegschieben.
Ich sehe nun: Du bist da, und du hast deine Gründe.
Ich werde mich aufmachen, diese zu erforschen.
Ich werde Veränderung leben und mutig sein.
Ich werde das Alte riskieren, damit Neues gedeihen kann.
Ich werde dein Gold bergen.
Für mich und für meine Kinder, denen ich verpflichtet bin.

Hier ist uns ganz wichtig, noch einmal zu sagen, dass wir es als essenziell erachten, sich bei manchen Prozessen begleiten zu lassen. Unsere dringende Empfehlung: Such dir auf deinem Weg Unterstützung von jemandem, der sich auskennt und bei dem du dich gut aufgehoben fühlst. Dieses Buch kann eine Psychotherapie oder auch die Dienste eines psychologischen Beraters oder qualifizierten Coachs nicht ersetzen. Begleitet zu sein und jemanden zu haben, mit dem man sich austauschen kann, fühlt sich gut an. Es gibt Sicherheit. Und gerade bei der Angst, wo wir es oftmals mit sehr alten blinden Flecken zu tun haben, kann es wortwörtlich not-wendig sein. Für dein Weiterkommen und deine Reise zu einer Version von dir selbst, die du schon sehr lange leben möchtest.

Der Angstkörper: Zustände erkennen und Verbindung ermöglichen

Selbst wenn du nun die häufigsten Gründe für Ängste kennst und beschlossen hast, dich auf die Suche nach Antworten zu machen, heißt das nicht, dass mit dem Entschluss allein plötzlich die Ängste weg sind und dein Körper nicht mehr im Vollautomatikmodus Achterbahn fährt. Es ist ein Weg. Und bis du notwendige Veränderungen vorgenommen hast und lebst, wird es wohl ein wenig dauern. Weil du unterbrechen und neu lernen musst, was über viele Jahre gut »einstudiert wurde«.

Wir haben die Erfahrung gemacht, dass es hilft und beruhigt, wenn wir wissen, was in unserem Körper los ist. Zum Beispiel, wenn unser Gehirn einmal mehr »Alarm!« meldet, obwohl wir eigentlich nur etwas kochen oder das Kind zu Bett bringen wollten. Was passiert in deinem Kopf und in deinem Körper? Woher rühren die körperlichen Symptome, die sich einstellen? Was macht dein autonomes Nervensystem, das grundlegend beteiligt ist an den Zuständen, die du erlebst? Wenn du weißt, was Sache ist, kannst du dich beim nächsten Mal darauf konzentrieren. Du kannst bewusst mitverfolgen, wie dein Gehirn etwas beginnt, was sich dann auf natürliche Weise seinen Weg durch deinen Körper bahnt.

Emotionen als interpretierte Körperempfindungen

Bevor wir tiefer in den Angstkörper eintauchen, möchten wir eine Einsicht mit dir teilen, die uns beim Umgang mit der Angst geholfen hat. Sie lautet: Emotionen sind interpretierte Körperempfindungen. Was heißt das? Wir schreiben einem körperlichen Symptom eine gewisse Bedeutung zu, weil wir versuchen, darin einen Sinn zu erkennen. Herzklopfen ist gleich Angst zum Beispiel. Es ist *unsere* Bewertung, die eine (unangenehme) Emotion hochkommen lässt. Lösen wir das Herzklopfen davon, ist es einfach nur Herzklopfen.

Ein gutes Beispiel dafür liefert Dami Charf in einer ihrer Videos:[23] Stell dir vor, du gehst nachts allein in einer dunklen, engen Gasse. Drei düstere Gestalten kommen langsam auf dich zu. Niemand sonst ist in der Nähe. Du hörst seltsame Geräusche, und du meinst, sie würden dich mit ihren Blicken fixieren, während sie sich nähern. Eine unangenehme Situation. Was passiert?

- Du hast schnelleres Herzklopfen.
- Dein Körper verspannt sich.
- Die Atmung wird flacher und schneller.
- Du bist hellwach.

Und jetzt stell dir vor, du bist frisch verliebt. Du weißt noch nicht so recht, ob dieser Mensch dich auch »so« mag. Aber du denkst sehr oft an ihn … Und dann begegnet er dir zufällig beim Einkaufen. Huch! Was passiert?

- Du hast schnelleres Herzklopfen.
- Dein Körper verspannt sich.
- Die Atmung wird flacher und schneller.
- Du bist hellwach.

Dein Körper macht dasselbe wie in der vorherigen Situation. Diesmal aber erzeugen dein Herzklopfen und die anderen Körperempfindungen keine Angst, weil du ja weißt: Es ist die freudige Aufgeregtheit einer sich möglicherweise entwickelnden jungen Liebe. Also? Unsere *Gedanken* über die körperlichen Symptome und deren *Interpretation* sowie der Kontext sind es, die bestimmen, wie wir sie wahrnehmen: als gefährlich oder aufregend neu. *Wir geben dem Symptom die Bedeutung.* Vielleicht kann diese Erkenntnis für Erleichterung sorgen, wenn dein Gehirn das nächste Mal auf Reisen geht oder du ein gewisses Körperempfinden sehr intensiv wahrnimmst. Damit eine Körpersensation nicht mehr wird, als sie ist. Und damit dein Kind, das den Himbeersaft verschüttet hat, dein Kind bleibt und nicht zum angriffslustigen Löwen uminterpretiert wird.

Meine Nerven: Sicher sein und Sicherheit spenden

Unsere Ängste berauben uns nicht nur unserer lebensgestalterischen Kreativität. Sie verhindern auch Verbindung. Einerseits die zu uns selbst, andererseits die Verbundenheit mit anderen Menschen. Echte Nähe. Begegnung. Bist du in einem »Angstklima« aufgewachsen, oder hast du durch deine Eltern nicht die Sicherheit erfahren, die du gebraucht hättest, kann es sein, dass es dir auch als Erwachsene sehr schwerfällt, anderen Menschen nahe zu sein. Dein Nervensystem kann das »Gute« nicht halten, weil es das nicht gewohnt ist: Das ist nicht sein »Normal«, nicht das, worauf es sich eingespielt hat. Was wir in frühester Kindheit erfahren – ob wir uns sicher fühlen mit unseren Bezugspersonen oder die ganze Zeit »auf der Lauer liegen« und uns für den nächsten Angriff oder das nächste Allein-gelassen-Werden wappnen –, das erzieht maßgeblich. Und es macht etwas mit deinem Gehirn.

Manche Nervensysteme sind so geprägt, dass in ihnen nur wenig Platz für Ruhe und Entspannung ist, insbesondere wenn andere Menschen in unmittelbarer Nähe sind. Aber wir alle brauchen ein gewisses Maß an Sicherheit: einerseits in und mit uns selbst, andererseits auch in gelingenden Beziehungen zu anderen Menschen. Nur wenn das gegeben ist, kann es uns gut gehen. »Von unserem ersten Atemzug an streben wir unser ganzes Leben lang danach, uns in unserem Körper, der Umgebung, in der wir uns aufhalten, und in unseren Beziehungen zu anderen Menschen sicher zu fühlen«, schreibt Deb Dana[24] und führt weiter aus: »Das autonome Nervensystem ist unser persönliches Observationssystem, das ständig im Einsatz ist und unablässig fragt: ›Ist dies sicher?‹ Sein Ziel ist, uns zu schützen, indem es Situationen als sicher oder gefährlich identifiziert und Augenblick für Augenblick lauscht, was in unserem Körper, um ihn herum und in unserem Austausch mit anderen Menschen geschieht.«

Bauen wir den Blick auf das autonome Nervensystem in unsere Betrachtungen ein, können wir die gewohnten Bahnen des Nervensystems umformen und lernen, uns nach und nach *besser* zu regulieren. Vielen Menschen fällt es schwer, sich in emotional nahen Beziehungen in einen angenehmen, entspannten Zustand zu regulieren. Sie haben zwar die grundsätzliche Fähigkeit dazu, aber die Fertigkeit geht im Kontext verloren. Etwa weil keine nahe Bezugsperson es ihnen vorgemacht und sie dahin begleitet hat. Sie sind in der Folge ständig – in chronischer Angst und Anspannung – auf der Hut.

Um daran etwas zu ändern, müssen diese Menschen zunächst ein Gewahrsein für den Zustand entwickeln, in dem sie sich befinden. Sie müssen etwas Neues lernen, und dann nach und nach sich selbst spüren und erfassen, *wo* sie gerade unterwegs sind. Dann kann zwischen zwei Menschen das entstehen, was der Professor für Psychiatrie und Begründer der Polyvagal-Theorie Stephen Porges als »Liebe ohne Angst« beschreibt.[25] Wir fühlen uns vom anderen gefühlt und auch bei ihm, mit ihm sicher.

Selbstregulation: Von guten und schlechten Fahrlehrern
Damit du dein autonomes Nervensystem besser verstehst und das Ganze greifbarer wird, möchten wir deinen jetzigen Umgang damit mit dem Autofahrenlernen vergleichen. *Idealerweise* hattest du

einen Fahrlehrer, der dir angstfrei, zuversichtlich und geduldig die Funktionsweise des Autos erklärte. Vielleicht tat er das mehrmals, weil du so nervös warst, dass dein Gehirn beim ersten Mal gar nicht alles erfassen konnte. Dein Fahrlehrer blieb dir zugewandt und entspannt, sodass du dich schlussendlich trautest, den Motor zu starten und die ersten Meter mit angehaltenem Atem loszufahren. Auch wenn es ruckelte und dir das Auto abgestorben ist: Dein Fahrlehrer fiel nicht mitten auf der Kreuzung in Panik, sondern half dir mit seiner ruhigen Art, das Auto neu zu starten. Mit dem Pedal auf seiner Seite des Schulfahrzeugs bremste er manchmal, wenn du etwas übersehen hattest, und ermutigte dich weiterzufahren. Auch wenn du erschrocken warst. Er war wach für das Geschehen außen um euch herum und gleichzeitig bei dir. Ihr beide habt das Fahren dann so lange geübt – inklusive Autobahnfahren, Nachtfahren, Ein- und Ausparken, Am-Berg-Losfahren und allem, was dazugehört –, bis du schließlich die Fahrprüfung bestanden hast und du selbstständig gefahren bist. Der Fahrlehrer konnte also das Auto ganz dir überlassen und aussteigen. Du warst nun in der Lage, selbst auf die Signale der Umgebung und die des Autos zu achten. Du warst aufmerksam dafür, wann du einen Gang raufoder runterschalten musst, und hast ein Gefühl dafür bekommen, wann du zu schnell oder zu langsam bist.

Das ist wie eine gelungene Co-Regulation (auch Koregulation) zwischen Eltern und Kind mit dem Ziel, das mittlerweile große Kind eines Tages in die Eigenständigkeit zu entlassen. Du bist zuversichtlich, dass es sich selbst regulieren kann, also selbst runter- und hochfährt, und die Herausforderungen des Alltags meistert. Es ist bereit, sich an neue »Automarken« heranzuwagen oder auf ein Fahrrad umzusteigen, wenn es das für angebracht hält. Dein Kind ist sicher, flexibel und trifft eigenständige Entscheidungen, wie der Körpertherapeut und Autor Stanley Rosenberg formuliert: »Zum Leben gehört eine ständige Abfolge von Herausforderungen, Bedrohungen und Gefahren, und die Regulierung ist ein fortwäh-

render Prozess, bei dem die nächste Schwierigkeit erfolgreich in Angriff genommen werden muss, sobald sie auftaucht.«[26]
So weit das Ideal. Das wäre schön. Es gibt aber auch andere Fahrlehrer, und wir übertreiben hier ein wenig im Sinne der Metapher:
- Lehrer, die einen Schüler ins Auto setzen, sich selbst daneben hinpflanzen und sagen: »Fahr!« Keine Erklärungen, keine Freude am Beruf.
- Lehrer, die selbst nervös und angespannt sind, keine Geduld haben und rasch ausrasten, wenn du einen Fehler machst. Sie schreien dich an und sagen dir voraus, dass du nie den Schein schaffen wirst, weil du einfach zu bescheuert bist.
- Lehrer, die zwar freundlich lächelnd neben dir sitzen, aber lieber selbst die Pedale auf ihrer Seite bedienen. Sie überlassen dir nur ungern das Steuer und sagen dir dauernd, was du zu tun hast und wann du einen Tick zu schnell bist oder einen Hauch zu langsam. Sie geben dir das Gefühl, dass du ohne sie sowieso nie Auto fahren können wirst. Oder erst ab Mitte vierzig.
- Lehrer, die dich allein im Auto sitzen lassen, nur mit der Information, dass du losfahren musst. Wohin und wie, bleibt ein Rätsel. Du weißt nur: Wenn du nicht ankommst, gibt's Ärger.
- Lehrer, die anzügliche Bemerkungen machen, dich mit diesem Blick ansehen und dir versprechen, dass dir der Führerschein gewiss ist, wenn du nur ein wenig nett zu ihnen bist. Und dass das ein Geheimnis zwischen euch bleibt.
- Lehrer, die dich nur auf bestimmten Strecken fahren lassen. Auf solchen, die sie kennen und nicht fürchten. Auf der Autobahn zu fahren bringen sie dir nicht bei. Das ist ihnen zu rasant, und das »brauchst du auch nicht«.
- Lehrer, bei denen hinten im Wagen ein weiterer Kollege sitzt. Während der Fahrt beginnen sie darüber zu diskutieren, wie du jetzt wirklich richtig fährst und wohin genau du fahren sollst. Sie schreien sich über deinen beinah platzenden Kopf hinweg an, reden die ganze Zeit und sagen dabei nie etwas. Du musst

selbst wissen, wie du zurechtkommst, und wirst mit deinen Entscheidungen allein gelassen. Am Ende der Fahrstunde sagen sie dir dann, dass sie nur dein Bestes wollen und alles nur für dich machen.

Und weißt du, was? Du lernst auch mit diesen furchtbaren Lehrern, Auto zu fahren. Auch wenn es dir niemand *richtig* beibringt. Du schaffst das. Die Frage ist nur: Was für eine Autofahrerin wirst du dann sein? All diese Lehrer wirken dysregulierend, verstörend. Sie schaffen keine sichere, gedeihliche Umgebung, die fürs Lernen förderlich wäre. Du bist mitunter mehr auf sie fokussiert als darauf, fahren zu lernen und auf die Straße zu achten. Vielleicht versuchst du sogar, sie zu besänftigen.

Wenn du mit deinen Fahrlehren traumatische Erfahrungen gemacht hast, dann hat das Folgen für deinen Fahrstil, für deinen Zustand: Dein Zustand wird chronisch und somit dein »Normal«. Du bist entweder in einem beständigen Modus der *posttraumatischen Aktivierung des Sympathikus* (der Kampf-oder-Flucht-Reaktion auf Stress) oder in einem Zustand der *posttraumatischen Aktivierung des hinteren Vagus-Astes* (Starre, Rückzug oder »Dichtmachen«; der Vagusnerv ist Teil des autonomen Nervensystems und an der Regulation fast aller inneren Organe beteiligt). Rosenberg dazu: »Manchmal schwankt ein Mensch zwischen diesen beiden Zuständen hin und her, die beide die Wiederherstellung von Kontakt und Kommunikation verhindern.«[27]

Klären wir eben die zwei Fachausdrücke: Die beiden genannten »Aktivierungen« sind zwei der drei Zustände deines autonomen Nervensystems und ebenjene, die du beim Löwen kennengelernt hast: Kampf, Flucht und Totstellen beziehungsweise Abschalten. Es sind zugleich auch die zwei, die Verbindung *verhindern*. Bist du so »drauf«, kannst du keinen Kontakt zu anderen Menschen aufnehmen. Das geht nicht. Du bist nicht entspannt, du kannst nicht begleiten. Du kochst immer wieder über vor Wut oder Stress oder fürchtest dich die ganze Zeit vor irgendetwas. Hast du auf eine solche Art gelernt, wie man »Auto fährt«, kannst du nicht der Elternteil sein, der du sein willst und von dem du immer in deinen Erziehungsratgebern liest. Egal, wie sehr du dich bemühst. Das geht einfach nicht! Deine Nerven, dein Gehirn – dein ganzes Sein macht da nicht mit. Was meinst du, wie du mit diesen Vorerfahrungen deinen Kindern das Autofahren beibringen wirst? Vielleicht gehst du auch nur noch zu Fuß, zur Sicherheit? Wie viel Vertrauen wirst du in Fahrlehrer haben? Und vielleicht ahnst du nun schon, warum du dein Kind nicht bei deinen Eltern lassen willst, falls du sie in der Metapher wiedererkannt hast.

Wie dem auch sei, der springende Punkt ist: Du kannst etwas tun, wenn du furchtbare Fahrlehrer hattest. Du kannst verlernen, neu lernen und verändern.

> Du **kannst** etwas tun. Du kannst verlernen, neu lernen und verändern.

Du kannst den alten, angelernten Fahrstil hinter dir lassen und dich auf neue Erfahrungen mit deinem Auto(nomen Nervensystem) einlassen. Ja, du kannst auch im Heute eine kompetente Fahrerin werden, die zuversichtlich und mit Freude durch ihr Leben navigiert und genau das vorlebt. Es wird jedoch nicht funktionieren, dir einen Fahrlehrer in Form eines Partners zu suchen, der beständig neben dir sitzt und dein Nervensystem für dich beruhigt. Das wäre insofern auch fatal, weil du dann (wieder nicht) selbstständig, kompetent Auto fahren könntest und immer auf diesen Beifahrer angewiesen wärst.

Du kannst dir aber einen Fahrlehrer in Form eines Coachs oder Therapeuten suchen, der dich ermutigt, dich dem Autofahren – mit den Kompetenzen und Ressourcen, die du heute als Erwachsener hast – neu zu stellen: deine Angst davor und vor Fahrlehrern zu überwinden und aufs Neue vertrauen zu lernen. Nicht blindlings! Schau dir die Fahrschule und den Fahrlehrer gut an, stell Fragen, sorg gut für dich. Gute Therapeuten begleiten dich auch darin, dich mit den alten Fahrlehrern auseinanderzusetzen, damit diese Erfahrungen nicht mehr hinderlich für deine Alltagsnavigation sind. Und damit es dir gelingen kann, dich in einem entspannten Zustand in Beziehung mit dem Partner, den du liebst, und mit den Kindern, für die du als Elternteil verantwortlich bist, zu begeben. Damit Verbindung *möglich* wird. Wir können dir hier nur den Theoriekurs anbieten.

Heiter rauf und runter auf der Leiter
Ein erster Schritt besteht – einmal mehr – im Bewusstwerden darüber, wie dein Zustand gerade ist. Die US-amerikanische Therapeutin Deb Dana schlägt dafür das Bild einer (polyvagalen)[28] Leiter vor, die du hinunterfallen kannst. Das ist keine Entscheidung, die du triffst, sondern etwas, was ganz einfach passiert. Deshalb werden wir es in unserem Alltag wohl nie zu stoischer Gelassenheit bringen und immer vom oberen Ende der Leiter zuversichtlich allen anderen zuwinken. Und »runterzufallen« kann richtig schnell gehen, wie wir am Beispiel von Alexandra sehen.

Beispiel: Alexandra und Simon

Alexandra ist mit ihrem Sohn Simon auf dem Spielplatz. Er spielt in der Sandkiste keine zwei Meter von ihr entfernt mit einem anderen Kind. Sie schaufeln Sand in einen Spielzeuglastwagen. Da läutet Alexandras Telefon. Normalerweise hebt sie nicht ab, wenn sie mit Simon auf dem Spielplatz ist, weil sie ganz bewusst diese Stunde nach einem langen Arbeitstag mit ihrem Kind genießen will. Diesmal ist aber ihre hochschwangere Freundin dran, der Alexandra versprochen hat, auf ihre große Tochter aufzupassen, wenn das zweite Kind kommt. Sie ist sozusagen im Bereitschaftsdienst und hebt deshalb ab. Ein Fehlalarm, wie sich schnell herausstellt, die Freundin wollte etwas anderes. Alexandra steckt das Telefon wieder ein und sieht zur Sandkiste. Simon ist weg! Aber er war doch gerade noch mit dem Spielzeug-Lkw beschäftigt …!
 Wenn du mit im Bild bist, bekommst du nun vielleicht auch

schon ein ungutes Gefühl beim Lesen. Du kannst Alexandra förmlich spüren, du ahnst, wie es ihr geht. Wie die Panik steigt, als sie aufsteht und auch dann ihren Sohn nicht orten kann. Und wie sie beginnt, seinen Namen zu rufen, und dabei schnell umhergeht, schnell von einem zum anderen Punkt blickt und den Spielplatz scannt. Die anderen Eltern bemerken das und beginnen auch, ihn zu rufen … und nach einer gefühlten Ewigkeit kommt Simon mit halb runtergelassenen Hosen aus dem Busch hervor. Er sieht seine Mama und sagt nur: »Lulu!«

Kannst du spüren, was in der Mutter gerade abgeht? Welche biochemischen Reaktionen ihr Körper zu verarbeiten hat und welche grauenhaften Bilder und Filme sie stoppen muss? Sie war im Panikmodus und kommt jetzt, nach dieser Adrenalinspritze, langsam wieder zurück zu sich. Ist das eine Szene, die du selbst kennst? Oder so ähnlich? Die sogenannte Schrecksekunde, die wird es immer wieder geben. Und unser Körper wird immer entsprechend reagieren.

Sehen wir uns nun an, was das autonome Nervensystem gemacht hat, als es Alexandra von einem Zustand in einen anderen katapultierte. Zunächst war bei Alexandra alles gut. Als sie ihren Sohn nicht gleich entdeckte, fiel sie einige Stufen die Leiter hinunter; und je länger die Suche dauerte, desto elender fühlte sie sich. In unserem Beispiel kam sie nicht ganz nach unten, in die Unbeweglichkeit und Resignation, da Simon gerade noch rechtzeitig wieder aus dem Busch heraustrat.

Alexandra war oben auf der Leiter, fiel einige Sprossen hinunter und kam dann wieder nach oben. Es ging für Alexandra von einem *ventral-vagalen Zustand* über den sympathischen Strang des Vagus-Nervs beinahe in einen *dorsal-vagalen Zustand* (Immobilisation) und über den Sympathikus (freudige Erregung, Erleichterung) wieder zurück in einen *ventral-vagalen* Zustand.[30][31]

Ventral-vagal:
verbunden, kreativ und öffnungsbereit, sicher, sozial

Sympathisch-vagal:
energiegeladen, aktiv oder auch unruhig, fluchtbereit, mobilisiert

Dorsal-vagal:
hoffnungslos, keine Energie, immobilisiert und kollabiert

Die polyvagale Leiter nach Deb Dana[29] (siehe auch die Tabelle »Die drei Zustände deines Nervensystems«, S. 68).

Leicht gemerkt, schneller erkannt: Bist du unter oder über der Linie?
Das US-amerikanische Autorentrio Jim Dethmer, Diana Chapman und Kaley Warner Klemp stellt zur Einschätzung unseres nervlichen Zustands eine simple Frage und zieht dabei einfach eine Linie auf einem Blatt Papier:[32]

Die Frage lautet: *Bist du unter oder über der Linie?* Also, kannst du noch sozial interagieren? Geht es dir »gut«? Oder bist du einige Stufen hinuntergefallen und deshalb auf hundertachtzig? Oder gar schon ganz am Boden angekommen und daher immobilisiert?

In Teil II lernst du Sandras Satz »Ich bin in den Brunnen gefallen« kennen (im Kapitel »Wie wir Kinder durch Emotionen begleiten«). Das ist ein ebenso stimmiges Bild, um einerseits zu verstehen, was mit dir los ist, und dies andererseits auch deinen Mitmenschen gegenüber auszudrücken. Damit die sich im Idealfall ein wenig orientieren können, wenn du mit dir selbst und deinen inneren Zuständen beschäftigt bist und deshalb gerade keine Verbindung mit dir möglich ist.

Die gute Nachricht für uns als Eltern, die wir (wie alle anderen Menschen auch) immer mal wieder »oben« und »unten« sein werden: Zu *wissen*, dass wir runtergefallen sind, ist viel wichtiger als die Tatsache selbst.[33] Weil wir uns danach ausrichten und entsprechend reagieren können. Wenn wir wissen, dass wir unten sind (etwa weil durch eine Panikattacke zum ersten Mal für uns deutlich wurde, dass wir ständig unten und »dauerregrediert« sind, worüber du in Teil II mehr liest), ist es nicht mehr so schlimm, weil jetzt, nachdem wir das erkannt haben, unser Weg nach oben beginnen kann.

Es gibt sie, die Phasen der Angst. Ein Rauf und Runter. Und es gibt auch die gefühlte Dauerdunkelheit, aus der manche Menschen die Welt betrachten und bewerten. Sie sind immer »ganz unten« auf der Leiter. Im Keller. Freund wird zum Feind, und Kinder werden zur Bedrohung – spätestens dann, wenn sie autonom denken und handeln. Eine fatale Auswirkung, die traumatische Erfahrungen auf uns haben können, ist der Verlust von »Interozeption«. Das ist der Verlust der Wahrnehmung muskulärer und organischer Vorgänge in unserem Körper. Umgangssprachlich verkürzt: Du spürst dich nicht.

Die Umgebung, in der du aufgewachsen bist, ist dein heutiges Beziehungs- und Familien-Normal. So wie die Umgebung, die du gemeinsam mit deinem Partner erzeugst, das Normal deines Kindes ist und sein wird. Was du und dein Partner »emotional-biologisch« ausstrahlt, ist der Beziehungscocktail, in dem ihr alle lebt. Eure Kinder mixen noch unwillkürlich ihre (emotionalen) Befindlichkeiten dazu, und zack! – Willkommen in deiner Familie! Je älter deine Kinder werden, desto mehr sind auch sie gefragt, bewusst zu dieser Mixtur beizutragen. Es ist dann nach und nach an allen, sich zu bemühen, möglichst oft relativ weit oben auf der Leiter zu sein. Auch wenn es dort manchmal ungewohnt hell ist und nicht jeder Winkel vertraut scheint. Ja, manches vielleicht sogar etwas Angst macht. Aber das Bemühen, immer wieder raufzukommen und an sich selbst zu arbeiten, um sich mit dem »Oben« anzufreunden – das schulden wir unseren Kindern. Das prägt, das erzieht.

Freundschaft schließen mit dem autonomen Nervensystem

In einer stimmigen Eltern-Kind-Beziehung erkennen die Eltern die wechselnden Bedürfnisse des Nervensystems ihrer Kinder und beantworten sie entsprechend. Sie co-regulieren (denk an die geduldigen, verständnisvollen Fahrlehrer!), und es gibt eine gemeinsame, geteilte Erfahrung von Sicherheit. Deb Dana erklärt in ihrem Buch *Polyvagal Exercises for Safety and Connection*, dass diese Übereinstimmung nicht immer erzielt werden kann, es aber reicht, wenn sie nur in etwa einem Drittel der Zeit stattfindet, und dass wesentlich ist, was passiert, nachdem sie einmal verloren gegangen ist: Finden Elternteil und Kind dann wieder in die Übereinstimmung zurück? Wenn eine Beziehung aus gegenseitiger Dysregulation besteht, bezeichnet Stephen Porges diese chronische Verbindungsstörung als Trauma:

»Ein Trauma schafft […] Überlebensreaktionen, die das autonome Nervensystem davon abhalten, Sicherheit in Verbindung zu finden. Ohne positive co-regulative Erlebnisse […] werden die autonomen Pfade, die den Übergang vom Schutz in die Verbindung unterstützen, nicht ausgeübt und gestärkt. […] Wenn zwei Menschen [das heißt die Eltern] es schaffen, einen Zustand von Sicherheit zu erzeugen, erschaffen ihre autonomen Nervensysteme eine Umgebung für Gesundheit, Wachstum und Regeneration.«[34]

Kinder haben das Recht auf eine gesunde Co-Regulation, die es ihnen ermöglicht, einen Zustand der Sicherheit und des Vertrauens kennenzulernen und darin eingebettet – zumindest hauptsächlich – zu leben. Leider sieht die Realität anders aus, und Kinder sind ungesunder Co-Regulation oder chronischer Dysregulation mitunter schutzlos ausgeliefert. Es gibt Familien, in denen sich das System umdreht und die Kinder das Nervensystem ihrer Eltern regulieren: indem sie sich anpassen und »brav« sind oder im Gegenteil versuchen, es durch »Schlimm«-Sein noch mehr ins Wanken zu bringen. Das tun sie, weil sie hoffen, damit eine längst überfällige Kurskorrektur der Eltern in Gang zu bringen.

Wir als Erwachsene haben die Pflicht, die Verantwortung für unser eigenes Nervensystem zu übernehmen. Es ist an uns, es in Ordnung zu halten oder in Ordnung zu bringen. Wir müssen bereit sein, alles zu lernen, was dafür notwendig ist. Egal, wie schwer es uns fällt, und egal, wie weit der Weg ist, den wir gehen müssen. Unsere Kinder haben sich ein sicheres Zuhause verdient. Dazu müssen sie nichts Bestimmtes tun, nichts Bestimmtes leisten und nichts Bestimmtes werden. Sie wurden mit diesem Recht geboren. Und es ist an uns, unser Bestes zu geben, um ihnen ebendiese Sicherheit, den Schutz und die »Liebe ohne Angst« zu vermitteln. Es gibt immer einen Weg.

Wie machen wir also weiter, was tun wir mit diesem neuen Wissen über unsere Zustände? Wir können nun damit beginnen, mit dem autonomen Nervensystem Freundschaft zu schließen. Auch wenn es mitunter sehr unangenehme Dinge macht und wir das, was wir dann empfinden, eigentlich nicht haben wollen. Denn wir wissen: Es macht das alles für uns, zu unserer Sicherheit, und es hat gute Gründe dafür. Außerdem können wir damit beginnen, unsere Automatismen zu erforschen, und uns selbst auf diesem Weg besser kennenlernen. Dadurch finden wir idealerweise heraus, was uns ganz persönlich helfen kann, und wir können Einfluss nehmen auf das, was in uns passiert. Bewusstsein ist der erste Schritt, auf den nun Veränderung folgen kann. Nach und nach lernen wir, Verbindung und Sicherheit herzustellen und zu halten. Im nächsten Kapitel, in dem es ums »Troubleshooting« geht, findest du im Abschnitt »Nervennahrung für dein Regulationsmenü« Vorschläge. Setz dieses Menü aus Gängen zusammen, die dir schmecken.

> Es gibt immer einen Weg für »Liebe ohne Angst«.

Panikattacken: Stresstoleranz und Körperweisheit im Extremfall

Beispiel: Jeannines Panikattacken

Meine persönliche Geschichte mit Panikattacken beginnt, wie bei vielen anderen Menschen auch: mit extremen körperlichen Symptomen, die wie aus dem Nichts, plötzlich und unerwartet auftraten. Immer war ich überzeugt: »Ich bin ernsthaft krank, irgendwas stimmt nicht. Ruf den Rettungsdienst!« Und das geschah auch einige Male. Immer wieder saß ich dann im Krankenhaus, um von den Ärzten zu hören: »Es ist alles gut. Sie sind gesund.«

Einmal kam eine Notärztin zu mir nach Hause, die den Sauerstoff in meinem Blut maß, mich ansah und mir sagte: »Sie haben eine Panikattacke. Atmen Sie in ein Papiersäckchen, ich zeige Ihnen, wie das geht.«

Ohne diese Ärztin hätte ich womöglich noch viele Jahre im Trüben gefischt und keine Antwort bekommen auf die Frage nach der Ursache für die körperliche Achterbahnfahrt, die ich immer wieder durchmachen musste. In meinem Fall reichten die Anzeichen von starkem Herzklopfen, Rhythmusstörungen, Kreislaufzusammenbrüchen, Zittern am ganzen Körper, über Übelkeit, akute Magenschmerzen und Erbrechen bis hin zu Schlafstörungen aufgrund des Gefühls, ich würde nicht atmen können und in ein tiefes Loch fallen.

Das Wort »Panikattacke« zu hören war für mich der Hinweis, nach dem ich gesucht hatte. Ich hatte etwas, womit ich »arbeiten« konnte, und begann, mich zu informieren. Ich fand heraus, dass Panikattacken eine gesunde Reaktion meines Unterbewusstseins sind mit dem Ziel, mich zu schützen und vor Schlimmerem zu bewahren. Auch wenn ich das zunächst nicht glauben konnte: Ich war körperlich völlig gesund!

Angstzustände und Depressionen sind sehr wahrscheinlich zwei Seiten derselben Medaille.[35] Eine Panikattacke ist die krasseste Variante, dir zu zeigen, dass etwas ganz stark im Argen liegt: der letzte Versuch, das ultimative Aufbäumen, bevor dein Körper und Geist resignieren, zumachen, abschalten – bevor sie in die Depression gehen. Sie ist das Mittel der Wahl deines Körpers, wenn ihm die anderen Mittel ausgehen, und somit ebenfalls ein Beispiel dafür, wie der Körper richtig reagiert, natürliche Prozesse durchläuft und schützt. Du erhältst von deinem Unterbewusstsein lediglich

Signale, die du endlich wahrnehmen solltest, damit das so bleibt. Deine Psyche und deine Seele schreien, dein Nervensystem scheint zu kollabieren.

Ignorierst du all das weiterhin, kann dich das auch körperlich krank machen. Aber selbst dann ist es nicht grundsätzlich zu spät: Sobald du tust, was getan werden muss, und durch deine Angst vor notwendigen Veränderungen gehst, wird es dir sehr wahrscheinlich bald besser gehen. Psychisch wie körperlich. Du bist nicht ausgeliefert! Mach dich auf die Suche nach deinen eigenen Antworten, und nimm Veränderungen vor. Spätestens wenn der Leidensdruck groß genug ist, wirst du dich bewegen. Das steht fest. Es ist an dir zu entscheiden, wie groß er noch werden muss.

Troubleshooting: Übungen für den Umgang mit Angst

Die Übungen, die du hier findest, lassen sich in zwei Kategorien einteilen: Die einen stellen eine Soforthilfe für dich dar, wenn du die Angst in dir hochsteigen spürst. Die anderen dienen der Vorbereitung auf intensive Zustände und unterstützen dich dabei, einen besseren Umgang mit Angst und ihren Begleitern zu erlernen. Der »Schmetterling« ist simpel und kann dir etwa zu Beginn einer Panikattacke helfen. Auch die »5–4–3–2–1-Übung« ist zum Runterkommen gedacht. Beide funktionieren unter anderem deshalb so gut, weil sie dein Gehirn ablenken und du dich somit nicht weiter reinsteigerst in die Angst. Bei der Übung »Angst erlauben« nach dem israelischen Körperlehrer Avi Grinberg rufst du absichtlich einen gewissen Zustand in dir hervor. Du bist also in Kontrolle und steuerst bewusst dein Angstempfinden, damit es dir in der Folge leichter fällt, dich zu regulieren, wenn du unabsichtlich in einen ähnlichen Zustand kommst.

Dein »Regulationsmenü« ist etwas, das du für dich vorbereiten und zusammenstellen kannst, damit du es parat hast, wenn du es brauchst. Du leistest also Vorarbeit, um etwas an der Hand zu haben, das speziell für dich und deine Bedürfnisse und Vorlieben passt und an dem du dich dann – sobald es nötig wird – orientieren kannst. Die Meditation »Tonglen« kannst du für beides nutzen: im entspannten Zustand und auch wenn du die Angst in dir aufsteigen spürst oder du mittendrin hockst. Aber bitte Achtung! Deine Empfindungen direkt in herausfordernden Situationen zu verstärken kann auch überfordern. Tonglen hält erfahrungsgemäß sehr intensive Erfahrungen bereit, wenn man sich darauf einlässt.

Wir sollten uns ganz grundsätzlich angewöhnen, Gefühlen nicht blind zu vertrauen, sondern sie kritisch zu hinterfragen.

> Wir sollten Gefühlen nicht blind vertrauen, sondern sie kritisch hinterfragen.

Sie kennen – entgegen gängigen Klischees – nicht immer »den Weg«, und es wird ihnen oft eine zu große Bedeutung beigemessen. Gefühle nicht überzubewerten, heißt aber noch lange nicht, dass es nicht wichtig wäre, sie *wahrzunehmen*, wenn sie da sind. Emotionale Intelligenz zu besitzen bedeutet eben zu wissen, ob ein Gefühl tatsächlich eine Antwort verdient hat. Oder ob es weiser wäre, es zu spüren und ihm dann freundlich den Weg nach draußen zu zeigen.

Dich auf Gefühltes zu fokussieren ist so ziemlich der umgekehrte Weg, der beispielsweise bei der 5-4-3-2-1-Übung suggeriert wird. Diese Übung ist eine effektive Stabilisierungstechnik im Rahmen der Traumatherapie. Wir empfehlen dir, dich zunächst *direkt in sehr aufreibenden Situationen* – wie etwa bei Panik – auf das Außen zu konzentrieren und deinem Gehirn somit etwas anderes zu tun zu geben, als noch mehr zu spüren. Gefühle zu benennen kann eine super Sache sein, aber eben nicht *immer*. Probier es aus, und find so heraus, was für *dich* wohltuend und sinnvoll ist, was *dir* hilft. Unsere Empfehlung ist immer, dich dabei – zumindest vorübergehend – psychologisch begleiten zu lassen.

Die Schmetterlingsübung

Die beruhigende Schmetterlingsübung stammt aus der sogenannten *Eye Movement Desensitization and Reprocessing* (EMDR), zu Deutsch »Desensibilisierung und Verarbeitung durch Augenbewegungen«.[36] Es ist eine von Dr. Francine Shapiro Ende der 1980er-Jahre in den USA entwickelte Psychotherapieform zur Behandlung von Traumafolgen. Die Schmetterlingsübung kann zum Beispiel zu Beginn einer Panikattacke helfen.

Übung: Schmetterling

Klopf mit deinen Händen über Kreuz leicht auf deine Schultern. Die linke Hand klopft auf die rechte Schulter, die rechte Hand auf die linke Schulter. Abwechselnd, hundertmal. Auch bei Unruhe bei Kindern ist diese Übung eine tolle Sache.

Sollten während der Übung irgendwelche Bilder im Kopf entstehen, kannst du – oder auch dein Kind – sie im Anschluss zu Papier bringen. Das kann schriftlich sein, oder du malst etwas. Siehst du diese Bilder und Gedanken so vor dir, kannst du sie mit etwas mehr Abstand betrachten. Sie werden sicht- und zugleich greifbarer. Findest du Worte für das, was da aufpoppt, kannst du bewusster damit umgehen, als wenn es weiter nur schemenhaft in deinem Kopf herumgeistert.

Die 5–4–3–2–1-Übung

Möchtest du Körperempfindungen und Zustände wie Angst nicht noch verstärken und befeuern, ist es hilfreich, deine Wahrnehmung direkt in der Situation zu weiten. Das wiederum unterstützt dich dabei, ganz anzukommen in dem gegenwärtigen Moment und bei dem, was gerade wirklich *ist*. Tatsächlich – nicht »nur« in deinem Kopf. Es geht darum, dich zu öffnen in einer engen, beschränkten Wahrnehmung direkt in dem Moment, in dem du dich nur auf ein einziges Körpergefühl fokussierst und dich das noch unruhiger macht. Dich auf die Sinne zu fokussieren und dich im

Raum und in der Gegenwart zu orientieren kann dir dabei helfen, dich darauf zu besinnen, dass du einen gesamten Körper hast. Es verändert deinen Fokus, öffnet den Blick. Du »zoomst« raus. Und es beschäftigt dein Gehirn, das – ähnlich wie ein Computer – seine Kapazitäten nun auch anderweitig nutzt.

Die 5–4–3–2–1-Übung gleicht einer Meditation, orientiert sich aber am Außen und unterstützt dich dabei, sinnlich in der Gegenwart, im Hier und Jetzt, anzukommen. Ihre klare Struktur gibt dir Sicherheit und das Gefühl von Kontrolle, wodurch du aus dem Grübeln oder negativen Gedankenspiralen aussteigen kannst.[37] Zudem dient sie als Einschlafhilfe, zur Impulskontrolle und auch zum Unterbrechen von Angstzuständen und Panikattacken.

Und so geht's:

Übung: 5–4–3–2–1

Vielleicht möchtest du diese Übung zuvor mehrmals durchlesen, sodass du die wesentlichen Schritte verinnerlicht hast.
- Nimm eine für dich angenehme Position ein.
- Finde einen Punkt im Raum, auf dem du deinen Blick ruhen lässt.
- Atme möglichst gleichmäßig und ruhig, und lass deine Augen zunächst offen.
- Sag dir laut oder gedanklich vor, was du in diesem Moment wahrnimmst: Beginn mit 5, und arbeite dich bis zur 1 vor, also: 5-mal »Ich sehe ...«, dann 5-mal »Ich höre ...«, dann 5-mal »Ich spüre ...«, zum Beispiel:
  - *5-mal »Ich sehe ...«:* (1) Ich sehe ein Glas. (2) Ich sehe ein Polster. (3) Ich sehe eine Decke. (4) Ich sehe ein Quietschspielzeug. (5) Ich sehe eine weiße Box.
  - *5-mal »Ich höre ...«:* (1) Ich höre mein Kind. (2) Ich höre Wasser rauschen. (3) Ich höre die Uhr. (4) Ich höre die Tasten meines Laptops. (5) Ich höre die Autos auf der Straße.
  - *5-mal »Ich spüre ...«:* (1) Ich spüre die Bank unter mir. (2) Ich

spüre die Ecke meines Laptops. (3) Ich spüre den Teppich unter meinem Fuß. (4) Ich spüre die Naht meines Shirts. (5) Ich spüre die Quasten der Tagesdecke auf meinem Schienbein.
- Dann jeweils 4 Dinge, die du siehst/hörst/spürst, dann 3, 2 und dann jeweils 1 Ding, das du siehst/hörst/spürst.
- Bist du bei 1 angekommen, bleib noch etwas bei jeweils 1 Ding, das du siehst/hörst/spürst, und benenne es abwechselnd, wenn du möchtest, zum Beispiel:
  - Ich sehe eine Lampe.
  - Ich höre die Uhr.
  - Ich spüre meine Zehen auf dem Teppich.
  - Ich sehe den Fernseher.
  - Ich höre die Autos.
  - Ich spüre die Kante des Laptops.
- Wiederhol das, sooft es dir angenehm ist.

Abschluss der Übung

Um aus der Übung zu kommen, zähl zum Beispiel von 4 bis 1 rückwärts, und beweg deinen Körper nach und nach: Beginn bei 4 mit den Beinen, bei 3 folgen die Arme, bei 2 bewegst du zudem deinen Oberkörper und streckst dich. Bei 1 atmest du tief durch und öffnest deine Augen, solltest du sie während der Übung geschlossen haben. Kennst du eine andere Übung, mit der du dich wohlfühlst und die du am Ende einer Meditation oder Entspannungsübung gern verwendest, um wieder im Alltag anzukommen, nutze sehr gern dein eigenes Repertoire.

Hinweise zur Durchführung

- Es ist absolut in Ordnung, immer dieselben Dinge oder manche mehrmals zu nennen. Abwechslung ist kein Muss, und Perfektionismus brauchen wir auch nicht: Wenn du mit den Zahlen durcheinanderkommst oder nicht weißt, wie viele Dinge du schon genannt hast, dann mach einfach so weiter, wie du glaubst. Du kannst nichts falsch machen. Kommst du durcheinander, ist das ja auch ein Zeichen dafür, dass du in der Übung bist und dich entspannst.

– Wenn du gerade dabei bist, die Dinge aufzuzählen, die du siehst, dich aber ein Geräusch stört, dann wechsle jederzeit gern zum Hören, und benenne das Geräusch.
– Möchtest du während der Übung die Augen schließen, dann mach das. Du kannst dann während der Passage, in der es ums Sehen geht, entweder beschreiben, was du optisch nach wie vor wahrnimmst, oder den »Sehen-Teil« einfach auslassen.
– Wir empfehlen dir, während der Übung zu sprechen und sie nicht nur in Gedanken auszuführen.

Die Übung umkehren

Wenn du möchtest, kannst du die Übung auch umkehren: Du würdest dann zunächst bei 1 beginnen und dich bis zum Benennen von jeweils 5 Dingen »vorarbeiten«. Das kann, gerade wenn du in einer Situation ganz stark nach innen orientiert bist, dabei helfen, deine Wahrnehmung nach und nach sachte ins Außen zu lenken. Probier's aus, und entscheide selbst, was für dich passender ist.

Positives Erleben verstärken

Die 5–4–3–2–1-Übung kannst du zudem auch nutzen, um dein positives Erleben zu stärken. Menschen, die sehr viel grübeln und im Alltag gar nicht wirklich »da« sind, können sie zum Beispiel beim Spazierengehen, Schwimmen, Sonnenbaden oder auch beim Waldspaziergang entspannt nebenbei anwenden. Dann ruht der Blick nicht auf einem Punkt, sondern schweift hin und her. Man sieht sich um und benennt, was man sieht, hört und fühlt.

Dies ist wiederum eine Möglichkeit, die Kapazitäten unseres Gehirns auf eine Weise zu nutzen, bei der wir uns auf die Gegenwart fokussieren. Für grausige Bilder hat es dann keinen freien Speicher: Das Hier und Jetzt, mit all seinen faszinierenden Eindrücken, ist dafür viel zu präsent.

Nervennahrung für dein Regulationsmenü

Dein autonomes Nervensystem und du, ihr kennt einander ja schon länger. Aber was genau es so macht, war dir bisher wahrscheinlich nicht so bewusst wie jetzt. Nun, wo du dich mit deinem Nervensystem ein wenig vertrauter gemacht hast, kannst du von dieser neuen Verbindung profitieren: Mit etwas Übung wird dein Nervensystem für dich zu einem kompetenten Ratgeber.

> Mit etwas Übung wird dein Nervensystem für dich zu einem kompetenten Ratgeber.

Übung: Das Regulationsmenü kreieren

Du kannst dich am zuvor vorgestellten Bild der Leiter orientieren und so prüfen, wo du »unterwegs« bist. Jetzt geht es darum, in dich hineinzuspüren. Der Schlüssel liegt darin herauszufinden, was deinem Nervensystem – und somit klarerweise auch dir – guttun würde. Welche Tipps passen für *dich*? Wann immer du ab jetzt einen Vorschlag hörst oder liest, halt für einen Moment inne, sag die Idee laut, und hör zu, was dein Nervensystem dir flüstert: Reagiert es mit einem Ja, einem Nein oder einem Vielleicht? Alles, was ein Ja oder ein Vielleicht auslöst, kannst du zu deinem persönlichen Menü hinzufügen.

So wie es Vor-, Haupt- und Nachspeise gibt, sind es auch hier drei verschiedene Bereiche, die nur darauf warten, mit deiner Auswahl an »Nervennahrung« gefüllt zu werden.[38]

Die drei Zustände deines Nervensystems

Abgeschaltet (ganz unten auf der Leiter)	Aktiviert und aufgeregt (mittig der Leiter)	Ruhig und verbunden (oben auf der Leiter)
Du fühlst dich hoffnungslos und verzweifelt, du hast keine Energie. Du möchtest aufgeben, resignieren, liegen bleiben.	Du fühlst die Energie durch deinen Körper fließen und willst unbedingt etwas tun, aktiv sein. Oder auch: Du bist hibbelig, unruhig und willst weg. Flucht!	Du kannst atmen. Du fühlst dich verbunden, kreativ und bist öffnungsbereit. Bist du in diesem Zustand, denkst du dir auch in herausfordernden Zeiten: »Schon in Ordnung, ich bekomme das hin.«

(Siehe auch die Abbildung »Die polyvagale Leiter nach Deb Dana«, S.55)

Jetzt kannst du passende Ideen für die drei verschiedenen Zustände finden. Dann hast du eine nützliche Liste bei der Hand und weißt, was dir guttun würde – je nachdem, in welchem Zustand du dich befindest.

Die folgenden Fragen können dir dabei helfen, deine Aktivitäten in die verschiedenen Menübereiche einzuordnen:

– Fühlt sich diese Idee an, als könnte sie sanft deine Energie zurückbringen? Dann gehört sie zur Rubrik »Abgeschaltet«.

– Fühlt sich diese Idee an, als könnte sie dir auf eine sichere und organisierte Weise helfen, Energie loszuwerden? Dann gehört sie in die Spalte »Aktiviert«.

– Fühlt sich diese Idee an, als könnte sie dir dabei helfen, einen sicheren, verbundenen oder kreativen Zustand zu vertiefen und darin weiter einzutauchen? Dann gehört sie zur Kategorie »Ruhig und verbunden«.

Wenn du beginnst, Ideen zu deinem Menü hinzuzufügen, denk daran, dein Menü an einem Ort aufzubewahren, an dem du es auch regelmäßig siehst und dich daran erinnerst, es zu nutzen. Vielleicht wäre die Kühlschranktür passend.

Die Tabelle zeigt dir den Platz für die erste Nervennahrung in deinem persönlichen Regulationsmenü.

Der Zustand deines Nervensystems

Abgeschaltet (ganz unten auf der Leiter)	Aktiviert und aufgeregt (mittig auf der Leiter)	Ruhig und verbunden (oben auf der Leiter)
	... fühlt sich an wie ...	
hoffnungslos, verzweifelt, keine Energie, aufgeben	Energieschub, motiviert, will etwas tun, aktiv sein	»Ich bin okay, mir geht es gut« – verbunden, kreativ, öffnungsbereit
	Platzierungsfragen	
Fühlt es sich an, als könnte es sanft meine Energie zurückbringen?	Fühlt es sich an, als könnte es mir helfen, Energie loszuwerden, auf sichere Weise?	Fühlt es sich an, als könnte es mir dabei helfen, eine sichere, verbundene oder kreative Erfahrung zu vertiefen?
	Mein Regulationsmenü	

Bist du unsicher, welche Art von Ideen du für dich prüfen und notieren kannst? Wir bieten hier einige Vorschläge aus unseren Regulationsmenüs an. Bitte beachte: Die Antworten sind äußerst individuell! Was für die eine Person verbindende Erfahrungen vertieft, kann die andere die Leiter runterfallen lassen. Vielleicht eignet sich eine Idee auch für mehrere Bereiche oder kommt eben für dich gar nicht infrage. Spür hin, mach dir Notizen und finde weitere Ideen – nur für dich:

- ☐ aufräumen und putzen
- ☐ ausmisten
- ☐ duschen
- ☐ ein Bild malen für diesen Moment
- ☐ ein heißes Bad
- ☐ Freundin beziehungsweise Freund anrufen
- ☐ Fruchtplatte anrichten
- ☐ gemeinsam essen
- ☐ gemeinsam ins Bett legen
- ☐ gemeinsam spazieren gehen
- ☐ Grießbrei mit Kakao essen
- ☐ herzhaft weinen
- ☐ hula-hoopen
- ☐ im Wald laufen gehen
- ☐ ins kalte Wasser springen
- ☐ Kasten ausräumen, sortieren, wieder einräumen
- ☐ Katze streicheln
- ☐ *Keine Angst, Mama!* lesen
- ☐ Kerzenschein
- ☐ kochen
- ☐ kuscheln
- ☐ leise Musik hören
- ☐ Licht dimmen
- ☐ Massage
- ☐ meditieren und bewusst atmen
- ☐ Musik hören und dazu tanzen
- ☐ Rasen mähen
- ☐ sich nackig machen
- ☐ singen
- ☐ Stille
- ☐ Therapiestunde buchen
- ☐ traurig Tagebuch schreiben
- ☐ wandern

Tonglen: Angst aufsaugen, Verbundenheit aussenden

Mit dem Wort »Tonglen«, das im Tibetischen auf die Begriffe für »aussenden« und »aufnehmen« zurückgeht, bezeichnet man eine Atemmeditation, kombiniert mit bewussten Gedanken und einer offenen, verbindenden Haltung. Von tibetischen Mönchen wird sie seit langer Zeit praktiziert und hat mittlerweile auch den Weg in die westliche Welt gefunden. Tonglen ist also nicht wirklich ein »neuer« Weg, wohl aber einer, der für dich neu sein kann.

Übung: Tonglen-Atemmeditation
Bitte beachte: Diese Übung kann viel mit dir machen. Wenn du unsicher bist, lass dich professionell psychologisch begleiten, bevor du dich damit auseinandersetzt.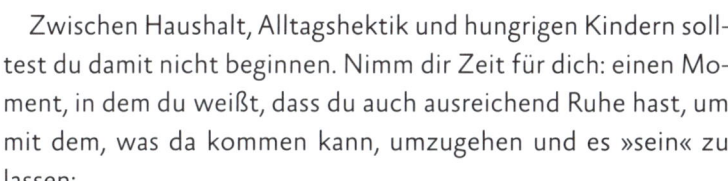

Zwischen Haushalt, Alltagshektik und hungrigen Kindern solltest du damit nicht beginnen. Nimm dir Zeit für dich: einen Moment, in dem du weißt, dass du auch ausreichend Ruhe hast, um mit dem, was da kommen kann, umzugehen und es »sein« zu lassen:
- Bring dich in eine angenehme Position, sitz aufrecht, und bring deine Aufmerksamkeit zu deiner Atmung.
- Atme bewusst und ruhig ein und aus, nimm ein paar tiefe Atemzüge.
- Wenn du bereit bist, atme ein. Und während du einatmest, atme all deine Angst, deine Wut, deine Trauer, all das Leid ein. Mach dich voll davon. Lass es jede Zelle deines Körpers erreichen. Atme tief ein.
- Atme nun aus, und während du ausatmest, sende Liebe, Glück, Zufriedenheit, Verbundenheit zu dir selbst und allem, was dich umgibt.
- Lass kommen, was kommen will. Sitz bewusst da mit deinen Emotionen. Lass die Tränen kommen. Gib dir Zeit. Lass es sein. Alles sein.
- Wisse, dass du nicht allein bist mit deinen Gedanken, Gefühlen und Emotionen. Du bist nicht allein mit deiner Angst. Ganz vielen Menschen geht es wie dir, und auch sie brauchen Liebe, Glück, Verbundenheit.
- Wiederhole Tonglen, sooft es sich gut anfühlt für dich.

Stellst du fest, dass dieser neue Weg, mit deinen Emotionen und schweren Gedanken umzugehen, sehr viel für dich ist und du all deine Liebe, all das Glück und Licht für dich selbst benötigst, praktiziere den folgenden zweiten Schritt erst, wenn du dich bereit dazu fühlst. Fühlst du dich bereit, geh mit deinen Gedanken diesen Schritt weiter:

- Verbinde dich mit allem, was dich umgibt: Wenn du willst, saug mit deiner tiefen Einatmung all das Leid der Welt auf, und sende Verbundenheit und Glück an alle Menschen, alle Wesen auf dieser Welt. Wir sind gemeinsam, wir sind alle verbunden. Und wir alle sitzen im selben Boot – auch wenn kaum jemand sich traut, darüber zu sprechen.
- Atme das Leid ein, in all den Formen, in denen es sich dir zeigt.
- Atme Verbundenheit, Liebe, Glück und Fülle aus. An dich und an alle, die es brauchen. Sende sie in die Welt hinaus. Erfülle sie mit all dem Glück, das du zu geben hast.
- Lass alles hochkommen, was kommen will. Tauch ein Stück weit ein in diesen See aus Unbewusstem, das da in dir schlummert und endlich gesehen werden will.
- Sitz mit deinen Emotionen. Lass sie endlich mal da sein. Fühl sie. Geh hinein in deine Gefühle. Tauch ein in das, was sich zeigen und gefühlt werden will. Gib dir Zeit, nimm dir Zeit. Die Zeit, die du brauchst. Spür ganz bewusst diese Verbundenheit. Du bist nicht allein!

Du wirst spüren, wenn du mit der Meditation »fertig« bist. Wir können dir nicht sagen, wie lange es dauert, bis du bereit bist, deine Augen wieder zu öffnen oder auf andere Weise aus Tonglen »rauszukommen«. Gib dir auch die Zeit nachzufühlen.

Unser Bewusstsein tut jede Menge dafür, das Un- und Unterbewusste auch als solches zu belassen. Zu groß ist oftmals die Angst vor dem, was da schlummert. Lass bei dieser Meditation geschehen, was geschehen möchte. Gib dich den Emotionen hin im Vertrauen darauf, dass du durch sie hindurchgehen kannst. Gestärkt, offener, womöglich auch verletzlicher. Und in dem Wissen, dass du nicht allein bist, sondern verbunden.

Tonglen begleitet dich auf einem Weg. Dieser wird nicht von heute auf morgen gegangen, und deine Ängste verschwinden nicht einfach. Das Wissen, dass du sie nicht loswerden, sondern als Hinweis sehen willst und somit als eine Möglichkeit, dich selbst besser kennenzulernen, kann dir dabei helfen, deine Empfindungen und Zustände als Begleiter und Wegweiser zu erkennen.

Angst erlauben nach der Grinberg-Methode

Wie verändert sich dein Körper, wenn er in den Angstmodus verfällt und dein sympathisches Nervensystem übernimmt? Genau das erfährst und erlebst du bei dieser Übung, aber in einem sicheren Rahmen und unter kontrollierten Bedingungen. Ist es nicht erstaunlich, dass dein Körper schon allein auf die Vorstellung einer stressbehafteten oder beängstigenden Situation reagiert – obwohl du tatsächlich, in der Sekunde, absolut in Sicherheit bist?

Genau das machst du dir jetzt zunutze. Du erkennst dadurch, dass du dich selbst in einen unangenehmen Zustand befördern kannst und auch in der Lage bist, selbst wieder dort herauszukommen. Du experimentierst hier im sicheren Rahmen. Und auf genau diese neue Erfahrung kannst du dann zurückgreifen, wenn es abseits des »Spielplatzes« nötig wird, dich zurück in einen entspannten Zustand zu regulieren.

Avi Grinberg sagt es so schön: »Alles, was wir lernen und was neu ist, ist mit Angst verbunden. Wenn ihr etwas lernt, ohne dass es euch ängstigt, dann fordert es euch nicht, und es liegt für euch nichts Neues darin. Dann gibt es keinen wirklichen Grund, es zu lernen, denn ihr wiederholt nur, was ihr schon wisst.«[39]

Übung: Angst erlauben (nach Avi Grinberg)
Diese Übung solltest du mit jemandem machen, dem du vertraust, der dich anleiten kann und mit dem du dich im Anschluss daran auch austauschen kannst, vor allem wenn sie für dich neu ist. Die Person, die dich begleitet, sollte die Übung ähnlich einer Meditation vorlesen. So hast du Zeit, die einzelnen Sätze zu erfassen und in Ruhe hinzufühlen. Führst du sie allein durch, könntest du die Worte aufnehmen und dir dann vorspielen. Ebenso langsam, damit du ausreichend Zeit für jeden einzelnen Schritt hast. Lass Pausen zum Atmen und Spüren.

Vorbereitung
– Nimm zunächst ein paar tiefe, volle Atemzüge.
– Wenn du willst, schließ die Augen und spür einen Moment lang deinen ganzen Körper. Nimm dich wahr, von Kopf bis Fuß.
– Atme ein, und aus. Und spür deinen Körper. Deine Füße. Deine Beine. Waden. Knie. Oberschenkel. Becken. Po. Rücken. Deinen Bauch, wie er sich hebt und senkt bei jedem Ein- und Ausatmen. Deinen Brustkorb. Schultern. Hals. Kopf. Deinen Kiefer – ist er entspannt oder angespannt? Dein Gesicht: deine Augen, deine Stirn, den Scheitel und deinen Kopf.
– Und du atmest weiter ein und aus.

Durchführung
– Fokussier dich nun auf das Thema, das dir Angst macht. Das kann eine Empfindung sein im Körper oder ein Thema aus deinem Leben: Kinder, Partner, Beruf, Geld, Beziehung, Zukunft, Gesundheit ... Wähl ein Thema aus. Wichtig ist, dass du bei dem gewählten Thema bleibst.
– Lass vor deinem inneren Auge nun ein konkretes Bild dazu entstehen, das in Zusammenhang mit diesem Thema in deiner geistigen Innenwelt steht. In allen Farben, mit allen Gerüchen. Was kannst du hören, was kannst du sehen? Spricht jemand?

- Konzentrier dich jetzt auf das Thema, auf die Angst. Schenk dem Bild all deine Aufmerksamkeit. Geh richtig hinein. Und spür, wie dein Körper reagiert. Was spannt sich an? Wo wird es enger, angestrengter?
- Gibt es einen Bereich in deinem Körper, der dir besonders auffällt? Schultern, Kiefer, Augen ... Wo reagiert dein Körper besonders stark? Du musst nichts tun, spür nur hin.
- Bemerke nun deine Atmung. Wie ist sie? Flach, gehetzt, langsam?
- Nun bemerke deine Stimmung. Wirst du ernst, distanziert, innerlich panisch, extra ruhig? Wie wirst du?
- Nun weite wieder deine Wahrnehmung, spüre deinen Körper insgesamt. Was ist das für ein Zustand, in dem du bist? Bist du angespannt, wach, steif, verdreht? Wie fühlst du dich?
- Verstärke nun bewusst genau diesen Zustand. Steigere dich absichtlich hinein. Nimm deinen Zustand total ernst, noch ein bisschen mehr. Voll ernst nehmen. Mehr.
- Dann ... entspann deine angespannten Muskeln. Lass los. Atme tief.
- Es darf alles sein im Körper, was ist. Du darfst Angst haben, alles darf sein. Wichtig ist: Du atmest. Und atmest.
- All die Stellen im Körper, die eng und gequetscht werden: Du atmest und lässt los. Alles loslassen. Das geht vielleicht nicht sofort. Du atmest weiter und lässt weiter los. Atmen und loslassen.
- Im Körper darf geschehen, was auch immer kommt. Nichts, viel, Kribbeln, Wut, Angst, Laute und Geräusche, die du von dir geben musst. Atme zum Zwerchfell, atmen und aufmachen. Dass du atmest, darf man auch hören.
- Lass die Augen los, den Kiefer.
- Alles ist erlaubt. Wenn du Angst hast, hast du Angst. Wenn du Unsicherheit spürst, spür die Unsicherheit. Wenn etwas anderes passiert – auch gut. Alles darf geschehen.

— Atmen und spüren. Atmen, loslassen und spüren.
— Gib dir Zeit. Nimm dir Zeit.

Spür nun einmal bewusst hin: Wie geht es dieser Stelle in deinem Körper, mit der du gearbeitet hast? Wie geht es dir mit dem Thema, mit dem du gearbeitet hast? Denk an das Thema und atme. Geh nicht in die Reaktion.
   Die Message ist: Angst ist kein Problem. Die Reaktion darauf ist das Problem. Atmen. Atmen.
   Ruh dich einen Moment aus. Nichts tun, einfach ausruhen. – Die Übung ist jetzt vorbei. Du kannst die Augen aufmachen, dich aufsetzen ...

> Vertrau darauf, dass dein Körper weiß, was er zu tun hat.

Wenn du dein Angstmuster so immer besser und schneller kennenlernst, dann kannst du mithilfe dieser Übung immer besser und schneller aussteigen. Es geht hier um dein Gewahrsein für deinen Zustand: Du kannst ihn intensivieren und dann loslassen und das, was du »gehalten« hast – die ganze Energie, den Atem, alles –, fließen lassen.

Vertrau darauf, dass dein Körper weiß, was er zu tun hat. Lern deinen Körper kennen, und arbeite mit ihm zusammen. Ihr seid ein unzertrennliches Team: Was hast du erlebt? Welche Stellen waren besonders angespannt? Was hast du aus dieser Übung gelernt?

Du erinnerst dich: Angst ist in ihrem Kern überlebensnotwendig und weist uns mit den buntesten Spielarten darauf hin, dass es wirklich Zeit wird, etwas Bestimmtes zu verändern. Wenn wir sie nicht länger beiseiteschieben oder versuchen, sie zu eliminieren, wird sie uns dabei unterstützen, in unsere Größe zu kommen. Wir entwickeln eine gewisse Angsttoleranz, mit der wir das Leben und alles, was dazugehört, meistern können. Wir erkennen, dass sie ein Wegweiser sein kann: Eine Einladung für den lange überfälligen zweiten Blick.

Diese neue, neugierige Haltung der Angst und ihren Symptomen gegenüber ist eine grundlegend andere als jene, die in der Gesellschaft vorgelebt wird. Wir stecken nicht länger in einem Vermeidungsverhalten, das ohnehin nichts besser macht, sondern gehen mit dem um, was in uns ist – so gut wir das zum jeweiligen Zeitpunkt eben können. Was wir wegdrücken, können wir nicht »bearbeiten«. Lass uns stattdessen ab sofort aufrecht und neugierig vor unsere Angst treten und ihr sagen: »Okay. Du bist da. Was willst du mir zeigen? Was soll ich anders machen? Was muss ich verändern, damit es mir gut geht – besser noch, als jemals zuvor?« Was für eine aufregende Reise da beginnen wird!

II. Selbstbewusst begleiten: Orientierung beginnt in dir

Wenn Kinder in unser Leben treten, sprechen sie eine Einladung aus. Sie fragen uns, wer wir wirklich sind. Wir sind nun gefordert, das endlich herauszufinden.

Seit Jahren kommen Menschen auf uns zu, die gängige Normen und ihr Großwerden kritisch hinterfragen und eigene Wege gehen wollen. Sie sind bereit, sich unterstützen zu lassen und Neues einzuladen, um ihrer Verantwortung als erwachsene Eltern nachzukommen. Ein gesunder Skeptizismus macht sich breit. Das stimmt uns optimistisch: Es tut sich etwas! Der Paradigmenwechsel schreitet stetig voran. Vom Gehorsam in die Gleichwürdigkeit – Schritt für Schritt und Familie für Familie. Die strikt hierarchische Ordnung innerhalb der Familie weicht einem Miteinander, in dem alle Raum haben. Immer mehr Menschen sind bereit, eine neue Beziehungssprache zu erlernen, die sie aus ihrer eigenen Kindheit nicht kennen. Es ist nicht ihre »Muttersprache«, aber der Wille zum Erforschen, Ver- und Neulernen ist da. Sie sehen das Potenzial, das die Zusammenarbeit als Team innerhalb der Familie mit sich bringt. Diese Menschen hinterfragen auch sich selbst: ihr Denken, ihr Fühlen und ihr Handeln. Überall dort, wo Veränderung notwendig wird, stellen sie sich aufregenden und mitunter auch fordernden Prozessen.

Heute gibt es so viele Möglichkeiten für Familien, ihr ganz eigenes »Wie« zu finden. Das birgt eine Menge Potenzial für das gesunde, individuelle Wachstum aller Familienmitglieder. Es bringt aber auch einige Stolpersteine mit sich, die es früher einfach nicht gab, weil das »Das macht man so!« nicht groß hinterfragt wurde. Wir erleben immer wieder, dass Eltern auf ihrer Reise, begleitet von jeder Menge Unsicherheit, an jenen Themen vorbeigehen, die wirklich prägend sind. Sie bleiben mit ihrem Fokus bei nicht Essenziellem hängen, ohne parallel dazu eine solide Basis zu etablieren. So fragen Eltern sich beispielsweise, ob es nun in Ordnung ist, ihre Kinder zu loben oder nicht, bis wann sie mit im Bett schlafen sollten, wie lange sie fernsehen dürfen, ob es für die Eltern im Rahmen ist, dass die Kinder unter der Woche Übernachtungsgäste haben, und wie es endlich gelingen kann, Wunsch von Bedürfnis zu unterscheiden.

Die Liste an alltäglichen Fragen, die auch immer wieder für hitzige Diskussionen in Elternforen sorgen, ist lang. Ja, es ist für ein gelingendes Zusammenleben nötig, in diesen Angelegenheiten individuelle Lösungen je nach Familie zu finden. Aber: Vergleichen wir Elternschaft und das Begleiten von Kindern mit einer Zwiebel, wären diese Themen die äußeren Schichten. Die Hülle. Das Außendrum. Nicht das Innendrin, nicht der Kern, nicht die *Essenz*. Wohin müssen wir sehen, wenn wir »Erziehung« und »Beziehung« an der Wurzel packen, bewusst gestalten und wir ein Vorbild für unsere Kinder sein wollen, auf das wir selbst stolz sind? Was ist die Basis? Was liegt darunter? Was *prägt* Kinder denn wirklich? Was *erzieht*? Das müssen wir wissen, damit müssen wir uns beschäftigen. Denn ist das Innendrin zum Vergessen, macht's das saftige Außendrum nicht besser: Die Zwiebel erschiene auf den ersten Blick frisch und knackig, aber der faulige Kern bliebe.

Wir wiederholen uns, wenn wir sagen: Wie du in der Welt bist, zählt. Du, als Mensch. Dein Sein. Wie deine finale Entscheidung – zum Beispiel auf die eben angeführten Elternfragen – dann in der Tat aussieht, ist nicht so wichtig wie dein innerer Prozess, der dieser Entscheidung voranging: das Suchen nach individuellen Lösungen und Ringen um authentische Antworten; das kritische Selbstdenken, dein Hinterfragen und deine Offenheit fürs Ungewisse; das ehrliche Bemühen, wahrhaftig zu leben. Der mutige Blick auf dich und deine Haltung, dein Werden und dein Sein. Auch wie wir Eltern mit Fehlern umgehen und mit dem Nichtwissen, das wir alle teilen. Das *prägt*, das erzieht. Was noch?

Kinder lesen in ihren Eltern

Wie wir Eltern uns aufeinander *beziehen*, hat mehr Einfluss auf unsere Kinder als die gewählte Erziehungsform.[40] Das ist einer der Gründe, warum wir über Beziehungen zwischen Erwachsenen schreiben. Weil sie wichtig sind. Weil prägt, was du da vorlebst. Wie viele Menschen kennst du, die bemüht sind um ihr Kind und alles »richtig« machen wollen … und kaum kommt der Partner dazu, fahren sie ihm mit dem sprichwörtlichen Allerwertesten ins Gesicht? Schlechtes Benehmen unter Eltern begegnet uns häufig. Faszinierend, wie ein Mensch binnen Millisekunden seine gesamte Haltung ändern kann: Zuckerbrot und versuchte Gleichwürdigkeit beim Kind, und zack – Peitsche beim Partner. Für uns Erwachsene mag das, von außen betrachtet, verwunderlich sein. Oder es fällt uns gar nicht auf. Für Kinder ist es jedoch höchst verunsichernd.

Das »Überheben« in der Paarbeziehung wird wiederum oft begleitet von einem beinah kindlichen »Unterwerfen« und Kleinmachen, wenn es um die eigenen Eltern geht. Ein gängiges Muster und ja, man kann so leben. Das geht alles. Manche Menschen machen das über viele Jahre so und wieder andere ihr ganzes Leben lang. Aber! Deine Kinder bekommen mit, wie du dich auf die anderen Erwachsenen in deinem Leben beziehst. Was du dich zum Beispiel fragen könntest, um hier nachzuschärfen:

- Wie geht ihr Eltern miteinander um? Wer und wie wirst du, wenn du mit deinem Partner sprichst oder über ihn? Unabhängig davon, ob ihr Eltern zusammen seid oder getrennt. Benehmt ihr euch schlecht oder einer von euch beiden? Wie reagiert der andere darauf: Buckelt und schluckt er? Oder bezieht er wie-

derum klar Stellung und bleibt dabei in seiner Mitte? Arbeitet ihr, so gut ihr könnt, als Team zusammen, oder kämpft ihr gegeneinander? Euer Miteinander ist Vorbild – und das erzieht.
- Bist du plötzlich wieder Kind, wenn du dein Elternhaus betrittst? Zu wem wird dein Partner, wenn ihr bei den Schwiegereltern eingeladen seid? Fährt einer von euch in seine kindlichen Muster, oder seid ihr beide schon »ganz« erwachsen? Bleibt ihr integer und euch selbst treu, oder rutscht ihr in eine andere – alte – Rolle? Geht ihr aufrecht?[41]

Die Schwierigkeit liegt darin, dass wir es gerade bei diesem Thema wirklich oft mit blinden Flecken zu tun haben: Erlerntes Verhalten ist für uns immer »normal«, wie wir gleich beim Thema »Mindset« ausführlich beschreiben. Es fällt uns nicht auf, weil es immer schon so war und wir es nur so kennen. Hier kann der Blick von außen weiterhelfen, jedoch nur, wenn wir ihn auch annehmen können, zum Beispiel wenn der Partner uns ehrlich gemeintes Feedback gibt. Wenn er aber stichelt und seine eigene Agenda fährt – wenn also seine lesbare Absicht nicht nur »gut« für uns ist, sondern eher manipulativ, zu seinem eigenen Vorteil –, dann bringt es zusätzliche Unruhe. Unsere Kinder haben gute Antennen für integres Handeln. Auch ihre Rückmeldung kann für dich interessant sein. Erfahrungsgemäß müssen wir an dieser Stelle aber sagen, dass die Arbeit mit psychologisch gut ausgebildeten Fachkräften erforderlich ist, um Beziehungen zu den Erwachsenen in unserem Leben wahrhaftig neu zu erlernen, falls das notwendig sein sollte. Die Muster sind oftmals einfach zu eingefahren, die Tänze zu gut einstudiert.

Also, was denkst du wirklich über die anderen Erwachsenen in deinem Leben? Und bleibst du bei dir, auch im Beisammensein mit Partner und Eltern? Bist du »differenziert« genug? (Differenzierung, ein wichtiger Begriff, über den du im Weiteren noch mehr lesen wirst.) Deine Kinder nehmen auch das wahr, was du selbst nicht spüren oder vor der Außenwelt verbergen willst. Dein Inneres und wie du damit umgehst: Das ist Vorbild. Es erzieht.

Auch unser »Mindset« als Eltern ist prägend: Siehst du in der Welt überall Gefahren und Einschränkungen, oder ist sie voller Möglichkeiten? Erträgst du deinen Alltag und fristest dein Dasein in einer »Ich habe keine Wahl«- oder »Warum immer ich?«-Opferhaltung? Oder bist du vielmehr Gestalterin und Lösungsexpertin, die sich mutig Herausforderungen stellt?

Die ersten, großen Schritte hast du bei der Lektüre des Buchs schon unternommen. Du bist auf dem Weg! Und du weißt bereits: Um ein »gutes« Leben führen zu können, musst du die Verantwortung für deine *Reaktion* auf alles übernehmen, was passiert. Ja, das hier ist ein klares »Wenn-Dann«, und ja, bei der Kindererziehung wird das zu Recht mit Unmut beäugt. Nämlich dann, wenn es sich um eine Drohung handelt. Manchmal haben wir es aber in der Tat mit logischen Konsequenzen zu tun, und das hier ist so ein Fall. Wenn du auf eine gewisse Weise leben willst, musst du gewisse Dinge tun, so wie ein Profisportler trainieren muss, um sich zu verbessern und Wettkämpfe zu gewinnen. Manches im Leben braucht ein »Wenn-Dann«, eine Entscheidung. Übrigens erzieht auch das: Siehst du den Tatsachen ins Auge, und gehst du damit um, so gut du kannst? Oder verschließt du dich vor objektiven Wahrheiten oder verdrehst sie, weil es so viel angenehmer wäre, wenn es anders wäre?

> Auch dein Selbstbild ist wichtig für deine Kinder.

Auch dein Selbstbild ist wichtig für deine Kinder: Wie sehen sich die Eltern? Wie wollen sie gesehen werden? Wie präsentieren sie sich? Steht Mama vor dem Spiegel und findet sich dick? Ist Papa ein Hypochonder? Und die Art und Weise, wie Eltern den Familienrahmen gestalten, ist ebenso prägend: Wie gehen sie mit Unterschieden in ihrer Haltung, ihren Werten und Erwartungen um? Schaffen sie es, Platz für alle Mitglieder in der Familie zu machen? Wie ist das Klima innerhalb der Familie? Wissen die

Eltern, dass Abgrenzung nicht Trennung bedeutet, sondern Vorbereitung auf Kontakt? Lassen sie Wachstum zu, sind sie mutig genug? Um in »unserer« Sprache zu sprechen: Erschließt die Familie immer neue Wachstumskreise, oder wird am starren Ist-Zustand festgehalten?

Wie oft wünschen Eltern sich »Fusion«, Gleichheit? Aber das ist eine Sackgasse. Für Entwicklung müssen Familienmitglieder mehrspurig fahren dürfen: jeder seiner Linie gemäß. Und wenn wir dann zusammenkommen, wenn wir in unseren Unterschieden sein dürfen, dann ist da wahre Begegnung möglich.

Das Zusammenspiel, die Atmosphäre innerhalb der jungen Familie – auch das erzieht. Und der Gedanke: »So will ich das nie wieder machen!«, gefolgt vom ehrlichen Ringen und Suchen nach Alternativen. Die persönlichen Werte, die Leidenschaft und Begeisterung der Eltern erziehen: Wissen sie, was sie tun und wofür? Haben sie Ziele, können sie sich durchbeißen, wenn es mal schwierig ist? Wie gehen sie mit Stolpersteinen um, und wie begegnen sie Herausforderungen? Geben sie auf, oder gehen sie weiter, auch wenn sie straucheln? Korrigieren sie den Kurs, wenn sie merken, dass sie auf eine Sackgasse zusteuern? Gestalten sie ihre Werte und ihr Motiv in den entsprechenden Abschnitten dieses Buches neu und probieren es einfach einmal aus? Oder lesen sie schulterzuckend drüber hinweg und denken sich: »Das brauche *ich* doch nicht!«

Was erzieht, ist auch und immer das, was in deinem Inneren vorgeht – selbst wenn es nicht sichtbar ist oder laut ausgesprochen wird. Es ist da: Das, was du in deiner Gedankenwelt über dein Kind denkst, nimmt dein Kind wahr und kann es in dir »lesen«, bildet sich eine Landkarte der Landschaften deines Geistes.[42] Mit diesem Mind Mapping werden wir uns gleich ausführlich beschäftigen. Egal, wie aufopfernd und hingebungsvoll ein Elternteil sich für das Außen gibt, wie süß die Stimme auch säuselt … das Kind weiß genau, wenn der Erwachsene innerlich die Augen verdreht. Und natürlich darf er auch einmal genervt sein, wer ist das nicht? Aber Kinder fühlen, ob sie grundsätzlich geliebt sind oder nicht. Was unter der Oberfläche und dem Gesagten abläuft, das erzieht maßgeblich. Denn ist die Liebe nicht wirklich da, dann tut das weh.

Wenn du dein Kind liebst und dich manchmal im Ton vergreifst oder innerlich sowie äußerlich die Augen verdrehst, dann fürchte dich jetzt bitte nicht: Dein Kind *weiß*, dass die Liebe da ist. Die bleibt ja. Manchmal machen Eltern Fehler, und das ist absolut okay. Viel ausschlaggebender und prägender als der Fehler selbst ist das, wie Eltern *danach* damit umgehen. Ob sie ihr Versprechen halten, an sich zu arbeiten und sich selbst besser kennenzulernen, um ihre Reaktionen zu ergründen und zu verändern, oder ob es nur leere Versprechungen sind.

> Kinder wissen, woran sie sind und wie ihre Eltern *wirklich* ticken.

Egal, welches von beidem der Fall ist: Unsere Kinder wissen, woran sie sind und wie ihre Eltern *wirklich* ticken. Welche neue Entscheidung triffst du im Hier und Jetzt? Bemühst du dich wirklich, Alternativen und neue Wege zu finden? Was bist du bereit dafür zu tun?

Du lebst vor. An dir wird sich orientiert. Du bist Maßstab. Du bist Beispiel. Ja, das macht Druck. Gut so, schließlich geht es hier um etwas. Und so ist es nun einmal: Wir Eltern sind wichtig für unsere Kinder. Ob uns das gefällt oder nicht. Das haben wir uns nicht ausgedacht.

Um Kinder *selbst-bewusst* begleiten zu können, ihnen Sicherheit zu spenden und Orientierung zu bieten, müssen wir uns unseres Werdens bewusst sein. Warum sind wir die, die wir sind? Was hat uns wie verbogen und in welche Richtung? Was dürfen wir sehen, begreifen und verändern?

Es gibt viele Wege für uns Eltern, unseren Kindern den Boden unter den Füßen wegzuziehen. Aber es gibt mindestens genauso viele Wege, ihnen Sicherheit und Geborgenheit zu spenden, sodass in ihnen das Gefühl wächst, dass sie geschätzt, willkommen und behütet sind. Das ist eine große Verantwortung und zugleich eine einmalige Chance, uns selbst besser kennenzulernen. Die Prozesse, die durch die Reise zu unserem Wesenskern angestoßen werden, können wir nur schwer vorhersehen. Auch hier braucht es den Mut, durch die Angst zu gehen.

Das Beste in uns leben

In diesem Teil des Buches tauchen wir weiter und tiefer ein. Das wird nicht nur locker-flockig und motivierend, sondern kann dir mitunter auch einiges abverlangen. Es führt kein Weg daran vorbei, sich das anzusehen, was war, auch wenn es unangenehm ist, dich ängstigt oder dir weh tut. Sobald wir hinsehen, kann das Beste in uns aufstehen. Weil wir – womöglich erstmals in unserem Leben – in der Lage sind, wahrhaftig Stellung zu beziehen.

Im Laufe dieses Buchs beschäftigen wir uns mit Themen, die *dich* betreffen. Deine Ängste und Sorgen, dein Nervensystem, deine inneren Bilder, dein Wachstum, deine Beziehungsgestaltung, deine Entscheidungen, deine Vision, dein Bewusstes und Un(ter)bewusstes. Worauf wir dich immer wieder hinweisen: All das beeinflusst. Es hat Auswirkungen auf die Menschen, die dir nahe sind oder sein möchten, also natürlich auch auf deine Kinder. Es erzieht, es prägt. Und zwar das, was du wirklich lebst.

Was erwartet dich nun im Weiteren? Wir sprechen über Fehler, Perfektion und Lebendigkeit. Darüber, wie wir unsere Kinder garantiert traumatisieren und was das im Umkehrschluss bedeuten kann, wenn wir wohltuende Werte in unserer Familie etablieren wollen. Auch blinde Flecken werden uns interessieren und wie diese in unserer Biografie entstehen. Hier gehen wir tief hinein in teilweise verstörende Szenarien, die – sofern du Ähnliches erlebt hast – in jedem Fall prägend waren und es wahrscheinlich bis heute sind.

An dieser Stelle wollen wir eine Triggerwarnung vorausschicken: Manche Bilder können viel mit dir machen. Check bitte deinen inneren Zustand, und geh verantwortungsvoll mit deinen Ressourcen um. Du bist wichtig! Kümmere dich um dich. Wenn es sich gut anfühlt, organisier dir jemanden, mit dem du sprechen kannst, der dich versteht. Das kann dein Partner sein, eine Freundin, ein Coach.

Entelterung®, ein Begriff, den du bereits kennst, wenn du *Mama, nicht schreien!* gelesen hast und mit Sandras Arbeit vertraut bist, bekommt ebenso Raum. Er schwebt sozusagen über den Inhalten, die wir besprechen. Das Thema ist viel zu wichtig, als dass wir es jemals ausklammern könnten. Gerade dann, wenn es um unser Selbst-Bewusstsein geht. Wie oft erleben wir es, dass Kinder in Familien die Klimaanlage sein müssen – also das Familienklima anheizen oder runterkühlen –, wenn die Erwachsenen sich verstecken und weiterhin ungesunde Muster fahren. Diese Kinder erhalten dann oftmals die seltsamsten Diagnosen und Labels, werden in gewisse Schubladen gesteckt aufgrund ihres Verhaltens.

Jesper Juul nannte das die »Definitionsmacht der Erwachsenen«: Etikett drauf, Fall klar, Akte zu. Man könnte fast meinen, jeder zweite Elternteil liefe mit dieser Attitüde herum. Damit werden wir aber sehr vielen Kindern nicht gerecht, die in Wahrheit lediglich die »Reagierer« auf ein verwirrtes Familiensystem sind: Sie versuchen verzweifelt, dem Außen mit ihren beschränkten Mitteln verständlich zu machen, was in ihnen drinnen los ist. Kinder zu klassifizieren ist aber einfacher, als mutig auf sich selbst zu sehen, anzupacken, aufzudecken und zu verändern. Oder alles dafür zu tun, um »aufregendes« kindliches Verhalten in Botschaften an uns Eltern zu übersetzen. Wenn Unausgesprochenes, Übergangenes und Traumatisches in Familien ablaufen, wird irgendwann einmal irgendjemand »verrückt«. An irgendeinem Punkt läuft das Fass über. Wir wollen unseren Teil zu einer Welt beitragen, in der Eltern endlich die Verantwortung übernehmen für die Gestaltung *aller* Beziehungen, die sie haben. Und wir wissen, wie essenziell wichtig jene zu den eigenen Eltern ist. Egal, wie sie heute aussieht:

Auch keine Beziehung ist eine Beziehung, genauso wie »kein Kontakt« Kontakt impliziert.

Um wirklich zu verstehen, müssen wir idealerweise drei Generationen im Blick haben und analysieren.[43] Der Blick ausschließlich aufs »auffällige« Kind – wie wir ihn auch heute noch in diversen Therapien antreffen – kann nicht gänzlich Aufschluss geben. Es kann so nicht alles sichtbar werden, was gesehen werden müsste, um wirklich zu verstehen und mehr zu betreiben, als Symptome zu bekämpfen. Wenn Unbewusstes und Traumata in einer Familie über Generationen laufen (und wir kennen bis dato keine Familie, die davon gänzlich verschont geblieben wäre) haben wir als Eltern und aufrichtige Menschen etwas zu tun. Kommen wir dieser Verpflichtung nicht nach, vererben wir sie an unsere Kinder:[44] Irgendwann einmal muss irgendjemand aufstehen und den Kreislauf durchbrechen, damit die nächste Generation den Rucksack nicht tragen muss. Oder zumindest keinen so schweren.

Lass uns das doch gemeinsam angehen: *Let's turn around and face the music!* Du hast damit bereits begonnen, und du bist schon so weit gekommen. Würde es dich nicht interessieren, hättest du dieses Buch schon lange wieder zugeklappt. Aber du bist noch hier. Räum den Rucksack weiter aus. Noch ein bisschen. Und sieh dir alles an, was du da rumschleppst. Ein Stück nach dem anderen, behutsam und in deinem Tempo. Für dich, dein erfülltes Leben, deine Entwicklung … und für deine Kinder. Und ihr Leben und ihre Entwicklung. Nicht, weil sie werden sollen, was du für sie im Sinn hast. Nicht, weil du eine bestimmte erzieherische Absicht verfolgst und ihnen was vorspielst. Sondern um zu leben, was durch dich gelebt werden will. Aus Aufrichtigkeit. Weil es sich einfach gut anfühlt, wenn es endlich leichter wird. Weil es geil ist durchzuatmen. Tief durchzuatmen. Auch wenn es zunächst vielleicht noch schwerer ist, als es davor war. Weil dann echte, tiefe Verbindung möglich wird. Mit dir selbst und den Menschen, die dir wichtig sind. Ruhe und Stille. Und mutige Lebendigkeit.

In einem sehr dunklen Moment sagte Sandra einmal zu Jeannine: »Wenn du durch die Hölle gehst, geh weiter!«[45] Also: Geh auch du weiter! Der Glaube daran, dass du in deine Größe kommen kannst, macht Veränderung *möglich*. Aber nicht einfach. Die Angst darf uns begleiten – macht ja nichts –, aber sie sollte nicht die Zügel halten. Sonst sprechen wir bald nicht mehr von Wurzeln und Flügeln, sondern von Handschellen. Und in unseren Augen wird es höchste Zeit, endlich das loszulassen, was niemals unseres zu tragen war. Also, gehen wir weiter. Aufrecht, integer und mutig. Schritt für Schritt. Gemeinsam.

Ein erfülltes Leben im Paradigma der Differenzierung

Wie gut gelingt es dir, auch in nahen Beziehungen »bei dir« zu bleiben? Je differenzierter ein Mensch ist, desto eher kann er sich auch in schwierigen oder Konfliktsituationen treu bleiben. Differenzierung entsteht durch ein inneres Gleichgewicht von Bindung und Autonomie, den zwei fundamentalen menschlichen Antriebskräften. Differenzierte Menschen können der Spannung standhalten, die entsteht, wenn ein ihnen emotional naher Mensch sie drängt, sich ihm anzupassen. Kinder brauchen uns Eltern als differenzierte Erwachsene, die ihnen Sicherheit spenden können: Lasse ich mich vom Sturm, der im Inneren des Kindes bei Enttäuschung, Frustration, Trauer und so weiter tobt, anstecken? Oder kann ich meine Aufmerksamkeit auf eine Weise zweiteilen, die mich dazu befähigt, eigenständig selbst ruhig zu bleiben und gleichzeitig das Kind durch seine Emotionen zu begleiten? Differenzierung ist dabei nicht Individuation oder das Gegenteil von Verbindung. Wahre Verbundenheit braucht vielmehr ein gewisses Maß an Differenzierung. Denn nur wenn ich mich »von mir aus« dem anderen zuwende – ohne dabei den Kontakt mit mir selbst zu verlieren oder vom anderen abhängig zu sein –, kann ich wirklich verbunden sein. Weil dadurch die Bedürftigkeit entfällt: »Ich brauche« wird ersetzt durch »Ich will«. Das ist Freiheit im Gemeinsamsein! Hier müssen wir, wie so oft, zwischen Erwachsenenbeziehungen und jenen zwischen Eltern und Kindern unterscheiden. Kinder sind in der Beziehung zu ihren Bezugspersonen immer in einer gewissen Abhängigkeit und Bedürftigkeit, wenn auch in alters- und entwicklungsbedingt stets unterschiedlichem Ausmaß. Differenzierung ist etwas für Erwachsene, deren Ziel es ist, wahrhaftig erwachsen und somit Orientierung spendender Leuchtturm für ihre Kinder zu sein. Je differenzierter wir als Eltern sind, desto leichter wird es für unser Kind sein, im nahen Kontakt mit Menschen selbst ein stabiles Selbst zu bewahren. Denn

> »Eltern übertragen den Grad der Differenzierung, den sie selbst erreicht haben, auf ihre Kinder. […] Eltern mit geringem Differenzierungsgrad haben selbst Mühe, die eigenen Emotionen zu regulieren, und nötigen ihren Kindern zu viel Nähe oder zu viel Distanz ab. Daher kann sich die Fähigkeit zu eigenem Denken, Fühlen und Handeln nicht richtig entwickeln. Die Kinder lernen, in Beziehungen nur zu ›reagieren‹. Ein höheres Maß an Differenzierung befähigt dagegen, eigenständiger und zugleich kooperationsfähiger zu werden.«[46]

So beschreibt Anke Groß die Bedeutung der Differenzierung nach dem Familientherapeuten Murray Bowen, der diesen so wichtigen Begriff prägte. Je breiter unser Repertoire an Reaktionsmöglichkeiten, desto anpassungsfähiger und flexibler sind wir als Individuen und Familien.

Differenzierung ist für uns beide Schreibende – nicht nur in unserem professionellen Leben, sondern privat gleichermaßen – eine der wichtigsten Größen, nach denen wir uns richten. Sie ist die Voraussetzung dafür, dass wir anderen *wirklich* nah sein können.

Sind wir selbst als Menschen nicht differenziert, leben wir in ungesunden Abhängigkeiten und halten das für Liebe. Wenn der Grad der Differenzierung gering sei, schreibt Groß, speise »sich die Identität aus einem gespiegelten Selbst, einem sogenannten Pseudo-Selbst. Dieser Mensch ist ständig auf den Kontakt zu anderen, deren Bestätigung und Übereinstimmung angewiesen.«[47]

Wie kannst du differenzierter werden? Indem du dir deiner Werte bewusst wirst und für diese geradestehst. Auch bei Gegenwind – egal, aus welcher Richtung der wehen möge. Du schärfst deine Integrität und findest dein »Ganzkörper-Ja« und »Ganzkörper-Nein«, indem du deinen Körper und seine Signale als Orientierungsgeber verwendest. Dafür musst du spüren. Und das kann ganz schön Angst machen. Du bist dir selbst gegenüber radikal ehrlich, siehst dir deine inneren Bilder und Filme mutig an und gehst durch die Angst, weil du weißt, wofür. All dem widmen wir uns in diesem Buch. Ein Thema nach dem anderen kannst du in Angriff nehmen. Wenn du das willst.

Wie wir Kinder durch Emotionen begleiten

»Aber ich *wiiill*!«
»Neeeiiin!!«
»Ich mach das selber! *Selbeeer!*«
»Blöder Papa! Ich hasse dich!«
Bitterliches Weinen. Schweigen und Mit-den-Augen-Schmollen. Hast du nun das Bild eines Kindes vor dir, das etwas nicht bekommt, was es unbedingt haben will? Das nicht in den Kindergarten gehen will? Oder dem geholfen wird, obwohl es nicht darum gebeten hat? Ein Kind, das durchs Tal der Tränen muss, weil es den »allerstrengsten Papa der Welt hat« und weil »alle anderen auch dürfen, nur ich nicht«? Genauso könnte es aber auch deine Nachbarin sein, die sich über ihren Partner oder ein Elternteil ärgert. Egal, wie alt wir sind: Immer wieder gibt es Auslöser, die

uns »regredieren« lassen, also unser Erwachsensein drastisch beeinträchtigen.

»Ich bin in den Brunnen gefallen«: Das war der Anfang eines Kindergarten-Kreisspiels aus Sandras Kindheit. Ein Kind saß in der Mitte und sagte diesen Satz. Darauf die anderen Kinder im Chor: »Wie viele Meter tief?« Und das Kind in der Mitte sagte etwas wie: »24 Meter.« Dann der Chor: »Und wer darf dich herausholen?« Worauf das Kind in der Mitte antwortete: »Der, der am besten Zähne putzen kann!« Oder auf einem Bein hüpfen, sich im Kreis drehen, Schuhe binden und so weiter. Das Kind wählte den Talentiertesten aus, der- oder diejenige kam in die Mitte, streckte die Hand aus, half dem Kind auf, und die beiden tauschten die Plätze. Dann ging das Ganze von vorne los.

Wenn du heute »in den Brunnen fällst«, wird niemand kommen und dich herausziehen. Erwachsen zu sein heißt: Keiner kommt! Das ist ein Zitat des Autors Reinhard Sprenger, und es stimmt. Wir müssen das selbst können. Uns gefällt dieses Bild vom Brunnen, weil es ein Wording dafür sein kann, wenn wir uns verlieren, von einer Emotion überflutet werden und nicht mehr rauskommen. Es erklärt ohne komplizierte Fremdwörter, was gerade los ist. Wir können so Menschen, mit denen wir zusammenleben, darüber informieren, dass wir gerade mit uns zu kämpfen haben und damit beschäftigt sind, irgendwie wieder aus dem verdammten Brunnen rauszukommen. Wir erkennen also unseren Zustand, benennen ihn für uns und übernehmen Verantwortung dafür.

Was wir Erwachsene allein bewerkstelligen müssen – aus dem Brunnen zu klettern –, muss dein Kind erst lernen. Und zwar mit dir. Wenn dein Kind regrediert und »zur Emotion wird«, darfst du nicht mit dem Kind in den Brunnen fallen. Wir Eltern müssen »oben« bleiben. Wir können Hilfe anbieten, eine emotionale oder funktionale Strickleiter. Raufklettern aber müssen die Kinder selbst. »Selbst«: ein Schlüsselwort der Selbstwirksamkeit!

Info-Box: Regression
»Regression« ist ein Begriff, der von Sigmund Freud eingeführt wurde. Er bezeichnet einen Vorgang, in dem Menschen aus Angst auf ein niedrigeres Entwicklungs- oder Funktionsniveau zurückfallen.[48] Wenn ein Erwachsener eigentlich mit beiden Beinen im Leben steht, aber – wie weiter oben schon angedeutet – im Beisein der Eltern plötzlich wieder zum Kind wird, »regrediert« er vorübergehend.

Manche Menschen kommen schwer aus dieser Regression heraus, bleiben hängen. Gerade das führt oftmals zu psychischen Problemen wie Angst, Panik, Depression und so weiter.

Das Gegenteil der Regression ist die Progression, in der ich mich weiterentwickle, meine Persönlichkeit reift und ich immer neue Werkzeuge entdecke, die ich nutze, um mein Leben zu meistern.

Unter »durch Emotionen begleiten« verstehen wir: Eltern schaffen einerseits Raum für das, was gerade in ihrem Kind ist, und bieten andererseits auch einen sicheren Rahmen und Orientierung. Sie helfen dem Kind also dabei, seinen inneren Zustand einzuschätzen. Sie reden das, was ist, nicht klein und plustern es aber auch nicht dramatisch auf, nur damit das Kind auch ja »alles rauslassen kann«. Das wäre nämlich kein bewusster Umgang mit Emotionen, wird von vielen Eltern aber so verstanden. Vielleicht, weil ihnen, als sie selbst noch Kinder waren, ihre Gefühle abgesprochen wurden, glauben sie, dass das Gegenteil gesund und erstrebenswert wäre: alles fühlen, immer, ganz eintauchen …

Ein Irrglaube! Es kann wohltuend sein, in Emotionen einzutauchen. Aber das immer automatisch zu tun, sich von der emotionalen Welle erfassen zu lassen und in ihr unterzugehen ist nichts, was wir empfehlen. Warum? Unser Gehirn ist wie ein Muskel, der ständig trainiert wird beziehungsweise »lernt«. Wenn das Kind nun seine Gefühle wie etwa Wut immer »rauslässt«, wird es in der Folge noch schneller und noch leichter wütend. Das liegt an den neuronalen Verbindungen, die das Hirn bildet. Die Wut würde also immer schneller anspringen.

Dasselbe gilt für unsere erwachsenen Gehirne und unseren Umgang mit Emotionen. Und übrigens auch für Depressionen: Hatte jemand einmal eine Depression, ist die Wahrscheinlichkeit höher, dass er in seinem Leben wieder eine depressive Episode erleben wird. Weil das Gehirn weiß, wie das geht.

Dami Charf schreibt dazu, dass Wut zum Beispiel eine Emotion ist, die eigentlich nur kommt, wenn ich mich zutiefst verteidigen muss: »Du willst mir etwas tun? Ich wehre mich mit allem, was ich habe!«[49] Heute können wir aber beobachten, dass sehr viele Menschen mit einer »Grundwut« herumlaufen. Laut Charf ist das darauf zurückzuführen, dass immer mehr Menschen in einem zu hohen Erregungsbereich sind. Ständig. Ihr Sympathikus ist daueraktiv, sie sind Kampf oder Flucht immer sehr nah. (Im ersten Teil des Buchs liest du dazu mehr. Falls schon getan: Denk an den Abschnitt »Heiter rauf und runter auf der Leiter«. Die beschriebenen Menschen sind gefühlt »daueraktiviert«, kommen nicht zur Ruhe, also nie ganz nach oben.) Das ist nicht gut. Und kein gesundes Emotionsmanagement. Deshalb sind wir keine Fans davon, »alles rauszulassen«, und beschreiben dir das Begleiten von inneren Zuständen, wie wir es hier tun.

Zwischen »O mein Gott!« und »Alles fein!«

Begleiten heißt auch nicht immer automatisch, die Gefühle des Kindes zu benennen. Also zum Beispiel »Ich sehe, du bist traurig« oder »Du hast Angst«. Oft schaut die Empathie auf das Problem, auf das Defizit, anstatt sich für Möglichkeiten zu öffnen. Und manchmal lägen wir schlichtweg daneben, wenn wir Tränen automatisch mit Trauer gleichsetzten (Emotionen sind nicht universal).[50] So ein Blick aufs Kind macht Kinder mitunter aggressiv.

Vielleicht kennst du das ja von dir selbst, dass es dich beispielsweise noch wütender macht, wenn du ohnehin schon schlecht gelaunt bist und dein Partner dich das dann auch noch wissen lässt. Wenn man dir sagt: »Du bist aber schlecht drauf heute. Bekommst du deine Tage?«, ist das in etwa gleichzusetzen mit »Du weinst ja schon wieder. Na, du bist müde!« ans Kind. Selbst wenn die Person, die das zu dir oder dem Kind sagt, richtig läge: irgendwie unangenehm und grenzüberschreitend, oder?

Wir können natürlich beschreiben, was da gerade passiert ist. Wenn ein kleines Kind hinfällt, ist seine erste Reaktion, zum Elternteil oder der Bezugsperson zu schauen, als wollte es sagen: »Mir ist gerade was passiert! Was soll ich davon halten?« Dann bist du als Elternteil eingeladen, ruhig zu bleiben und diese Frage zu beantworten: »Du bist hingefallen. Es geht dir gut!« *Wenn* es dem Kind gut geht. Dann kann dein Kind aufstehen und weitermachen. Du bist erwachsen, du schätzt die Situation ein, und das gibt deinem Kind Orientierung und Sicherheit. Wenn wir als Erwachsene aber durchdrehen, weil das Kleinkind hingefallen ist (und sich offensichtlich erschreckt, aber *nicht* verletzt hat), dann sieht das Kind, wie schlimm wir das finden, und wird das als offenbar angemessene Reaktion aufs Hinfallen deuten.

Das ist die Stelle, an der der verpönte Satz »Nicht so schlimm« eine neue Bedeutung bekommt. Nämlich dann, wenn wir ihn *nicht* nutzen, um kindliches Erleben zu negieren oder zu verleugnen! Sondern um auszudrücken, dass, obwohl das Kind hingefallen ist, immer noch eigentlich alles in Ordnung ist. Das ist eine Frage unserer Haltung. Wir als Erwachsene haben das große Ganze im Blick, fallen nicht mit in den Brunnen. Wir sehen: Es ist »nur« ein Sturz, es ist nichts gebrochen, es ist keine Platzwunde. Es ist unangenehm – ja –, und es ist in Ordnung. Das Kind kann sich vom Schreck erholen, wir sind da und umarmen und trösten, wenn das Kind das will. Und dann wird weitergelaufen und erforscht. In *diesem* Beispiel.

In einer anderen Situation wäre so eine Reaktion vom Elternteil vielleicht völlig unangebracht: Wenn offenbar sehr wohl »etwas passiert« ist und der Elternteil sagt: »Es ist ja nichts passiert«, dann ist das schlichtweg Blödsinn (wenn zum Beispiel der Kopf stark angeschlagen wurde, der Spielzeuglastwagen vom Nachbarskind auf der Schläfe gelandet ist, das Kind offenbar Schmerzen oder sich wirklich erschreckt hat und so weiter). Dann ist nämlich nicht nichts passiert! Behaupte ich als Bezugsperson das dann dennoch, tue ich das womöglich, weil ich mich mit dem, was jetzt gerade im Kind ist, nicht beschäftigen will. Weil es mir unangenehm ist. Weil ich es selbst nicht aushalten kann, dass das Kind weint. (Darüber sprechen wir gleich bei der »emotionalen Distanz«.) Oder weil ich womöglich fälschlicherweise meine, das Kind zur »Mimose« zu machen oder zu »verwöhnen«, wenn ich seinen Schmerz anerkenne. Somit würde ich aber die Gefühle des Kindes negieren und das Kind mit einer wichtigen Erfahrung allein lassen.

Es ist ein wichtiges Thema, über das unserer Meinung nach gesprochen werden muss. Es braucht den Diskurs, Frage und Antwort und Nachfrage. Schriftlich ist das schwierig. Deshalb reiten wir hier so darauf herum: damit wir hoffentlich richtig verstanden werden. Also, worum geht es uns? Auch hier sind wir gegen Automatismen. Wir Eltern müssen *hinsehen* und uns Zeit nehmen, die Brille putzen. Danach, wenn wir klare Sicht haben, bewerten wir die Situation und ordnen sie ein. Was ist da gerade *wirklich* los? Was habe ich beobachtet, wie könnte es jetzt weitergehen? Es kann sein, dass das Kind sich wirklich erschreckt und wirklich verletzt hat! Dann wäre es natürlich völliger Unsinn zu sagen, dass eigentlich immer noch alles okay sei. Das wäre nämlich gelogen! Wenn das Kind fällt und das Knie blutig ist, dann tut das natürlich weh. Und das dürfen wir *nicht* wegreden. Ob wir als Eltern eines von beiden machen – wegreden oder aufplustern –, können wir allerdings nur feststellen, wenn wir Mut zur Lücke haben: Was lese ich im Kind, das mich fragend ansieht und auf eine Reaktion von mir wartet? Und welche Reaktion von mir wäre zur Situation passend?

Natürlich stelle ich mir diese Fragen nicht in einem Notfall – ganz klar. Da ist es gut, wichtig und mitunter lebensrettend, wenn ich »einfach mache«. Das Interessante hierbei ist aber: Wenn wirklich etwas Gefährliches passiert ist, »funktionieren« wir Eltern oftmals erstaunlich gut. Wenn es um Leben und Tod geht, dann müssen wir auch funktionieren, dann ist da kein Platz für Drama und langes Fragen, sondern es geht darum, einen kühlen Kopf zu bewahren. In jeder anderen Situation jedoch geben wir dann Orientierung und Sicherheit, wenn wir einschätzen, was ist, und *angemessen* reagieren.

> Eltern geben dann Orientierung und Sicherheit, wenn sie einschätzen, was ist und *angemessen reagieren*.

Eltern spenden ihren Kindern im Sturm also Sicherheit, indem sie Orientierung bieten und sich mit der geistigen Innenwelt ihres Kindes verbinden, während sie zeitgleich auf ihre eigene Haltung achten und immer wieder Kontakt mit sich selbst aufnehmen: Wie geht es mir gerade? Atme ich ruhig? Kann ich begleiten? Oder bin ich selbst ein einziger Gefühlswirbel und muss zunächst mein Augenmerk darauf richten, mich in einen halbwegs ausgeglichenen Zustand zu regulieren? Es braucht eine Art zweigeteilte Aufmerksamkeit der Eltern: den Blick auf mich und gleichzeitig aufs Kind. Nur wenn ich »sicher« bin, kann ich Sicherheit spenden.[51] Und somit auch die bunten emotionalen Zustände des Kindes begleiten. Damit wir Eltern nicht im Gefühlsstrudel des Kindes untergehen, ist es ein gewisses Maß an emotionaler Distanz erforderlich.

Sicherheit durch emotionale Distanz

»Ich weiß, dass ich ein vom anderen getrennt existierendes Wesen bin – wir sind nicht eins. Ich fühle den anderen, ich sehe ihn so, wie er ist und wie es ihm gerade geht. Ich negiere seine Gefühle nicht. Sie dürfen sein! Aber dann besinne ich mich wieder auf mich: Meine Antennen sind bei mir, ich bin bei mir und bleibe nicht beim anderen hängen. Ich sehe ihn und traue ihm zu, dass er die Situation meistert. Ich bin zugewandt, präsent und biete meine Hilfe an.«

So können wir emotionale Distanz beschreiben. Welche Haltung habe ich dabei, und was liest der andere entsprechend in mir? »Dein Wohlergehen liegt mir am Herzen, ich bin dir wohlgesinnt. Und ich verschmelze nicht mit deinem Leiden.« Um es mit Sandras Satz zu sagen: »Ich falle nicht in deinen Brunnen.« Du hörst das Dilemma des anderen, aber du weißt gleichzeitig: Es ist *seine* Emotion, nicht deine. Dadurch bist du imstande, selbst in einem guten Zustand zu bleiben, dein Funktionsniveau aufrechtzuerhalten, und du bleibst handlungsfähig. Und du vermittelst dem anderen auch eine sichere Perspektive, weil er weiß: Wenn er aus dem Brunnen kommt, ist jemand da. Und um diesen Jemand muss er sich dann nicht kümmern, sondern weiterhin nur um sich selbst. Der, der oben wartet, kann das schon: Er findet Halt in sich selbst.

Das zu spüren ist wichtig für unsere Kinder, es gibt ihnen Sicherheit im Gefühlswirrwarr. Du kannst als »Leuchtturm« Orientierung bieten und Lösungen finden, weil du dich nicht neben das Kind ins wankende Boot setzt, das vom Sturm durchgeschaukelt wird. Besinne ich mich darauf, dass bei mir etwas anderes »los sein« kann als beim Kind, atme ruhig und verliere mich nicht im Tunnelblick, kann ich trösten, da sein oder dem Kind helfen, die Situation einzuschätzen.

In einem Video erklärt der kanadische Psychologieprofessor Paul Bloom: »Denk mal darüber nach, was du von einem Arzt erwartest, an den du dich mit deinen Ängsten wendest. Möchtest du, dass der Arzt auch Angst hat, sich ängstlich fühlt? Nein. Du möchtest, dass er dich respektiert, dich versteht, dir zuhört und ihr eine Verbindung habt. Dass er investiert ist. Aber du willst nicht, dass er ein Echo deiner Angst ist.«[52]

Was, wenn diese gesunde und angemessene Portion an Distanz fehlt und es Eltern nicht gelingt zu erkennen, dass die Gefühle des Kindes eben nicht ihre eigenen sind? Verbinden Bezugspersonen sich mit den Emotionen des Kindes, dem es gerade schlecht geht, fällt es ihnen schwer, das Gefühl zu »halten«. Die Folge davon ist, dass sie es genauso wenig haben wollen wie das Kind. Oder noch weniger.

O-Ton eines emotionalen Elternteils: »Ich kann mein Kind nicht leiden sehen. Wenn mein Kind unglücklich ist, bin ich es auch.« Dem Elternteil fehlt es dann an der Fähigkeit, sich abzugrenzen. Er übernimmt die Emotion des Kindes als seine eigene, sie schwappt auf ihn über. Die Aufforderung oder der Wunsch ans Kind folgen prompt: »Nun sei doch glücklich!«, »Fürchte dich nicht!« Manchmal wird das auch so ausgesprochen, manchmal »nur« gedacht. Aber es braucht nicht exakt diese Worte, um genau das dem Kind zu vermitteln. »Die Omi ist auch traurig, wenn du traurig bist«, ist ein Beispiel aus Sandras Praxis für einen »Glücklichkeitsimperativ« an die Enkelin. Jetzt hat es das Kind nicht nur mit dem eigenen emotionalen Sturm in seinem Inneren zu tun, sondern auch noch buchstäblich die traurige Omi an der Backe. Das ist nicht die Art von Begleitung, die Kinder in ihren Emotionen brauchen. Genauso wenig wie »Lass alles raus«.

Begleiten heißt manchmal einfach: »Ach herrje! Wirklich blöd gelaufen! Was machen wir jetzt?« Einfühlen, einschätzen, weitermachen: Das richtet den Blick nach vorn und lässt auf Kompetenzen statt auf Schwächen schauen. Das gibt Auftrieb.

Wenn wir uns auch in schwierigen Situationen darauf besinnen, dass das Wegschieben und Verleugnen der Emotionen unserer Kinder genauso wenig sinnvoll ist wie bei unseren eigenen, können wir beginnen, wirklich zu *begleiten*. Und es ist durchaus legitim, wenn wir Eltern unseren Weg durch solche Momente nach dem Trial-and-error-Prinzip durchprobieren. So wie Alexis das bei ihrem sechsjährigen Sohn Luca gemacht hat.

Beispiel: Alexis und Luca

Luca sieht gern fern. Am Wochenende machen wir das oft gemeinsam, vormittags. Eines Tages kam mitten im Kinderfernsehen ein Ausschnitt aus einer Dokumentation, in der es um Vampire und Bestattungen ging. Noch ehe ich die Inhalte einschätzen konnte, war es ihm bereits zu viel: Er drückte sich zu mir und war wirklich angespannt. Ich ärgerte mich über den unpassenden Ausschnitt im Kinder-TV, und wir schalteten um.

Abends ging es dann los: Mein Sohn hatte Angst. So richtig. Im Bett kauerte er sich zusammen und sprach es aus: »Mama, ich hab solche Angst!« Das war neu für mich. Intensive Gefühle und das Verlautbaren ebendieser kenne ich bei ihm, ja. Aber Angst? Die hab »normalerweise« ich.

Schon machte sich Überforderung bei mir breit. Ich fragte ihn zunächst, wovor er sich fürchtete. »Dracula«, sagte er erschrocken. Ich wollte seine Angst nicht wahrhaben und sagte ihm, dass es doch keinen Grund gäbe, sich zu fürchten. Es half nicht. Natürlich nicht! »Steigere dich doch nicht so rein« war ein weiterer Satz, der über meine Lippen kam. »Wenn du dich so reinsteigerst, dann muss ich doch irgendwas machen, dass du wieder runterkommst. Kalter Waschlappen?«, überlegte ich laut. Darauf bin ich wirklich nicht stolz, so ein Unsinn! Aber ich habe es in der Überforderung gesagt, dazu will ich stehen. Statt mit dem umzugehen, was war, kämpfte ich dagegen an.

Dann wurde ich auch ängstlich: Ich hatte Angst vor seiner Angst! Es war so eine blöde Situation. Ich war überfordert, und meinem Sohn ging es schlecht. Er weinte schrill und zuckte immer wieder zusammen. Ich weiß nicht genau, wann, aber es kam der Punkt, an dem ich mich besann. Vielleicht als ich bemerkte, dass das Ganze gerade wirklich aus dem Ruder lief. Mir wurde klar, in welchem Zustand ich eigentlich gerade war und dass ich so keineswegs begleiten konnte.

»Okay, das bringt alles nichts. Was mach ich da für einen Unsinn? Die Angst geht nicht weg, nur weil ich das jetzt will. Gut, dann machen wir es so, wie ich es mache«, dachte ich.

Ich ließ es also sein und hielt Luca. »Du hast Angst«, sagte ich. »In Ordnung. Lass sie da sein. Wir haben ja gesehen, sie geht nicht einfach so weg. Vielleicht muss sie das auch nicht. Sie ist da und will noch bleiben. Gehen wir mit ihr um, so gut wir das können.« Ich achtete auf mich und auf meinen Zustand. Ich besann mich auf meine Atmung, atmete ruhig in den Bauch. Es gelang mir, mich wieder in einen halbwegs ausgeglichenen Zustand zu regulieren. Mein Sichtfenster öffnete sich, ich stieg aus der Enge und Beklemmung der Situation aus. Ich orientierte mich im Raum, kam ins Jetzt. Und ich bemerkte, dass es auch für Luca einfacher wurde. Wir atmeten beide bewusster, und ich erklärte ihm, warum die Atmung wichtig ist, wenn man angespannt ist. Weil mir nichts Besseres einfiel, erklärte ich auch, was der Sympathikus und der Parasympathikus sind und was die zwei so machen.

Ich schlug ihm vor: »Schatz, hilf deinem Körper mal ein wenig. Mach dich groß. Das mag die Angst nicht, die will dich kleinhalten. Aber wenn du die Beine ausstreckst und dein Körper so tut, als wäre er nicht ängstlich, dann kann das helfen.«

Es fiel ihm schwer, die Beine auszustrecken, weil ja unter der Decke Dracula sein könnte. Aber gemeinsam schafften wir es. Auch ich streckte die Beine aus und machte mich lang und groß wie er. Und als wir uns so streckten und über das Nervensystem unterhielten, kam mir eine Idee: »Du, der Dracula, der hasst doch Knoblauch, oder?«

»O ja«, sagte Luca aufgeregt.

»Wir haben welchen in der Küche. Sollen wir ihn zum Bett legen?«, fragte ich.

Nochmals aufgeregtes Nicken. Wir holten ein paar Knoblauchzehen und legten sie ans Kopfende des Bettes. Dann fiel mir ein, dass Vampire ja überhaupt nur in Häuser können, wenn man sie einlädt. Auch das teilte ich meinem Sohn gleich mit. Erst war er misstrauisch, aber ich versicherte ihm, dass es – den Geschichten über Vampire zufolge – so sei.

Das fiel mir leicht, denn es war ja die Wahrheit. Von Lügen halte ich nichts, und zu sagen, dass es keine Vampire gibt, hatte ja zu Beginn schon nichts genutzt. Dank der Tatsache, dass Dracula nicht ins Haus konnte, und mit dem Knoblauch bewaffnet drehten wir dann das Licht ab, und Luca schlief beruhigt ein.

Erst als Alexis sich selbst in ihrem Automatismus und im Nichtwahrhaben-Wollen gestoppt hatte und dem ins Auge sah, was nun einmal gerade stattfand, konnte sie damit umgehen. Sie stoppte auch das enge, Alternativen verhindernde Gegenteildenken (Angst – keine Angst), wodurch sie und Luca sogar richtig kreativ werden konnten. Alexis hatte es geschafft, sich emotional so weit zu distanzieren, dass sie erkennen konnte: »Seine Angst ist nicht meine!« So wurde sie frei, ihren Sohn wirklich zu begleiten und Lösungen anzubieten, ohne seine Realität zu verleugnen.

Deshalb plädieren wir für emotionale Distanz, innere Stabilität und aufrichtige Zuwendung. Angst ist Teil des Lebens und muss gemeistert – nicht reduziert – werden. Es geht um *Angsttoleranz*, nicht *Angstreduktion*. Wir wollen plädieren für ein »Geh durch die Emotion. Ich weiß, dass sie vorbeigeht« als innere Haltung, wenn wir uns unseren Kindern bei starken Emotionen zuwenden. Ich traue dem Kind zu, *selbst* mit seinen Emotionen umzugehen, so gut es das zum jeweiligen Zeitpunkt bereits kann. Und ich lasse es dabei nicht *allein*. Der Unterschied zwischen »selbst« und »allein« ist hier, einmal mehr, wesentlich.

> Angst ist Teil des Lebens und muss gemeistert – nicht reduziert – werden.

HALT: Wie du dich selbst stoppen kannst

In einer herausfordernden Situation zu erkennen, in welchem Zustand wir selbst uns gerade eigentlich befinden, ist so ziemlich die Königsdisziplin. Und es ist die Grundlage, damit alles andere bewusst in uns entstehen kann. Fehlt dieser Schritt – der zugleich der schwierigste ist –, bleibt alles andere verschwommen, und wir fahren weiter auf Autopilot. Wenn du dir das Beispiel von Alexis und ihrem Sohn ansiehst: Um wen geht es zu Beginn?

Alexis hat etwas getan, was sehr vielen Eltern passiert, wenn sie sich in einer Situation wiederfinden, die ihnen gar nicht gefällt. Es ging plötzlich um sie. Um ihr Drama, ihre Befindlichkeiten und ihre Angst. Darum, dass sie etwas nicht aushalten kann oder, besser gesagt, will. Sie will die Angst des Sohnes jetzt lieber nicht haben, weil sie selbst dadurch verunsichert wird. Sie hätte es nach einem langen Tag lieber, wenn das Zubettgehen angenehmer wäre. Sie würde lieber ein Buch vorlesen. Und sie will nicht, dass es ihrem Sohn schlecht geht. Das alles ist nicht aus einer bösen Absicht Thema, aber das macht die Situation nicht besser und hilft vor allem ihrem Kind – das hier gerade eigentlich das Problem hat – nicht weiter. Es braucht also einen »Unterbrecher«. Das, was Alexis in unserem Beispiel zufällig »passiert« ist.

In unserem ersten Buch haben wir dir als »Autopilot-Unterbrecher« das von uns entwickelte C.I.A. angeboten, um dich selbst nach und nach besser in deinem Automatismus stoppen zu können.[53] Das C steht dabei für »Cut«, das I für »Imagine« und das A für »Act«. Stark verkürzt: Wir stoppen vor der automatischen Handlung. Dann erlauben wir uns, das, was wir automatisch tun würden, in unserem Geist wie einen Film ablaufen zu lassen. Und mit etwas Abstand, nachdem in unserem Kopf sein durfte, was sein wollte, suchen und finden wir mithilfe unseres erwachsenen Ichs eine neue, bewusste und zum Jetzt passende alternative Handlung.

Diesmal präsentieren wir dir HALT:

H – Hinsetzen
A – Atmen
L – Lösung finden
T – Tun

Mit »Hinsetzen« meinen wir, dass du das, was du gerade tust oder dabei bist zu tun, unterbrichst und der goldenen Regel für Ärzte in der Notaufnahme folgst: Fühl zuerst deinen eigenen Puls! Easy, oder? Nein, leider gar nicht! Die Formel, ja. Aber das zu leben? Das ist etwas ganz anderes! Egal, ob du aus Angst oder einem anderen physiologisch-biochemischen Zustand heraus handelst: Du steigst aus, indem du dir sukzessive dein Verhalten bewusst machst, dir dessen gewahr wirst und dich nach und nach stoppst. Wenn du HALT präsent bei dir hast und dir immer wieder ins Bewusstsein rufst, kannst du es womöglich bald selbst anwenden. Auch dann, wenn es notwendig wird. Ein klares, ruhiges und tatsächlich ausgesprochenes »Halt« an dich selbst könnte hier eine Option sein. Probier's aus und sieh, ob es stimmig für dich ist. In jeder Situation, in der es nicht unmittelbar um Leben und Tod geht, hast du genügend Zeit für jeden einzelnen der vier Schritte: Du kannst dich hinsetzen, atmen, in Ruhe eine Lösung suchen und finden und dann ins Tun kommen.

Wie gesagt: Stoppen ist schwierig, das geht nicht von jetzt auf gleich und muss erlernt und geübt werden. Sowohl C.I.A. als auch das neue HALT helfen nicht sofort und immer. Es sind aber sinnvolle Tools auf deinem Weg, die dich dabei unterstützen können, dein Gewahrsein zu schärfen. Tag für Tag und von Herausforderung zu Herausforderung.

Nimm dir Zeit, aus dem Brunnen rauszukommen. Und sukzessive wirst du nicht mehr so tief fallen. Stück für Stück. Nimm dir Zeit, eine Lösung zu finden. Erlaub dir einen Zustand des Nichtwissens. Das heißt, mach dir Gedanken, aber nicht solche, die dich im Sorgenkarussell gefangen halten. Mach dich auf die Suche nach neuen Antworten und Alternativen, die noch nicht in dich hinein erzogen worden sind. Das liegt jetzt bei dir.

Wie du in zwölf Schritten dein Kind traumatisierst

Wie kommt es dazu, dass wir Erwachsenen so manchen tiefen Brunnen nicht sehen? Wieso fallen wir immer wieder hinein? Und warum fällt es uns so schwer, die Augen zu öffnen und dann auch wirklich etwas zu sehen? Das liegt daran, dass wir Teile unseres Lebens »im Dunklen« verbringen, wenn wir traumatisiert wurden.[54] Das »Bild« ist dann nicht vollständig. Viele Eltern haben Angst davor, bei ihren Kindern den gefürchteten »Schaden« anzurichten und so etwas kaputt zu machen.

Ein fruchtbarer Boden für allerlei Traumata
Vielleicht sollten wir deshalb einmal ganz bewusst nach dem suchen, was wir so dringend vermeiden wollen: Wie würde es uns denn garantiert gelingen, unsere Kinder zu traumatisieren? Was gäbe es für uns Eltern da zu tun?[55]

Achtung, es folgt die pure Ironie! Nichts davon ist ernst gemeint. Das ist wichtig, es wäre nämlich fatal, wenn das irgendjemand ernst nähme und wirklich als Empfehlung verstünde. Wir wissen, dass du das weißt. Aber sag es bitte dazu, falls du zum Beispiel einem Menschen, bei dem du dir nicht so sicher bist, einen Screenshot schickst.

Hier kommt also ein kleines »How to«: Wie bereiten wir Eltern einen fruchtbaren Boden für allerlei Traumata, die sich zu psychisch belastenden Zuständen wie Angststörungen, Depressionen und so weiter entwickeln und zutiefst verunsicherte, beziehungsunfähige junge Menschen hervorbringen können, in deren Nervensystem kein Platz für Ruhe, Vertrauen und Verbundenheit ist? Zum Beispiel so:

1. Unzuverlässigkeit ist die Feindin von Sicherheit. Bist du als Elternteil nicht verlässlich, stehen die Chancen gut, dass dein Kind später Probleme haben wird, in engen Beziehungen

zu vertrauen. Fang am besten gleich an, wenn dein Kind ein Baby ist und nach dir schreit: Komm manchmal zu ihm und manchmal nicht. So weiß dein Kind schon zu Beginn, dass es sich niemals sicher sein kann.

2. Wenn dein Kind älter wird, beginn es anzulügen, und beweis ihm so, dass man anderen Menschen nicht vertrauen kann.
3. Sei absolut unvorhersehbar. Dein Kind sollte niemals einschätzen können, wie du dich verhalten wirst. Maskier dich. Reagier an einem Tag auf die eine Weise und am nächsten Tag bei einer ähnlichen Gelegenheit völlig anders. Wichtig ist: Dein Kind sollte nie imstande sein vorherzusagen, was es heute zu Hause erwarten wird.
4. Wenn du Regeln aufstellst, halt dich selbst nicht daran. Darf dein Kind dein Handy zum Beispiel nicht nutzen, stell sicher, dass du in deins die ganze Zeit hineinguckst. Darf dein Kind nichts Süßes essen, setz dich regelmäßig mit einer Tafel Schokolade zu ihm und nasche genüsslich.
5. Interessier dich nicht dafür, was dein Kind braucht. Du bist der Elternteil, du weißt immer Bescheid, und du bist ohnehin die allerwichtigste Person überhaupt. Wenn es dir einmal nicht gelingen sollte, die Bedürfnisse deines Kindes zu ignorieren, kannst du die Notbremse ziehen, indem du dich darüber lustig machst.
6. Gefällt dir der eine Ansatz nicht, geh einfach den umgekehrten Weg, und lies deinem Kind jeden noch so kleinen Wunsch von den Lippen ab. Sieh hinter absolut jedem Ausdruck und noch so kleinem Wunsch sofort ein überlebenswichtiges Bedürfnis, und setz alles daran, es in der Sekunde und immer zu erfüllen. Koste es, was es wolle! Erledige alles für dein Kind, auch die Dinge, von denen es gar nicht wusste, dass es sie brauchte. Gib deinem Kind niemals die Möglichkeit, sich auszudrücken. Frag nicht nach, was ihm wirklich wichtig ist. Nicht nötig. Du weißt ohnehin alles!

7. Egal, ob der andere Elternteil und du zusammen seid oder nicht: Spielt immer »Good cop, bad cop«. Seid niemals einer Meinung, zieht niemals an einem Strang, und arbeitet unter keinen Umständen zusammen. Je besser ihr einander ausspielt und die Autorität des anderen untergrabt, desto erfolgreicher werdet ihr darin sein, euer Kind massiv zu verunsichern. Wenn der eine sagt, das Kind muss ins Bett, kann der andere vorschlagen, ein Videospiel zu spielen. Wenn der eine sagt, dass jetzt Zeit für die Hausaufgaben ist, kann der andere mit dem Baseball vor der Tür stehen und das Kind zum Spielen im Garten auffordern. Die Möglichkeiten sind ja so vielfältig!
8. Kontrollier dein Kind. Du weißt, wovor es sich fürchten und was es glauben sollte. Du weißt auch, wer seine Freunde sein sollten, welches Hobby es haben und was es jeden Tag anziehen sollte. Denn es ist schließlich nur ein Kind, es hat doch keine Ahnung. Du bist der Boss, du weißt es besser. Immer.
9. Kritisiere dein Kind so oft wie möglich. Find bei allem, was dein Kind tut oder sagt, etwas auszusetzen. Zeichnet dein Kind etwas und schenkt es dir das Bild, könntest du zum Beispiel sagen, dass es wirklich schwer ist, bei dem Gekrakel etwas zu erkennen. Nächstes Mal soll es sich mehr anstrengen.
10. Erinnere dein Kind täglich an all die Dinge, die du seinetwegen aufgeben musstest und dass es dir dankbar sein sollte für alles, was du tust. Deine Freiheit, deine Schönheit, dein Geld, deine Aussichten auf Karriere … alles geopfert! Für dein Kind! Du verdienst seine Liebe, und es sollte dich auf Händen tragen. Immerhin hast du ihm das Leben geschenkt, nun ist es an deinem Kind, deine Bedürfnisse zu stillen. Damit es dir gut geht.
11. Mach deinem Kind klar, dass es nur dann erfolgreich sein wird, wenn es erstens tut, was du ihm sagst, und zweitens

besser ist als alle anderen zusammen. Es gibt da draußen nämlich nur Konkurrenten. Um glücklich zu sein, muss dein Kind alles geben: in der Schule, im Sport. Jeden Tag lernen und trainieren, stundenlang. Sonst wird nie was aus ihm. Es wäre immer nur Durchschnitt, nichts Besonderes.
12. Übertrag jegliche deiner Ängste auf dein Kind. Erzähl ihm, was die Welt für ein furchtbarer und gefährlicher Ort ist. Desinfiziere jede Oberfläche im Haushalt täglich, und sag ihm, wie gefährlich Hunde sind. Blitze auch. Und Schnupfen. Und abgelaufener Joghurt. Was sollte dein Kind fürchten? Alles! Aber zum Glück bist du da, um es zu beschützen.

Schluss mit lustig: Kommen wir wieder zurück aus Ironie und Satire und gehen in die Reflexion. In der Überzeichnung wird leider mitunter spürbar, dass uns manches gar nicht so fremd ist, oder? Gibt es einen oder mehrere Punkte, die du selbst vielleicht so ähnlich aus deiner Jugend kennst?

Ob ja oder nein: Welche Bilder entstanden vor deinen Augen? Wie ging es dir während des Lesens? Hast du ungläubig den Kopf geschüttelt, geschnaubt, dich stellenweise angewidert gefühlt? Hat dich etwas traurig gemacht? Wütend? Oder fandest du das alles völlig absurd und im besten Fall Zeitverschwendung? Wie hat dein Körper reagiert? Fühl eben hin, und mach einen kleinen Zustandscheck. Sortiere deine Gedanken. Gern auch ausführlicher und schriftlich, in deinem Notizbuch.

Zwölf Orientierungswerte für meine Familie
Was können wir von diesen zwölf Punkten lernen, was bedeuten sie im Umkehrschluss? Perfektionismus ist ein unerreichbares Ziel. Der Anspruch »Ich will alles perfekt machen« wäre ein Maßstab, dem wir nie gerecht werden können. (Schlechte Maßstäbe kannst du gegen bessere »Werte« tauschen – lies dazu mehr in Teil III!) Lassen wir das also.

Was wir aber tun können, ist, ein paar gesunde, wohltuende Orientierungswerte für unser Leben mit Kindern zu formulieren. Etwas, wonach wir uns von Herzen gern ausrichten wollen – so gut wir das können:

1. Mein Kind kann sich auf mich verlassen. Ich bin da, wenn es mich braucht.
2. Ich sage die Wahrheit. Auch meinem Kind.
3. Mein Kind weiß, woran es bei mir ist. Ich spiele keine Rolle und bin kongruent, stimmig in meiner Haltung, meinen Aussagen und Handlungen.
4. Ich stelle Regeln im Sinne der Gemeinschaft und des gelingenden Zusammenlebens auf. Ich bin Beispiel und Vorbild. *I walk the talk!*
5. Ich interessiere mich dafür, was mein Kind wirklich braucht und bin bemüht, die Bedürfnisse aller im Blick zu haben. Ich achte die Integrität und die Grenzen meines Kindes. Ich achte meine Integrität und gehe nicht über meine reflektierten Grenzen.
6. Ich höre meinem Kind zu und nehme es ernst. Auch ich bin Lernende und nicht allwissend.
7. Wir als Eltern kommunizieren offen und sind ehrlich bemüht, einen gedeihlichen Familienrahmen zu schaffen, in dem unser Kind *sein* kann und Platz für uns alle ist. Auch, wenn wir nicht zusammenleben, geben wir unser Bestes und stellen das Wohl des Kindes über unser Ego.
8. Ich lasse meinem Kind so viel Freiraum wie möglich und zu seinem jeweiligen Alter und Entwicklung passend. Ich manage meine Ängste und kümmere mich gut um mich selbst, wenn mein Kind Neues erforscht und Erfahrungen macht.
9. Ich sehe und wertschätze mein Kind. Dabei habe ich keine manipulative Absicht, sondern drücke aus, was mich ehr-

lich freut. Ich lasse mein Kind spüren: Du bist gesehen, du bist willkommen, du bist geliebt.
10. Ich weiß, dass ich für die Erfüllung meiner Bedürfnisse selbst die Verantwortung trage. Mein Kind ist nicht dafür da, meine Wünsche zu erfüllen. Es ist frei, es schuldet mir nichts.
11. Ich lebe meinem Kind vor, dass man im Miteinander mit anderen Menschen mehr erschaffen kann. Ich versuche, ihm zu ermöglichen, was es selbst will, und drücke ihm nichts auf, nur weil ich es selbst als Kind gern für mich gehabt hätte. Mein Kind ist nicht ich. Es ist seine eigene Person mit eigenen Vorlieben, Interessen und Zielen.
12. Ich arbeite an meinen eigenen inneren Bildern und Überzeugungen, um mir immer bewusster zu werden, was mich geprägt hat. Damit ich selbstsicher sein und meinem Kind Sicherheit spenden kann. Meine Ängste gehören mir, und ich gebe mein Bestes, um meinem Kind vorzuleben, wie man auch mit unangenehmen Emotionen und Zuständen umgehen und durch sie hindurchgehen kann.

Wie fühlen sich diese Werte für dich an? Übernimm sie, wenn sie stimmig sind. Formulier sie um, wenn du etwas gern anders hättest. Es geht darum, etwas zu finden, was sich gut anfühlt und von dem du aus ganzem Herzen wollen kannst, dass es in deiner Familie durch dich gelebt wird.

»Wie lerne ich etwas, das ich noch nicht kann?«
»Du tust es. Und zwar so oft und so lange, bis du es kannst.«
Ende der Geschichte.

Durch die Angst gehen:
Sehen, was war, und gestalten, was ist

> Ungesagtes und das, was zwischen den Zeilen schwingt, ist wesentlich für unsere Kinder.

In der Einleitung haben wir bereits darüber geschrieben: Ungesagtes und das, was zwischen den Zeilen schwingt, ist wesentlich für unsere Kinder.

Einerseits das Unausgesprochene, was wir selbst vermitteln – ob bewusst, unbewusst oder unterbewusst –, andererseits auch das, was sich im Kopf, im geistigen Inneren anderer Bezugspersonen abspielt, die in irgendeiner Form Einfluss auf unsere kleine Familie haben.

Inneres Wissen:
Ich kenne dich, und du kennst mich

Die kleine rote Gießkanne ist verschwunden, und du fragst dein Kind, ob es »zufällig« weiß, wo sie abgeblieben sein könnte. Es grinst dich schelmisch an und schüttelt verneinend den Kopf. Aber du *weißt*, dass das nicht stimmt.

Du lehnst das Stück Kuchen, das deine Freundin vor eurem Treffen aus der Konditorei geholt hat, ab: »Nein, danke, ich bin satt.« Sie zuckt mit den Schultern und sagt: »In Ordnung«, aber du *weißt*, dass es für sie gerade nicht ganz in Ordnung ist.

Du willst abends unbedingt die neue Serie auf Netflix weitergucken, dein Partner lieber die Ferienbetreuung planen. Er meint: »Fein, dann eben fernsehen!« Du fragst nach, ob es wirklich okay ist für ihn, und er sagt: »Ja, klar.« Aber du *weißt*, dass es ihn momentan noch echt wurmt und er lieber erst geplant hätte, weil Oma ihn mit ihren Nachfragen stresst.

Und woher *weißt* du das alles? Dank einer genialen Fähigkeit des Gehirns, über die wir Menschen verfügen: Beim »Mind Mapping« scannt es die geistige Innenwelt anderer Menschen, schätzt ab, was sie im Sinn haben, was ihre Absicht ist, wie sie ticken.[56] Es schätzt ein, ob »alles gut« ist oder von irgendwoher Gefahr droht.

Wir sind also in der Lage dazu, unsere Mitmenschen zu *lesen*, indem unser Gehirn sich eine Landkarte von ihren Verhaltensmustern anfertigt. Das ist ein Überlebensmechanismus, mit dem wir alle zur Welt kommen.[57]

So haben wir zum Beispiel auch ein Gefühl dafür, wie sie *gemeint* sind, wenn in einem Streit unschöne Dinge gesagt werden. Spricht da nur der Zorn, oder sagt der Mensch endlich, was er sich denkt?

Sicher kennst du diesen Satzanfang: »Ich habe das Gefühl, dass …
- meine Freundin beleidigt ist.«
- es jemand anderen gibt.«
- hier etwas nicht stimmt.«

Oft beschreiben wir hier kein Gefühl. Da gibt es vielmehr ein »Wissen« in uns, eine Ahnung, die beeinflusst wird von der Landkarte, die wir uns von dem Menschen angefertigt haben. (Probiere es aus, als kleines Experiment, und ersetze bei Sätzen, die auf dich passen, das »Ich habe das Gefühl, dass« durch »Ich weiß, dass«. Dann achte darauf, was in dir passiert. Fühlt es sich stimmig an, stimmt es?) Du hast das sicher schon selbst erlebt, wenn im Nachgang beispielsweise die Person, mit der du Streit hattest, zu dir sagte: »Das war doch nicht so gemeint«, und du willst es ja wirklich gern glauben … aber in dir drinnen *weißt* du, dass es sehr wohl so gemeint war. Wir wollen es nur manchmal einfach nicht wahrhaben, weil es schwieriger zu tragen ist.

Und klar, manchmal rutscht wohl jedem von uns im Ärger etwas raus, was wir im Nachhinein nicht so meinen. Zumindest nicht genau so, wie wir es gesagt haben. Wenn wir uns dann entschuldigen, *weiß* wiederum unser Gegenüber, dass wir es ehrlich meinen und uns nicht nur rausreden wollen. Der andere kann uns lesen. Genauso wie unsere Kinder, die freilich auch uns als Eltern permanent und vollautomatisch scannen. Die kennen uns. Wenn du also beispielsweise sauer bist, weil dein Kind die Gießkanne versteckt hat, weiß dein Kind das in der Regel auch. Egal, ob du es aussprichst oder nicht.

Warum interessiert uns das hier überhaupt? Die Fähigkeit, unsere Mitmenschen zu lesen, können wir auf vielfältigste Weisen nutzen, wenn wir uns ihrer bewusst sind. Etwa für ein gelingendes Miteinander innerhalb unserer Familie und um unsere Kinder so zu begleiten, wie sie es brauchen. Vielleicht kennst du auch eine Situation wie die folgende.

Beispiel: Franziska

Manchmal höre ich schon von Weitem, dass mein Mann und meine ältere Tochter wohl gleich aneinandergeraten werden. Das zeichnet sich ja oftmals ab. Erst letztens arbeitete ich im Homeoffice am Laptop und hörte durch die geschlossene Tür, was sich bei den beiden so tut. Irgendetwas dürfte Papa falsch gemacht haben, und meine Tochter beschwerte sich lautstark darüber. Ich kenne mein Kind und wusste daher, dass sie gleich zu mir laufen würde. Wahrscheinlich würde sie weinen und wütend sein.

Dieses Wissen ermöglicht es mir, mich in solchen Situationen mental auf das einzustellen, was gleich passieren wird. »*Be responsible for the energy you bring* [Sei verantwortlich für die Energie, die du einbringst]«, denke ich mir dann, wie so oft.[58] Ich überprüfe also meine *energy* in dem Moment und mache einen kurzen Selbstcheck: Wie geht's mir gerade? Wie ist meine Atmung? Bin ich angespannt? Welche Körperteile? Und dann durchatmen, entspannen. Ich bereite mich so auf die »Ankunft« meiner Tochter vor und kann mich bereits vorab in einen Zustand bringen, in dem ich ihre großen Emotionen möglichst gut begleiten kann.

Franziska liefert ein Beispiel dafür, wie wir unsere Mind-Mapping-Fähigkeit fürs Wohl unserer Familie nutzen können.

Andererseits hilft uns Mind Mapping dabei, uns gegenüber Menschen zu positionieren, die uns nicht ausschließlich wohlgesinnt sind, die ihre eigenen Interessen ohne Rücksicht auf Verluste vor die aller anderen stellen oder persönliche Grenzen überschreiten. Seien es unsere Grenzen oder auch die unserer Kinder. Es unterstützt uns dabei, unsere Integrität zu leben und in unsere Kraft zu kommen. Und das ist notwendig, wenn wir unsere Kinder selbstbewusst begleiten wollen. Aber all das geht eben nur, wenn wir darüber Bescheid wissen.

Wir wären nicht wir, wenn wir uns vor den »schweren« Themen scheuen würden. Deshalb wollen wir bei unseren folgenden Ausführungen wieder auf das sehen, was großen Einfluss auf uns hat, sofern wir es selbst erlebt haben oder immer noch damit konfrontiert sind. Blinde Flecken haben wir im Laufe dieses Buchs bereits öfter erwähnt, jetzt wollen wir uns genauer damit beschäftigen. Auch mit deinem und fremdem Absichts- und Effektbewusstsein und traumatischen Leseerlebnissen. Sind in unserer Kindheit auch Dinge passiert, die nicht gut waren für unsere Entwicklung, und haben wir es mit Verletzungen zu tun, von denen wir uns womöglich bis heute nicht erholt haben, kann uns der bewusste Einsatz von Mind Mapping dabei helfen, das zu erkennen und im Heute zu verändern.

Fehlersuchbilder: Was Kindergehirne kollabieren lässt

Bei der Angst ist es ja so: Wenn du weißt, was in deinem Körper abgeht, wenn du eine starke Emotion beziehungsweise Überflutung empfindest, dann kann dir das dabei helfen, deinen Zustand zu regulieren und mit dem umzugehen, was in dir ist. Durch die Angst zu gehen. Damit es dir besser geht. Wissen gibt Sicherheit. Genauso ist es hier eben auch: Wenn du weißt, was Sache ist – wie sich Menschen, die dir nahestehen, *wirklich* auf dich beziehen, was sie *wirklich* denken und tun und wie sie *wirklich*

> Du kannst Menschen lieben und ihnen gleichzeitig nicht erlauben, dich zu verletzen.

sind –, kannst du auch hier bewusst damit umgehen. Deine Sicht wird klar. Wiederum: damit es dir besser geht.

Sobald du dein Absichtsbewusstsein entwickelst und dir bewusst wird, dass du Menschen und ihre Absichten lesen kannst und sie dich und deine, gibt es erfahrungsgemäß kein Zurück mehr. Es gibt dann ein »Davor« und ein »Danach«: eine Zeit vor diesem Wissen und eine neue Zeit, in der du dich bewusster auf andere beziehen und wirklich gestalten kannst. Du siehst deine Mitmenschen im Danach anders. Mehr so, wie sie wirklich sind. Das ist manchmal wundervoll und, ja, auch notwendig, wenn wir jemandem so richtig nah sein wollen. Ohne Filter, ohne verzerrenden Vorhang. Pur. Aber in manchen Beziehungen tut es auch weh. Die Wahrheit birgt mitunter auch eine Enttäuschung. Wir beide können aus Erfahrung sagen, dass die Welt auf den ersten Blick um einiges rosiger ist, wenn man von diesen Dingen nichts weiß. Aber was war denn das Ergebnis des »Nichtsehens« zuvor? Für die eine Panikattacken. Für die andere eine generalisierte Angststörung. Es macht krank, wenn man sich zu lange vor der Wahrheit verschließt und sich weiter »um des lieben Friedens willen« verbiegt. Auch wenn man es nicht bewusst wahrnimmt, sondern »nur« Körper, Psyche und Seele schreien. Unser Ego will uns im Altbekannten halten, weil es vertraut ist. Aber wir wissen ja: »Vertraut« heißt nicht automatisch auch »gut«. Du kannst Menschen lieben und ihnen gleichzeitig nicht erlauben, dich zu verletzen.

Wie gesagt haben wir grundsätzlich alle die Fähigkeit, im Geist anderer zu lesen. Wir alle fertigen uns Landkarten von dem Wesen unserer Mitmenschen und ihren Absichten an und können in ihnen lesen. Und es gibt auch etwas, was sich »traumatisches Mind Mapping«® nennt. Diesen Begriff hat der amerikanische Psychotherapeut David Schnarch erfunden. Es gab davor für die Erkenntnisse, die er in seiner Arbeit mit Klienten gewonnen hatte, noch keine Bezeichnung.

Die Tatsache, dass es erst mal neue Worte brauchte, um wichtige Erkenntnisse auszudrücken, lässt erahnen, warum auch in so manchen Therapien nicht alles entlarvt werden kann, was dringend ans Licht müsste. Und warum Heilung sich manchmal als scheinbar unüberwindbarer Gebirgspass darstellt: weil man blind ist für das, was wirklich geprägt hat. Weil das Hirn in diesem Bereich bereits vor Jahren zum Schutz »zugemacht« hat. Wenn man für etwas kein Bewusstsein hat, wie soll man es sehen – egal, ob bei sich selbst oder bei anderen?

Es ist immer dieselbe Krux! Aber: Du weißt nun Bescheid und kannst dieses Wissen für dich nutzen. Was ist also mit traumatischem Mind Mapping® gemeint? Traumatisches Mind Mapping® ist eine mentale und körperliche Beeinträchtigung, »die eintritt, wenn Sie sich ein Bild vom Geist einer anderen Person machen und das, was Sie sehen, so schrecklich und schlimm ist, dass Ihr eigener Verstand und Ihr Gehirn sozusagen abstürzen«, beschreibt David Schnarch es in seinem Buch *Brain Talk*.[59] Wenn wir traumatisches Mind Mapping® erleben, *kollabiert* unser Lesesystem: Die Absicht, die wir in dem anderen Menschen lesen, ist so grausam, dass unser Gehirn überwältigt wird und »zumacht«. Wie ein Computer, der abstürzt. Schwarzer Bildschirm. So entstehen blinde Flecken und Lücken in unserer Biografie.

Begegnen dir diese grausame Absicht und ein entsprechendes Verhalten in deinem späteren Leben, bist du dafür nicht mehr empfindsam. Es fällt dir nicht auf, du reagierst nicht mehr mit zum Beispiel einer natürlichen Ekel- oder Abwehrreaktion. Auch wenn diese eigentlich normal wäre. Vielleicht wunderst du dich sogar über andere oder empörst dich über sie, wenn bei ihnen so eine angebrachte Reaktion kommt, und denkst: »Warum stellen die sich so an? Da ist ja nichts dabei!« Das ist ein Grund dafür, wieso unsere Partner uns manchmal wirklich qualifiziertes Feedback über gemeines oder ekelerregendes Verhalten – beispielsweise unserer eigenen Eltern – geben.

Auch unsere Kinder sind mitunter gute Feedbackgeber. Oder kennst du diese Menschen, die, wenn du verwerfliches Verhalten verurteilst, schulterzuckend reagieren mit: »Das hat mir doch auch nicht geschadet!« Jetzt weißt du, warum. Sie sind nicht mehr empfindsam dafür. Traumatische Leseerlebnisse können auch ein Grund dafür sein, warum so viele Menschen mit Partnern zusammen sind, die dieselben gemeinen Verhaltensweisen an den Tag legen, wie es schon die nahen Bezugspersonen zeit ihres Großwerdens getan haben. Blinder Fleck. Und ein trauriges »Normal« der eigenen Kindheit, das im Erwachsenenalter weiterhin gelebt wird.

Was sind grausame Absichten, die kindliche Gehirne »kollabieren« lassen? Bevor du weiterliest, möchten wir dich gern drauf hinweisen, dass die folgenden Beispiele für manche Leserinnen nicht leicht verdaulich sind. Stell für dich bitte sicher, jemanden zu haben, mit dem du dich austauschen kannst, falls nötig. Oder halt dein Tagebuch bereit, um dir deine entstehenden Gedanken von der Seele zu schreiben und so etwas Abstand zu ihnen zu gewinnen.

Beispiel: Johannes

Johannes war sechs Jahre alt, als ihn sein Vater im Zuge des Sorgerechtsverfahrens dazu anhielt, den Richter anzulügen: Er sollte zugunsten des Vaters aussagen, dass er von seiner Mutter geschlagen würde.

Beispiel: Kristin

Kristin war zehn Jahre alt, als ihre Mutter damit begann, ihr von den sexuellen Eskapaden ihres Vaters zu erzählen, und zwar »unter dem Siegel der Verschwiegenheit«. »Wem sollte ich es sonst erzählen, wenn nicht dir?«, sagte ihre Mutter damals.

Sowohl Johannes als auch Kristin werden von den Menschen, die ihnen am wichtigsten sind, einem inneren Dilemma ausgesetzt. Wenn Eltern sich so verhalten, hat das natürlich Auswirkungen auf ihre Kinder. Das traumatisiert. Die kindlichen Gehirne kollabieren, und blinde Flecken entstehen.

Später werden diese Kinder selbst Eltern, und plötzlich kommen ihnen ein paar Dinge komisch vor. Irgendetwas passt nicht zusammen. Es ist, als sähen sie sich immer wieder mit einem Fehlersuchbild konfrontiert. Aber egal, wie sehr sie sich anstrengen: Irgendwie können sie sich keinen Reim darauf machen. Das Bild, die Szene und deren Erinnerungsfragmente haben sich ins implizite Gedächtnis verabschiedet, also in jenen Teil des Gedächtnisses, der sich auf das Erleben und Verhalten auswirkt, ohne dabei ins Bewusstsein zu treten. Das ist nicht verbal zugänglich. Dort warten sie darauf, von uns – mithilfe unserer Kinder – wiedergefunden und versprachlicht zu werden.[60]

Beispiel: Erika

Erika kommt es komisch vor, dass sie nicht möchte, wenn ihr Vater ihr Baby hält. »Was ist denn mein Problem?«, fragt sie sich. Etwas in ihr sträubt sich. Irgendwo in dem Bild ist ein Fehler, aber alle aus ihrer Ursprungsfamilie halten Erika für hysterisch.

Sie denkt nach. Und sie deckt auf: Sie will nicht, dass er ihr Kind hält, weil er »so seltsam« riecht. Er hat bereits am Vormittag sein erstes Bier getrunken. Er hat das schon immer getan, und jetzt erst wird Erika klar, dass sie einem alkoholisierten Menschen ihr Baby nicht anvertrauen will. Das ist ja auch verständlich und wirklich nachvollziehbar – ja, »normal«! –, dass sie das nicht will!

Aber wie war das, als sie selbst noch klein war? Der Film läuft vor Erikas geistigem Auge ab. Und jetzt klingeln ihre Alarmglocken …

Beispiel: Manuel
Es kommt Manuel komisch vor, wenn seine Eltern sein kleines Kind an sich reißen und es dauernd »bespaßen«. Auch dann noch, wenn es das Köpfchen immer wieder zur Seite dreht und quengelt. Er will eingreifen, erntet aber nur vorwurfsvolle Blicke und hört: »Glaubst du, wir können das nicht? Aus dir ist schließlich auch etwas geworden, oder?«

Ja, genau. Oder? Das ist die Frage, die jetzt in Erika, Manuel und vielleicht auch in dir zu arbeiten beginnt. Jetzt, da du selbst Elternteil bist. Durch diese Bilder, die dich in deinem Alltag stutzen lassen, wird etwas in dir wieder wach. Irgendetwas wird in deinem Gehirn angestoßen; und wenn du jetzt dranbleibst an deinen persönlichen »Fehlersuchbildern«, vervollständigt sich das Bild nach und nach. Pixel für Pixel.

So entstehen neue Bilder deiner Geschichte, deines Großwerdens und deiner eigenen Erziehung. Blinde Flecken werden mit Inhalten gefüllt. Und irgendwann ist da ein Bild vor dir, das dich umhaut. Nicht immer im Positiven. Aber jetzt, wo du siehst, was war, hast du die Gelegenheit, dich zu sortieren. Du kannst dich neu ausrichten und auf die Menschen in deinem Leben neu beziehen.[61] Du siehst dann hin. Hör auf dein »Komisch«! Ein weiteres Beispiel findest du im Kapitel »Beziehungen gestalten mit meiner Integrität als Kompass« (Teil III): Susanne konfrontiert ihre Eltern mit dem, was war, und verteidigt endlich ihre Grenzen.

Absichtsbewusstsein: Was hast du im Sinn?

Wollen wir erfolgreich kommunizieren und Beziehungen gestalten, müssen wir uns der Absicht der Menschen, mit denen wir zu tun haben, bewusst sein. Zwischen den Zeilen lesen, den Subtext erkennen: Was schwingt mit? Um die wichtige Frage »Was hat die Person im Sinn?« mit einem Bild zu versehen, wollen wir dir hierfür gern den Begriff des »Absichtsbewusstseins« vorschlagen. Und es ist wichtig, einen zweiten Blick zu wagen, wenn wir uns damit beschäftigen. Wenn wir hinterfragen, dann gründlich: Was lese ich in meinem Gegenüber? Sehe ich klar, oder ist meine Sicht verschwommen? Glaube ich, der Mensch ist mir wohlgesinnt, aber irgendwas »sitzt« nicht richtig? Wenn etwas in mir unstimmig ist, wäre es ratsam, jemanden von außen hinzuzuziehen. Das kann eine vertraute Person sein oder auch ein Coach, der mir dabei hilft, mein zerbröckeltes Bild zu vervollständigen und fehlende Puzzlestücke einzusetzen. Dafür kann ich mir eine Situation zum Beispiel aus der Vogelperspektive ansehen, um etwas mehr Abstand zu gewinnen. Das braucht Zeit und Übung und – in den meisten Fällen – Begleitung.

Es gibt übrigens Menschen, die sich komplett abschotten und dich nicht »hineinlassen«. Du kannst sie nicht lesen, du kennst nur die Fassade. Sie sind quasi gar nicht da. Die Frage, was sie wohl im Sinn haben, kannst du beim besten Willen nicht beantworten. Und jetzt stell dir mal für einen kurzen Moment vor, ein derart dauermaskierter Mensch sei dein Elternteil. Sicherheit, Vertrautheit, Vorhersehbarkeit? Fehlanzeige. Was macht das mit einem Kind?

Tief durchatmen, wir steigen aus dem Bild jetzt bewusst wieder aus. Allein die Vorstellung verlangt uns einiges ab. Aber wichtig ist: Ja, das prägt. Und ja, das ist die Realität so mancher Kinder und auch ehemaliger Kinder. Und es hilft auch ihnen bei ihrer Biografiearbeit, wenn sie aufdecken, dass sie es mit einer solchen Bezugsperson zu tun hatten.

Beobachte auch dein eigenes Absichtsbewusstsein. Maskierst du dich manchmal? Nehmen wir ein etwas leichter verdauliches Beispiel: Wenn du etwa ein Geschenk von deiner Schwiegermutter bekommst, das dir nicht gefällt. Und du tust so, als fändest du es toll. Bist du dir deiner eigenen Absicht bewusst, die sich hinter deinem Verhalten verbirgt? Was bezweckst du damit? Deine eigene Absicht zu kennen ist wichtig. Denn dein Kind liest sie in dir.

Auch wenn du dir etliche Ratgeber übers Loben durchlesen solltest, frag dich: Warum tust du das? Welche Absicht verfolgst du damit? Möchtest du deine Haltung hinterfragen und dich neu ausrichten, oder suchst du vielmehr nach einer weiteren »Methode«, die du bei deinem Kind »anwenden« kannst, die aber keinen wirklichen Kontakt ermöglicht? Und wenn du deinem Kind beispielsweise verbietest, zu einer Geburtstagsfeier zu gehen, weil ihr Streit hattet: Was ist hier deine Intention? Bestrafst du es bewusst, möchtest du dein Kind kränken? Hast du Angst? Willst du es traurig machen, weil es dich geärgert hat? Vielleicht passen Bestrafungen nicht in dein Erziehungsparadigma, und du bestrafst nicht. Dann würdest du dieses Beispiel als völlig absurd empfinden. Vielleicht fühlst du dich nun aber auch ertappt. Was auf dich zutrifft, wissen wir nicht. Wir können nur dein Bewusstsein schärfen für die Dinge, die du tust.

Wenn du in dir selbst eine unmoralische, ekelhafte, manipulative oder sogar boshafte Absicht erkennst, dann bitte: Sieh hin, und verändere deine Haltung. Spätestens wenn dir bewusst ist, was du tust, ist das in deiner Verantwortung und wird zu deiner Pflicht. Und es ist uns allen tief drinnen viel mehr bewusst, als wir wahrhaben wollen. Wir verstecken es nur gut. Auch vor uns selbst. Lass dich nicht davonkommen. Und auch niemand anderen.

Das bringt uns zum »Effektbewusstsein« – neben dem »Absichtsbewusstsein« ein weiterer Begriff, den wir dir vorschlagen und um den wir dein Bewusstseinsrepertoire gern erweitern möchten.

Stopp, jetzt! Effektbewusstsein und kindliche Grenzen

Über eine Frage grübeln und diskutieren wir immer wieder, und es wird nicht langweilig: Weiß eine Person, was sie tut oder getan hat? Ist sie sich des *Effekts*, der Auswirkung ihrer Handlung, bewusst? Hast du dich das auch schon einmal gefragt? Und wie lautete dein Urteil?

Wie oft erleben wir, dass (Un)taten Erwachsener automatisch entschuldigt werden, indem über den oder die Handelnde gesagt wird: »Ach was, der wusste ja nicht, was er da macht« oder »Sie ist sich dessen doch nicht bewusst«? Wir wollen das grundsätzlich infrage stellen, weil wir davon überzeugt sind, dass erwachsene Menschen auf diese Weise in vielen Fällen ihrer Verantwortung enthoben werden. Obwohl sie diese eigentlich tragen könnten und müssten: die Verantwortung für die Auswirkungen und Folgen ihrer Handlungen.

Erwachsene Menschen, die ich automatisch entschuldige, nehme ich nicht als vollwertige Menschen bei klarem Verstand wahr. Ich sehe sie als beeinträchtigt, und so behandle ich sie auch: als nicht ernst zu nehmen und somit auch nicht auf Augenhöhe. So entkommen sie mit unserer Hilfe immer wieder ihrer Aufgabe als Erwachsene, Verantwortung zu übernehmen. Sie kommen davon. Das kann fatal sein: »Mein Vater hatte selbst eine schwere Kindheit. Er ist geschlagen worden. Wenigstens hat er uns Kinder nicht angefasst. Er war nur aggressiv, wenn er betrunken nach Hause gekommen ist. Meine Mutter hat dann immer geweint und bei uns im Kinderzimmer geschlafen.« Oder: »Meine Mutter hatte immer so viel Stress. Sie hatte es nicht leicht.«

Die Vergangenheit rechtfertigt also das gegenwärtige Verhalten und entbindet alle Beteiligten von jeglicher Verantwortungsübernahme? Dabei tragen wir Erwachsenen *immer* Handlungsverantwortung. Das ist nicht »fies« oder »unfair«, sondern kommt ganz einfach mit dem Erwachsensein.

Was bedeutet diese Verantwortung fürs *Effektbewusstsein*? Wenn ich sehe, welchen Effekt meine Handlung auf mein Kind hat und es ein negativer ist, muss ich *sofort* damit aufhören.

Wenn du dein Kind kränkst und du Entsetzen in ihm liest, musst du dich stoppen.

Wenn der Onkel den Neffen kitzelt und er liest, dass es für das Kind nicht mehr lustig ist, muss er in der Sekunde aufhören. Nicht fünf, nicht zehn Sekunden

> Wenn ich sehe, welchen Effekt meine Handlung auf mein Kind hat und es ein negativer ist, muss ich sofort aufhören.

später, weil es für den Onkel ja ach so »lustig« ist. Sondern sofort. Stoppt der Onkel im Beispiel der Grenzüberschreitung nicht sofort, gibt es drei Möglichkeiten:

- Er kann zu spät merken, was hier gerade passiert ist, weil der Autopilot übernommen hat. In der Folge wird er nun aber die Verantwortung übernehmen und alles tun, damit es ihm nicht mehr passiert.
- Er kann aber ebenso sehen, dass er auch von niemand anderem aufgehalten wird und mit seinem Übergriff »davonkommt«. Er fühlt sich groß und mächtig, wenn er die Grenzen des Kindes mutwillig (weil er ja den Effekt sieht, er weiß, was er tut) überschreitet. Wird er nun von niemandem – den Eltern, der Partnerin – gestoppt, betrachtet er das als Freibrief, immer wieder übergriffig zu werden.
- Er hat tatsächlich einen autobiografischen blinden Fleck sowohl für seine als auch für die Grenzen der Menschen, mit denen er zu tun hat. Wer grenzenlos handelt, ist haltlos und kennt kein Stopp. Da braucht es standhafte und mutige Gegenüber, die dieser (Selbst)verleugnung etwas entgegenstellen und sich trauen, einen Konflikt zu riskieren. Es braucht dann mutige »Harmoniegefährder«.

Kitzeln ist hier nur ein Beispiel für zahlreiche Grenzüberschreitungen, die im Leben vieler Kinder völlig »normal« sind oder unter der Kategorie »lustig« eingeordnet werden. Wir als bewusste Eltern sind eingeladen, unser eigenes Effektbewusstsein zu schärfen und uns ehrlich selbst zu befragen. Weißt du, was du tust, wenn du dein Kind anschreist oder runtermachst? Weißt du, was du tust, wenn du dich vor deinen Eltern kleinmachst? Wie gelingt es deinem Kind, deinem Mann, deiner Mutter …, dich zu etwas zu überreden? Und wissen diese Menschen, welchen Effekt ihre Aussagen und Handlungen auf dich haben? Weißt du, wie du einen Menschen »um den Finger wickeln« kannst?

Um Menschen zu bewegen, müssen wir sie kennen, und umgekehrt: Wenn jemand uns bewegen möchte, muss er genauso auch eine Landkarte von uns haben. Weiß diese Person, wie sie uns beeinflussen kann, wissen wir wiederum, dass sie Lesefähigkeit besitzt. Und können uns entsprechend positionieren. Wir wissen dann: Sie weiß, was sie da tut.

Kränkungen und No-Gos: Davor habe ich zu Recht Angst

Du bist nun ausgestattet mit neuen, konkreten Begriffen für so manches, was du vielleicht schon öfter beobachtet oder darüber nachgegrübelt hast. Sowohl Mind Mapping als auch das Absichts- und Effektbewusstsein sind keine »Fremdwörter« mehr für dich. Auch mit deinen eigenen Absichten hast du dich beschäftigt. Und wir haben darüber gesprochen, dass es für uns Erwachsene Pflicht ist, kindliche Grenzen allerspätestens in der Sekunde zu achten, in der wir feststellen, dass da welche sind oder wir sie überschritten haben.

Große Konfliktauslöser in Familien sind einerseits die Einmischung der Großeltern in die Erziehung der Eltern und andererseits die Beziehung zwischen den Großeltern und den Enkelkindern. In den meisten Müttern und Vätern – oder in einem von beiden – meldet sich ein Gefühl, welches ihnen vermittelt, dass irgendetwas unpassend oder seltsam ist. Dieses Gefühl kennen sie schon von früher, aber in der Kindheit hat die Anpassung darüber triumphiert. Nun wird es wieder laut, all das Ungesagte und Verschwiegene beginnt sich im jetzt erwachsenen Elternteil aufzubäumen: »Was damals war, darf sich heute mit *meinem* Kind nicht wiederholen.« Zu erkennen, dass die heutigen Großeltern einmal die eigenen Eltern waren, tut oft weh.

Projektionen: Hier und jetzt oder dort und damals?

Genauso gibt es aber auch Familien, in denen die Großeltern sich in der Zwischenzeit weiterentwickelt haben. Sie sind milder, weicher und einsichtiger geworden. Hier müssen wir wiederum aufpassen, diese Tatsache nicht zu übersehen. Das wäre Projektion.

Um in die Thematik tiefer einzutauchen, erzählen wir dir die Geschichte einer von Sandras Klientinnen.

Beispiel: Sandra und Anna

Anna ist verzweifelt. Sie fühlt sich einfach nicht in der Lage, ihren Eltern »die Meinung zu sagen«. Wenn sie zu Besuch kommen, steuern sie an ihr vorbei und stürzen sich förmlich auf ihre sechs Monate alte Tochter Lauren. Sie heben sie hoch – egal, was Lauren gerade macht – und beginnen, sie zu bespaßen: »Schau mal, Lauren! Hier ist der Opapa! Ja schau mal, was macht denn der Opapa? Und schau mal, da ist ja ein Vogerl? Schön lachen, Lauri! Schön essen! Schön ›Guck-guck‹ machen!« Alles ungeachtet der Tatsache, dass Lauren ihre Augen weit aufreißt und immer wieder den Kopf zur Seite dreht.

Anna findet ebenso wenig Worte wie ihre kleine Tochter. Sie ist wie erstarrt. Erst nach dem Besuch ihrer Eltern kommt ihre Stimme zurück. Die Beschwerden über ihre Eltern bei ihrem Mann Emil sind schier endlos. Es scheint, als ob all die zurückgehaltene Energie eines ganzen Lebens am Esstisch zwischen den beiden Raum findet: »Und dann hat Mama noch gesagt, dass sie Lauren schon bald zu sich nehmen werden, weil sie in absehbarer Zeit in Pension sind! Und dass sie es sich ganz fein miteinander machen wollen! Sie reden mit Lauren und über Lauren, als ob ich nicht zwei Meter daneben sitzen und mithören würde! Dieses ewige Drama, diese Opferhaltung, dieses Ausgeliefertsein … Das will ich meiner Tochter doch nicht vorleben!«

Emil – ein weiser Mann, der jetzt nicht versucht, zu beschwichtigen, auszugleichen und Anna zu trösten – kann nicht ganz nachvollziehen, warum seine Frau ihren Eltern gegenüber keine Worte findet. Und warum sie kein Plädoyer halten kann, wie sie es doch tagtäglich bei Gericht als Staatsanwältin tut. »Wovor hast du solche Angst, Anna?«

Die Antwort findet Anna langsam. Sie erzählt bei unserem ersten Kontakt in den buntesten Farben von ihrer wahnsinnig schönen Kindheit: Sie hätte als behütetes Einzelkind zweier im Ort äußerst beliebter Volksschullehrer »alles gehabt«, ihr wären alle schulischen Möglichkeiten offengestanden, ihre Eltern hätten mit ihr irrsinnig tolle Urlaube verbracht. Anna schildert noch einiges aus ihrer adjektivreichen, aber emotionsarmen, irrsinnigen, wahnsinnigen und unglaublichen Kindheit, bis wir nachfragen, ob sie meint, dass sich ihre Eltern auf sie auch so bezogen hätten wie jetzt auf Lauren. Da wird Anna still. Das hat sie sich so noch nie überlegt.

Sie erzählt: »Als ich sechs Jahre war, lutschte ich immer noch am Daumen. Meine Mutter hat mir dann den Daumenlutscher vom Struwwelpeter vorgelesen, dem die Daumen abgeschnitten werden. Ich weiß noch, wie die grellen Farben in dem Buch mir Angst gemacht haben. Ich konnte aber nicht aufhören mit dem Daumenlutschen. Auch wenn ich dafür diese Blicke bekommen habe. Ich erinnere mich, dass mir meine Eltern dann verboten haben, meine Großeltern zu sehen, solange ich mich mit dem Daumen beruhige. Ich weiß noch, wie ich bitterlich weinte, weil ich so gern bei meiner Großmutter war. Und dann habe ich mich echt bemüht … Aber in der Nacht ist der Daumen immer wieder in den Mund gewandert, und meine Mutter hat in der Früh sofort kontrolliert, ob der Daumen vom Speichel aufgeweicht war. Und dann, weil das alles noch nicht gewirkt hat, haben sie meine Katze weggegeben.«

Alle im Raum schweigen. Es ist, als ob noch unzählige Filme vor Annas geistigem Auge ablaufen würden. Eine Szene reiht sich an die nächste. Ein Leben der Anpassung und des Funktionierens entsteht neben den schönen Urlaubserlebnissen an der italienischen Riviera. Ein Leben des Entsprechens, des Nichtaufbegehrens, des Bravseins. Ein ganz normales Leben für Anna, das erst durch die Geburt ihrer Tochter irritiert wurde. Nun erst begann Anna, das Normale auf seine Normalität hin zu hinterfragen.

Mit dem, was du vorhin gelesen hast: Welche Bilder entstehen in dir? Gehirne kollabieren, wenn emotional nahestehende Menschen etwas moralisch Verwerfliches tun und die Absicht hinter ihrem Verhalten lesbar wird. Sie sind durcheinander und verwirrt. Anna erlebte das, als ihre Eltern ihr die geliebten Großeltern vorenthielten und ihre Katze weggaben. Wohl wissend, dass dieser Schmerz ihre Tochter »brechen« und sie aus Angst vor weiteren Konsequenzen nicht mehr am Daumen lutschen würde. Auch wenn das unruhige, in den Schlaf geweinte Nächte für Anna bedeutete. Ihre Eltern waren beruhigt: Die Strafe, das Ausüben von Macht über Anna, indem ihr weggenommen wurde, was ihr lieb und teuer war, hatte seine Wirkung getan. Es war schließlich »zu ihrem Besten« und zum Besten ihrer Zähne ...

Du erkennst den Zusammenhang? Du kannst nur bestrafen (oder belohnen), wenn du im Geist des anderen lesen kannst und daher weißt, was ihm oder ihr wichtig ist. Wirklich wichtig.

Anna ist nun gefordert: Für sie ist die Zeit gekommen, ihre Angst, sich einzumischen, zu überwinden. Durch ihre Tochter ist sie an die Grenzen ihrer Anpassung gestoßen. Nichts geht mehr! Sie muss ihre Stimme wiederfinden und sich im Hier und Jetzt als nicht erpressbare, erwachsene Frau präsentieren. Sie muss gegen die automatische Lähmung ihres Gehirns ankämpfen, um ihre Tochter vor den energetischen Übergriffen der Großeltern zu schützen. Das ist ihre Aufgabe und Pflicht. Bisher war es so, dass es zu einer selbstverständlichen Machtübernahme kam, sobald die Großeltern das Haus betraten: Sie übernahmen das Steuer und gaben den Kurs vor. Das musste sich ändern.

Außerdem wollte Anna das Bild, das sie von ihren Eltern nun hatte, weiter vervollständigen: Wie empfinden sie das, was sie damals taten, heute? Haben sie sich verändert? Sind sie bereit dazuzulernen? Wie hören sie das, was ich sage, und wie reagieren sie, wenn ich sie konfrontiere? Anna sah für sich, dass sie diese Überprüfung brauchte, um sich auf eine im Jetzt passende Weise auf ihre Eltern beziehen zu können.

Beispiel: Annas Weg – das erste Mal mutig sein

Anna kann nach dem Gespräch bei uns immer noch nicht fassen, dass ihre Eltern ihr das Liebste genommen haben. Nur um sie als Vorzeigekind in der Gemeinde und als ihre Visitenkarte benutzen zu können: »Ein Lehrerkind lutscht nicht am Daumen!« In ihr arbeitet es. Sie bereitet sich vor, geht Situationen mit ihren Eltern durch und in deren geistiger Innenwelt spazieren. Sie lernt deren Absichten kennen, schreibt sie auf, bespricht sie mit ihrer Coachin, sucht und findet neue Fragen und Antworten. Sie erarbeitet sich ein neues Mindset, eine neue Haltung und eine neue Entschlossenheit.

Bei der nächsten Gelegenheit spricht Anna ihre Eltern auf das Daumenlutschen an: »Warum habt ihr damals meine Katze weggegeben?«, fragt sie ihre Mutter, als diese – wie jeden Tag – anruft.

Kurzes Schweigen, dann: »Na ja, weil wir wussten, dass dich das noch mehr treffen würde als das Verbot, zu deiner Omi zu gehen. Und es hat ja gewirkt, oder?«

Anna schluckt. »Aber es hat mir wehgetan«, hakt sie nach.

»Ja, Kind, du wirst das noch selbst sehen bei Lauren. Manchmal muss man Dinge tun, die wehtun, damit man späteren Schaden vermeidet«, sagt ihre Mutter.

»Aber warum hat mir Papa dann immer etwas gekauft, wenn du mich einmal wieder ›erzogen‹ hast?«, fragt sie weiter.
»Also davon weiß ich nichts. Das bildest du dir ein. Papa und ich waren uns immer einig. Gell, Herbert?«, hört Anna ihre Mutter empört erklären und ins Nebenzimmer rufen.
»Ja, ja«, hallt es zurück.
Der Anruf tat weh. Anna ist fassungslos über die Reaktion ihrer Mutter. Sie kann nicht glauben, wie ihre Eltern so denken können und auch heute ihr Verhalten noch untermauern. Keine Reue. Sie sind nach wie vor überzeugt von dem, was sie ihr damals angetan haben.

Anna wird so klar wie nie zuvor, dass es an ihr ist, für ihre kleine Familie neue Entscheidungen zu treffen. Wenn ihre Eltern heute noch so denken, was bedeutet das für Annas Tochter Lauren? Hier ist ihr nächster Ansatzpunkt. Sie muss eine Lösung finden, wie sie den Kontakt neu gestalten will. Sie wird sich auf das Gespräch mit ihren Eltern vorbereiten, in dem sie ihnen ihre gefällte Entscheidung mitteilt.

Menschen zu konfrontieren, die uns nahestehen, kann uns gefühlt die Luft zum Atmen nehmen.[62] Es ist wesentlich einfacher, das mit Leuten zu tun, die wir nicht kennen. Vielleicht ist es deshalb einfach für dich, Ideen zu haben, was Anna zu ihren Eltern sagen und wie sie sich neu positionieren könnte. Aber Anna muss selbst durch ihre Angst gehen. Es ist an ihr, in sich Sätze und Antworten zu finden, die für sie ganz persönlich passen, denn es hat keinen Sinn, Vorgekautes und Fremdgedachtes zu wiederholen. Dazu sind Beziehungen und Menschen viel zu individuell. Weil Anna ihre Eltern kennt, weiß sie, wie diese reagieren werden, wenn sie etwas Neues macht und Stellung bezieht. Und was meinst du, wie ihre Eltern reagieren werden? Nur aufgrund dessen, was du hier gelesen hast. Was würdest du Anna raten, um nicht in einer unveränderlichen Vergangenheit steckenzubleiben?

Wenn du eine Grenze ausdrückst, musst du nicht weichspülen. Es macht Sinn, wenn Menschen, die eine deiner Grenzen missachtet haben, unangenehm berührt sind.

Manche Eltern reagieren betreten, nachdem sie gehört haben, wie es war, ihr Kind zu sein. Sie wirken beinah beschämt, wenn man ihnen vor Augen führt, dass Grenzüberschreitungen zur verschobenen Normalität gehörten. Sie zeigen sich betroffen und entschuldigen sich. Man kann ehrliche Reue in ihnen lesen. Es tut ihnen leid. Sie bedauern es. Aufrichtig.

Annas Mutter hingegen reagiert völlig konträr. Das ist eine wichtige Einsicht für Anna, um sich angemessen auf den Menschen zu beziehen, den sie heute vor sich hat. Manchmal ist unser Blick auf Menschen verschwommen. Um verantwortungsbewusst zu handeln und auf das zu reagieren, was gerade wirklich Realität ist, müssen wir unsere Vermutungen überprüfen und Alternativen in Betracht ziehen. Es ist wichtig, ein klares, stimmiges Bild zu haben, bevor wir handeln.

> Es ist wichtig, ein klares, stimmiges Bild zu haben, bevor wir handeln.

Kränkungen erschüttern das Selbstbild und das Gehirn unserer Kinder
In Sandras Beratungen kommt es regelmäßig vor, dass Eltern erschrocken sind, wenn sie wie Anna erkennen, wie die jetzigen Großeltern damals sie erzogen haben. Für diese schmerzlichen Einsichten braucht es eben oft die eigene Elternschaft, weil damit Erlebnisse und Erfahrungen an die Oberfläche drängen, die lange verschüttet waren oder gut verdrängt wurden. Genauso sind diese Eltern getroffen, wenn sie herausfinden, dass sie sich teilweise sehr ähnlich auf ihre Kinder beziehen, wie die eigenen Eltern es damals taten. Und dass Verachtung, Abwertung und andere Formen der Kränkung Teil ihres Alltags im Familienleben sind.

Manchmal entschuldigen sie das dann mit Floskeln wie: »Na ja, im Affekt kann das schon passieren. Ich bin ja auch nur ein

Mensch.« Auf Sandras erneute Nachfrage müssen sie allerdings zugeben, dass es weniger im Affekt passiert als viel eher in einem gewissen Zustand, in dem sie kurzzeitig meinen, im Recht zu sein mit ihren Verhaltensweisen und ihren Äußerungen. Wenn zum Beispiel die Mutter zur Tochter sagt: »Du solltest dir deine schönen Haare wachsen lassen, dann sieht man deine Segelohren nicht so«, dann ist das nur gut gemeint, richtig? Oder der Vater, der sich ein Foto vom Geburtstag seines Sohnes ansieht, lächelt und sagt: »Da stehen sie alle, die Jungs. Und wer ist der Dinosaurier in der Mitte? Ah, meiner!« Soll nur lustig sein, nicht? Laden wir diese Erwachsenen ein, sich aus den Augen ihrer Kinder zu sehen und den Zusammenhang herzustellen zwischen dem, wie sie als Eltern sind und wie sie in ihrer eigenen Kindheit behandelt wurden, geht vielen ein Licht auf. Und es wird ziemlich düster.

Halt hier bitte einen Moment inne, sodass du die Beispiele nicht bloß als abstrakten Text liest. Wir wollen, dass hier zwei Bilder entstehen, zwei Geschichten, zwei Kontexte. Schau genau hin. Wende deinen Blick nicht vom Geist der Mutter ab, die diesen Satz zu ihrer Tochter sagt. Was hat sie im Sinn? Wie meint sie es? Warum sagt sie das? Stell Vermutungen an. Erst wenn du eine für dich stimmige Antwort gefunden hast, was ihre Absicht ist und welchen Effekt es auf die Tochter hat – dann lass es gut sein. Ebenso beim zweiten Bild: Warum sagt der Vater das? Ist in deiner Vorstellung noch jemand anderes anwesend? Macht es einen Unterschied, wenn wir dir sagen, dass das Ganze auf einer Familienfeier stattgefunden hat, im Rahmen einer PowerPoint-Präsentation? Was ändert sich? Was denkt der Vater über seinen Sohn? Was denkt der Sohn über seinen Vater? Hat dieser Vater Effektbewusstsein?

Uns solchen und weiteren Reflexionsfragen zu stellen ist nötig, damit wir nicht »mind-blind«, also blind uns selbst und anderen gegenüber, sind. Wir wollen deine Aufmerksamkeit dafür schärfen, wie sich die Mitglieder in vielen Familien aufeinander beziehen und wie oft das auch etwas Kränkendes enthält. Es ist ein Miteinander, gespickt mit Respektlosigkeiten. Und genau das wird ja den Kindern von heute so oft unterstellt.

Beziehen sich Eltern so auf ihre Kinder, hat das verheerende Auswirkungen. Besonders auf das sich entwickelnde Gehirn: Kränkungen führen zu einer nachhaltigen Erschütterung des Selbstbilds.[63] Sie erzeugen ein traumatisches Leseerlebnis im Gegenüber und sind eine Verletzung der menschlichen Würde. Kränkungen zerstören ein sich einwickelndes positives Selbstwertgefühl, das eine wichtige Voraussetzung für psychische Gesundheit ist: Kinder wachsen in dem Gefühl auf, falsch und eine Enttäuschung zu sein, nicht zu genügen. Und sie kooperieren, passen sich an, geben sich Mühe oder rebellieren. In der Hoffnung, endlich eine positive Spiegelung zu bekommen, wird alles versucht und alles gegeben. Bis ins Erwachsenenalter. Je vertrauter die kränkende Person ist, desto bedeutsamer werden ihre kränkenden Äußerungen.[64]

Auch der deutsche Psychiater und Buchautor Joachim Bauer widmet sich dem Thema. Er beschreibt Kränkungen als eine »komplexe Erfahrung« für unser Gehirn:

> »Wenn ich jemanden dadurch kränke, dass ich ihn unfair behandle bei der Verteilung von Ressourcen, dann reagieren die Ekelsysteme. Oder wenn jemand dadurch gekränkt wird, dass die Gruppe ihn ausschließt oder sie ausschließt und sagt: ›Du gehörst nicht mehr zu uns‹, dann reagieren die Schmerzsysteme. Die Schmerzsysteme des menschlichen Gehirns reagieren nicht nur auf zugefügten körperlichen Schmerz, sondern auch auf soziale Ausgrenzung und Demütigung.«[65]

Gekränkte Kinder werden ängstliche oder aggressive Erwachsene. Wir sind dafür verantwortlich, diese Verhaltensweisen unseren Kindern gegenüber zu stoppen. Egal, ob wir selbst kränken oder andere. Und wir sind dafür verantwortlich, diese Art von »Beziehung« aus unseren Familien zu verbannen, ihr keinen Raum zu geben und unsere Kinder davor zu schützen. Unsere Eltern und unsere eigene Erziehung sind für viele unserer Probleme verantwortlich – aber wir selbst sind heute dafür verantwortlich, diese zu lösen. Wir haben die häufigsten Kränkungen zusammengestellt und die Liste des Schweizer Lehrers und Psychologen Ueli Niederberger[66] ergänzt, um dich für dein eigenes Verhalten zu sensibilisieren und dein Absichts- und Effektbewusstsein auch dahin gehend zu schärfen. Und wir hoffen, dass du dich an der ein oder anderen Stelle ertappt fühlst. Der nächste Schritt ist nach der Selbstkonfrontation möglich – du kannst nur stoppen, was du anerkennst:

- Abwerten, vor allem wenn es vor anderen passiert.
- Als Anhängsel gesehen werden.
- Angeblich unabsichtlich etwas zerstören.
- Auslachen.
- Ausnützen.
- Bestehlen.
- Bestrafen.
- Bloßstellen.
- Das Einstehen der Kinder für sich durch Machtausübung verhindern (»Du bist noch zu klein, um zu …«, »Das kannst du nicht entscheiden!«).
- Das Kind zwingen, in meinen psychischen Begrenzungen zu leben (zum Beispiel Ordnung).
- Definitionen: »Du bist aber ein braver Bub!«
- Demütigung.
- Die Antwort verweigern.
- Eigene Vorstellungen überstülpen (»Ich kaufe dir die Kleidung, die mir gefällt«, »Ich melde dich zu Kursen an, die ich für deine Zukunft als richtig erachte«).
- Ein anvertrautes Geheimnis weitererzählen.
- Erniedrigen.
- Erpressen.
- Erziehungsprojekt sein. (Eltern geben den Kindern das, von dem sie meinen, ihre Kinder bräuchten es, kritisieren sie danach ob ihrer Undankbarkeit

und machen sich damit zum Opfer: »Wir waren immer für dich da! Deine Mutter hat für dich ihre Karriere geopfert!«
- Für dumm verkaufen.
- Geringschätzung.
- Herumkommandieren.
- Hinter dem Rücken schlecht über das Kind reden.
- Ignorieren.
- Lächerlich machen, beschämen.
- Lügen.
- Misstrauen.
- Nachäffen.
- Nicht ernst nehmen.
- Recht auf eigene Gefühle, Wünsche oder Gedanken absprechen.
- Sarkasmus.
- Schubladisierungen: »Du bist die große Schwester! Du musst vernünftig sein!«
- Über den Kopf hinweg sprechen.
- Übergehen und vor vollendete Tatsachen/Entscheidungen stellen.
- Unerwünscht helfen.
- Unsere Visionen aufzwingen und das Kind in seinem natürlichen Entdecker- und Entwicklungsdrang bremsen.
- Unterschätzen.
- Verniedlichen.
- Verspotten.
- Versprechen nicht einhalten.
- Vorenthalten von Informationen.

Vielleicht erkennst du in der Liste (Auswahl) nicht vorrangig dich selbst und deine eigenen Verhaltensweisen wieder, sondern jene deines Partners, der Großeltern, Onkel oder Tanten und fragst dich, wie du diese Menschen dazu bringen kannst, damit aufzuhören. Wesentlich ist, dass du *erkennst*, was da vor sich geht, es *benennst* und *deinen* Teil tust. In diesem Fall heißt das ganz klar: einschreiten und unterbinden. Es ist nicht in Ordnung, wenn der Partner, Verwandte, Bekannte oder sonst jemand sich deinem Kind gegenüber moralisch verwerflich verhält. Es ist unsere Pflicht, unsere Kinder zu schützen. Sie sind uns Schutzbefohlene.
Dabei gilt, was auch fürs Effektbewusstsein wichtig ist: Wenn du deinen Partner oder sonst jemanden auf sein moralisch ver-

werfliches Verhalten hinweist, muss er Entsetzen in dir lesen. Und auch er muss sich entsetzt zeigen über sein Verhalten, wenn du ihn damit konfrontierst, und ab diesem Moment Alternativen finden und neue Wege gehen. Er muss alles daransetzen, dass der alte Autopilot nicht mehr übernimmt.

Leider sind Untaten von Elternteilen nicht immer gut sichtbar, sondern oft subtil. Und leider ist zum Beispiel das Anschreien und Angstmachen für viele Elternteile so normal, weil es auch in ihrer Kindheit schon Teil des Alltags war, dass sie es nicht der Mühe wert finden, hier Schutz zu geben.

Wir fragen uns, ob es so sein muss, dass Lieblosigkeit im Stress häufiger wird, oder ob es uns gelingen kann, eine andere Basis zu schaffen. Warum gehen wir mit der »Kränkungsgrenze«[67] unserer Mitmenschen immer achtloser um, und warum lassen wir uns selbst damit davonkommen?

Wir möchten dich mit diesen Ausführungen und dem Blick auf oftmals alltägliche Kränkungen in Beziehungen zur kritischen Selbstkonfrontation einladen: Schau dir genau an, welche Verhaltensweisen für dich Routine sind. Was war normal in deiner Ursprungsfamilie? Und wie ist es jetzt, gestaltest du schon anders? Weißt du, was du ganz sicher nicht haben willst, und suchst du nach dem, was du stattdessen unbedingt in deinem Leben und deiner Familie etablieren möchtest? Dein Verlangen danach, zerstörerische familiäre Muster zu unterbrechen, muss größer sein als dein Verlangen danach zu gefallen. Keine Angst!

Unsere Kinder leben in unseren Angstbegrenzungen

Die oben genannten Fragen führen uns an ein weiteres »Normal« heran, das wir an dieser Stelle gemeinsam hinterfragen möchten: Wir sehen uns deine familiären Begrenzungen an. Wir werden mit dir erforschen, ob du deine Grenzen kennst, ob es überhaupt deine sind und ob du sie, sobald sie gefunden und benannt sind, weiten und über sie hinauswachsen möchtest. Oder ob es sinnvoller ist, dich mit einem herzhaften »Nein!« abzugrenzen.

Im Leben mit Kindern gibt es notwendige, schützende Handlungen, die wir Eltern zum Glück vollautomatisiert ausführen, um das Überleben der Kinder zu sichern. Will das Kind zum Beispiel dem rollenden Ball über die Straße nachlaufen und übersieht dabei, dass ein Auto kommt, können wir es hoffentlich noch rechtzeitig zurückziehen. Es geht ums Überleben. Hier handelt es sich in der Tat um die vielzitierte »schützende Gewalt«, über die gerade in beziehungsorientierten Kreisen oft diskutiert wird. Wo wir das Kind packen und ob wir dabei aus Angst schreien, ist natürlich völlig irrelevant. Hauptsache, wir schützen es. Hauptsache, das Kind überlebt. (Doch Achtung: Nach der akuten Gefahrensituation geht es sehr wohl wieder um unser »Wie« und die zugrunde liegende Haltung.)

Aber wie ist es in Momenten, die nicht lebensgefährlich sind: Wo und wann bekommst du als Elternteil Angst? Geht's für dich gefühlt irgendwie immer um Leben und Tod, auch bei eigentlichen Kleinigkeiten? Wann nutzt du deine elterliche Macht? Was erlaubst du, was verbietest du und warum? Stehst du hinter deinen Entscheidungen, oder suchst du nach Ausreden, um dafür nicht die Verantwortung tragen zu müssen?

Kinder schwimmen im Unbewussten ihrer Eltern wie Fische im Meer. Wenn wir nicht reflektieren, verbieten wir unseren Kindern alle paar Minuten etwas. Es ist im Allgemeinen nicht »lustig« für Kinder, beschimpft zu werden und uns zu nerven. Kein Kind hat Freude daran, permanent und ständig anzuecken. Aber wenn schier überall Ecken sind, wird das nun einmal richtig schwierig. Manche Kinder überspannen den dünnen Geduldsfaden ihrer dauerangespannten Eltern bereits, wenn sie sich auf die Couch setzen und dabei Staub aufwirbeln: »Staub nicht«, folgt prompt die lieblose Anweisung ans Kind. (Was wohl gleichzusetzen ist mit einem

»Sei nicht!«) Dieses und die folgenden Beispiele sind keine frei erfundenen Übertreibungen. Wie schön wäre es, wenn dem so wäre. Andere Kinder dürfen nur schwarz-weiße Spielsachen haben, damit die Ordnung der Eltern nicht gestört wird und das Zuhause auch ja fein ästhetisch bleibt. »Was soll denn sonst der Besuch denken?« Und wieder andere könnten schon lang über den Baumstamm balancieren, aber sie werden sich nie in dieser Form als selbstwirksam erleben und ihre körperlichen Grenzen testen, weil die Eltern in Schnappatmung verfallen und in ihrem Kopf das Kind schon schwer verletzt im Spital liegen sehen und es deshalb zurückhalten.

> Unsere Kinder leben in dem von uns gesteckten und ausgestalteten Familienrahmen.

Unsere Kinder leben in dem von uns gesteckten und ausgestalteten Familienrahmen, mit all seinen Eigenheiten und Reglementierungen, die gleichzeitig auch Orientierung, Schutz und Sicherheit bieten.

Und es bleibt ihnen auch nichts anderes übrig. Die Wahl haben sie erst, wenn sie nicht mehr auf uns angewiesen sind. Ab der Pubertät beginnen sie, diesen Rahmen zu hinterfragen und manchmal auch schlechter zu machen, als er ist. Damit es leichter wird.

Kinder sind gekommen, um zu gehen. Es wartet auf uns alle ein Abschied, dem sich allerdings einige Eltern nicht stellen wollen. Manche erwachsene Menschen kommen nur schwer oder nie in ihr Potenzial, weil dieser erdrückende Rahmen der Eltern nach wie vor über ihnen schwebt. Er hüllt sie ein und begleitet sie auf Schritt und Tritt: »Dein Wachstum endet an meinen Grenzen.« Ein Leben in den (psychischen) Begrenzungen eines anderen Menschen zu leben ist wie eine Schwangerschaft ohne Geburt: Es ist gegen den Lauf der Natur, und es bedeutet das Ende für beide. Und so ist es oft im übertragenen Sinn zwischen Eltern und Kindern: »Du darfst das nicht tun, weil es meinen Horizont übersteigt. Und wenn du nur daran denkst, werde ich traurig. Aus mir ist doch auch etwas geworden!«

Wie viele Eltern engen ihre Kinder mithilfe von »Erziehung« ein? Pressen sie in ein Korsett, das nie gepasst hat – aber leider hat sich das »Innendrin« des Menschen angepasst. Reingepresst in eine wesensfremde, von außen aufgedrückte Form, die das unausgesprochene »Sei so beziehungsweise tu das (nicht), damit ich mich nicht fürchten muss« der Eltern widerspiegelt. Diese Form auf- und aus ihr auszubrechen ist für diejenigen, die die Reise antreten, manchmal eine Lebensaufgabe und in jedem Fall ein aufreibender Prozess. Sonst ist es wiederum die nachkommende Generation, die diesen Job zu übernehmen hat, so sie denn ihr Leben selbst gestalten will. Durchbricht sie den Kreis, und »entfaltet« sie sich, oder fristet sie ihr Leben zusammengestutzt wie ein Bonsai?

Aus der Spirale aussteigen

Merkst du, wie es die ganze Zeit um Angst geht? Erst fürchten sich die Eltern, und die Kinder passen sich an. Müssen sie ja. Dann fürchten sich die Kinder, reflektieren nicht und gehen nicht bewusst durch ihre Ängste durch, wenn sie selbst erwachsen sind. Sie werden Eltern, und schon erwischt es die nächsten Kinder. Alte Angst, die im Heute das Zusammenleben in Familien und Beziehungen maßgeblich prägt. Genauso wie sie das Wachstum eines jeden Familienmitglieds und seine psychische Gesundheit beeinflusst. Die destruktive Spirale dreht sich weiter und zieht die verzerrten, verzogenen Wesenskerne eines jeden einzelnen Involvierten mit sich hinunter.

Irgendwann einmal muss irgendwer aussteigen: Entweder, wir selbst beschäftigen uns mit den Erlebnissen und Erfahrungen, die uns geprägt haben und räumen auf – oder unsere Kinder machen es. Oder deren Kinder. Hoffentlich. Wenn wir unsere »Hausaufgabe« machen, so gut wir das können, nehmen wir unseren Kindern Arbeit ab. Danach zu streben, unser Bestes als Eltern zu geben und uns als Menschen weiterzuentwickeln, ist eine der

Verantwortungen, denen wir als bewusste Eltern nachkommen müssen.

Unser Bestes zu geben heißt auch hier nicht, uns selbst zu vergessen und uns aufzuopfern. Das wird oft missverstanden, aber welches Vorbild wären wir denn dann? Sein Bestes zu geben heißt, uns selbst zu suchen und uns zu committen: zu tun, was nötig ist, um wieder näher an den Menschen heranzukommen, der wir unter all dem Verbiegen, der Anpassung und den ungesunden Konventionen mitsamt aller Überlebensmechanismen, die wir uns angeeignet haben, eigentlich sind.

Was auch immer es kostet. Es heißt nicht, über meine eigenen Grenzen zu gehen, um meinem Partner oder meinen Kindern das zu geben, was sie gerade wollen. Das wäre keine Liebe, keine Selbstliebe. Zur besten Version meiner selbst zu werden, bedeutet auch, mich mit meinen dunklen Seiten zu konfrontieren, mit meinen inneren Dämonen zu ringen. Auch und vor allem dann, wenn es so einfach wäre, in alte Gewohnheiten zu verfallen und beispielsweise mein Kind zu bestrafen. Wollen wir den Teufelskreis durchbrechen, müssen wir uns über dieses momentane Gefühl von »Ich habe ein Recht auf meine Reaktion!« oder »Das, was ich tue, hast du dir verdient!« hinwegsetzen. Wir müssen damit aufhören, uns selbst in eine Opferrolle zu bringen und somit unsere Täterschaft zu rechtfertigen. Das, was tatsächlich das Beste für meine Kinder ist, wird am Ende auch das Beste für mich sein.

Grenzen, Regeln und Verbote reflektieren

Wir sind für Grenzen, Regeln und Ver- beziehungsweise Gebote in Familien. Aber durchdacht müssen sie sein und nicht willkürlich. Kinder brauchen sinnvolle Regeln, über die ihre Eltern sich wirklich Gedanken gemacht haben. Regeln, die ihre Eltern auch immer wieder hinterfragen und – sofern sinnvoll – anpassen. Und sie brauchen einen sicheren und altersadäquaten Rahmen, auf den sie sich verlassen können. Lass uns zu Beginn die verschiedenen Begriffe aufdröseln, damit wir vom selben sprechen:

Wenn wir über Grenzen sprechen, meinen wir die eigenen, höchst persönlichen Grenzen und Begrenzungen, die du einfach hast. Und manchmal auch einfach vergisst. Deine eigenen Grenzen sorgen erst mal für deine Sicherheit. Du bist dafür als Erwachsene verantwortlich und kannst deine Grenzen aus Liebe zu dir und anderen weiten. Allein kommst du mitunter ja gar nicht auf die Idee, dieses oder jenes Neue auszuprobieren. Dazu wirst du in Beziehungen eingeladen, worüber wir bei den Wachstumskreisen noch ausführlich schreiben.

Regeln sowie Verbote sind deine persönlichen »Must-haves« und »No-Gos« im Zusammenleben. Ja, es sind in gewisser Weise auch Grenzen, aber sie gelten für *alle* – für die Kinder und die Eltern. Nicht nur für dich. Regeln schaffen sozusagen den Familienrahmen, sie sind starrer als Grenzen, und es gibt nicht viele. Auch sie müssen persönlich und wohldurchdacht sein. Und keine blind übernommenen, alten Denkstrukturen, die vielleicht Halt geben, dich aber, wie das schon viel zitierte Korsett, einschnüren. Das wären womöglich fragwürdige Regeln wie »Gegessen wird, was auf den Tisch kommt« oder »Hände auf den Tisch, stumm wie ein Fisch«, die dich schon als Kind bestenfalls wütend gemacht hätten. Derlei Regeln erzeugen ein schlechtes Klima in Familien.

Vielleicht schaust du mal in unser Denkschablonen-Sammelsurium zu Beginn von Teil III. Ergänze gern im entsprechenden Abschnitt, wenn dir noch etwas einfällt, und prüfe für dich nach: Gibt es im täglichen Beisammensein mit deiner Familie etwas, was du übernommen und nicht hinterfragt hast? Wenn der Zufall dich auf eine neue Situation stößt, so wie die Mama mit ihrem Kind und dem Klodeckel im folgenden Beispiel: Überlegst du dann für dich, wie du jetzt reagieren *willst*, oder übernimmt der Autopilot?

Beispiel: Monika und Leander
Eines Tages kommt Monikas dreijähriger Sohn Leander auf eine tolle Idee: Er möchte auf die Toilette klettern. Der Klodeckel ist geschlossen, und Leander hievt sich hoch. Zunächst lässt Monika es zu, aber sie spürt, dass es ihr nicht recht ist. Kurz wägt sie ab, ob sie es hier mit einer Angst zu tun hat, die aber eigentlich unbegründet ist. (Die Gedankenspirale könnte in etwa so starten:»Was, wenn du ausrutschst? Was, wenn du dir den Kopf anschlägst? Der Fliesenboden, oh, oh!«)

Im Moment kann Monika nicht genau festmachen, warum. Darüber kann sie später noch nachdenken, was sie auch tun wird. Aber sie spürt auf jeden Fall, dass sie ihrem Kind eine Alternative anbieten will. Sie findet dafür folgende Worte:»Es ist mir nicht recht, dass du hier herumkletterst. Du findest das gerade spannend, aber ich fühl mich nicht wohl damit. Ich will nicht, dass auf unserem Klo geklettert wird. Genau. Das ist es. Komm, du kannst sehr gern woanders klettern. Wollen wir etwas anderes Spannendes suchen?«

Das kann Leander nun gefallen oder auch nicht. Monika nimmt beides in Kauf, frustrieren will gelernt sein.

Vielleicht fragst du dich jetzt, was sie überhaupt für ein Problem hat. Oder es ist andersherum. Alles in dir schreit:»Na, das ist ja auch ein No-Go!«, und du kannst nicht nachvollziehen, warum Monika da überhaupt erst noch überlegen muss. Es geht aber nicht darum, wie wir persönlich das bewerten würden und ob es uns recht wäre, dass unser Kind da herumturnt oder nicht. Vielmehr wollen wir das in den Fokus rücken, was Monika gemacht hat: Sie war sich unsicher, hat diese Unsicherheit erkannt und sich darin ernst genommen. Statt still zu straucheln und zu überlegen, hat sie Leander die Möglichkeit gegeben, an ihrem Prozess teilzuhaben, und sich gezeigt. Monika war präsent in ihren Gedanken. Ihr Sohn erlebt sie als greifbar und sieht, dass seine Mama es sich nicht leicht macht. Sie liefert keine vorgekauten Standardfloskeln wie: »Auf dem Klo klettert man nicht«, sondern gibt sich Mühe, für sich selbst abzuschätzen, was für sie und ihre Familie – ganz individuell – in Ordnung ist. Sie steckt den Rahmen ab. Einen individuellen Rahmen, angepasst an sich und ihre Vorstellungen, der ihrem Kind wiederum Orientierung gibt.

Manchmal wissen wir nicht, was wir tun sollen. Dann haben wir die Wahl: Tun wir schlichtweg das, »was *man* macht« und von dem wir gelernt haben, dass es zu tun ist? Oder nehmen wir die Tatsache an, dass wir keine Ahnung haben, und lassen sie zum Ausgangspunkt eigener Überlegungen werden? Immer dann – und nur dann –, wenn ich anerkenne, wo ich in dem Moment wirklich stehe, kann ich mich bewusst von dort aus weiterbewegen.

Wie schön wäre es für unsere Kinder, uns auch in unserer Unsicherheit als greifbar zu erleben? Weil wir uns diese zugestehen und nicht glauben, immer sofort alles wissen zu müssen. Sie ist ja ohnehin da und auch fürs Kind spürbar. Sicherheit vorzuspielen, wo keine ist, verunsichert zusätzlich. Dabei müssen Kinder uns als »berechenbar« und zuverlässig erleben, um ihre gesunde Selbst-Sicherheit zu entwickeln.

Wir laden dich ein, das Althergebrachte zu nehmen und es neu zu formulieren: Wie könnte die »moderne« oder für dich passende Variante der verstaubten und damals schon seltsamen Regeln lauten? Vielleicht: »Nimm dir nur so viel auf den Teller, wie du glaubst, essen zu können« oder »Kein Handy beim Abendessen«. Was für Regeln kann es noch geben? Was wäre für dich sinnvoll in deiner Familie?

- Schuhe ausziehen beim Betreten des Hauses.
- Händewaschen beim Heimkommen.
- Morgens und abends Zähne putzen.

Etwas davon? – Vorsicht beim Nachdenken: Schnell kommen wir hier an übergestülpte Grenzen der eigenen Angst. Für uns als Eltern gilt es zu hinterfragen, ob die Grenzen und Regeln, die für die Sicherheit unserer Kinder sorgen sollen, bewusst gewählt sind oder sich blind ergeben. Wenn du Regeln neu aufstellst oder deine aktuellen unter die Lupe nimmst, dann prüfe: Sind es wirklich *deine* Begrenzungen, oder hast du etwas Altes übernommen? Bekommst *du* Herzklopfen und fürchtest dich, oder ist es eigentlich vielmehr deine Mutter, die du im Ohr hast, wie sie sagt: »Na, nicht dass die Kleine sich da verletzt! Das ist schon gefährlich. Das kann sie ja noch gar nicht«? Wenn du mit Grenzen und Regeln in deiner Familie lebst, die nicht die deinen oder eure als Elternpaar sind: Was sagt das über euch als Elternteile aus? Weißt du, welches Vorbild du wirklich bist? Willst du so sein? Überprüfe also noch einmal:

- Was ist dir wirklich, wirklich, wirklich wichtig? Was sind deine Must-haves und No-Gos?
- Welche Regeln gibt es in deiner Familie?
- Wer hat sie aufgestellt?
- Wie reagierst du, wenn dein Kind eine Regel nicht befolgt?
- Wie reagierst du, wenn dein Partner eine Regel nicht befolgt?
- Wie reagierst du, wenn du eine Regel nicht befolgst?

Jesper Juul war es, der sagte, dass sich die Qualität der Erziehung nicht an den Regeln bemisst, die Eltern aufstellen, sondern an ihrer Reaktion darauf, wenn diese Regeln gebrochen werden. Bist du zufrieden mit deiner Reaktion? Wo ist noch Luft nach oben? Gibt es konkret etwas, was du anders machen willst?

Liebe Mama, lieber Papa: Was ich euch sagen will

Liebe Mama, lieber Papa,

ich habe beschlossen, alles, was in meinem Kopf ist, niederzuschreiben. Damit es dort nicht mehr kreisen kann. Damit ich nicht mehr wach liege und grüble. In letzter Zeit beschäftigt mich euer Miteinander sehr. Ich muss viel über euch nachdenken, darüber, wie ihr miteinander umgeht. Was ihr sagt und tut und auch was unausgesprochen in der Luft hängt. Das ist so unangenehm und tut so weh! Ihr beide seid im Moment (und eigentlich auch schon längere Zeit) ein Bündel an Vorwürfen dem/der anderen gegenüber. Eigentlich sagt ihr die ganze Zeit: Wenn der oder die andere nur etwas anders machen würde, anders wäre, sich ändern würde, dann wäre das Leben in Ordnung. Ihr beide sagt, dass ihr wegen dem anderen so tut, wie ihr tut. Das verstehe ich nicht. Das verwirrt mich.

Ich schreibe jetzt nicht alle Vorwürfe auf, die ihr einander den ganzen langen Tag macht. Darüber könnt ihr an dieser Stelle selbst nachdenken.

Vielleicht treffe ich es nämlich inhaltlich nicht ganz auf den Punkt. Wenn ich schon groß wäre und ich Worte für das hätte, was ihr tut, dann würde mein erwachsenes Selbst vielleicht sagen, dass ihr euch voneinander (emotional) abhängig gemacht habt. Für euer Nichtglück dem anderen die Schuld zuschiebt, anstatt für alle eure getroffenen Entscheidungen in und während eurer Beziehung Verantwortung zu übernehmen. Mein erwachsenes Selbst würde euch damit konfrontieren, dass ihr einander in dieser Schuldzuweisung massiv abwertet. Mit innerem Augenrollen. Das muss ein Ende haben, wenn ihr eine Beziehung haben wollt, in der Platz für zwei ganze Individuen ist. Das muss ein Ende haben, wenn ihr

eine Familie haben wollt, in der Platz für uns alle ist. Für all unsere Einmaligkeit und Entwicklungsfähigkeit.
Ich bin aber nur euer Kind, und ich kann in euch lesen. Ich weiß, wie ihr übereinander denkt. Ich sehe dein Augenrollen, Mama. Ich sehe deinen verachtenden Blick, Papa. Ich weiß, wie sehr ihr einander nervt und wir Kinder euch. Und ihr wisst es auch. Also: Habe ich recht? Was denkt ihr übereinander? Was denkt ihr über uns?
Das ist nicht schön. Weil wir, eure Kinder, euch dabei zuschauen. Wenn ihr euch streitet, weil ihr uneins seid, was die Erziehung betrifft – das ist dann der Moment, in dem wir uns schuldig fühlen. Weil ihr unseretwegen streitet und euch nicht mögt. Schaut euch einmal aus unserer Perspektive zu, und fühlt euch in uns ein, wie es immer kleiner und bedrückender wird in uns drinnen.
Was sollen wir eurer Meinung nach mit diesem Druck, mit dieser Bedrückung tun? Wenn ich explodiere und wütend werde, dann gibt es den nächsten Streit. Wenn mein kleiner Bruder alles in sich hineinschluckt und Bauchweh hat, dann gibt es die nächste Herausforderung.
Euer Leben, so wie es heute ist, ist eine Folge von Entscheidungen, die du, Papa, und du, Mama, getroffen habt. Ihr seid erwachsen. Was willst du in deinem Leben ändern, Papa? Wie willst du dich verändern? Woran willst du arbeiten? Die gleichen Fragen und weitere stelle ich auch dir, Mama. Bist du mit dir zufrieden, wie du bist? Als Frau? Als unsere Mutter? Macht uns nicht dafür verantwortlich, dass es so ist, wie es ist.
Ich mag mir auch keine Geschichten mehr anhören, in dem sich eine(r) von euch – oft unter Tränen – über den anderen bei mir beschwert. Ich bin ein Kind, euer beider Kind. Ich will nicht

Partei ergreifen. Ich will euch einfach nur lieben. Und das macht ihr mir im Moment wirklich schwer, weil ihr nicht gut für euch sorgt.

So wie ihr es von uns verlangt, gilt es auch für euch, euer Bestes zu geben und zu tun, was zu tun ist. Das ist es, was ich mir wünsche. Und das ist mit zwei Kindern oft schwierig. Aber wir reagieren auf euch! Auf das, was ihr miteinander erzeugt. Bitte nehmt einen Tag nach dem anderen. Zusammen. Oder geht getrennte Wege, wenn ihr euch wirklich nicht mehr mögt. Wenn ihr was für uns tun wollt, dann bleibt nicht in dieser Vorwurfsatmosphäre »wegen uns« zusammen, sondern überlegt euch, in welchem Klima wir gut gedeihen können. Und was du, Mama, und du, Papa, dazu beitragen müsst. Das ist eure Verantwortung. Das ist euer Job.

Mama, du hast Papa mal einen Satz aus einem eurer schlauen Beziehungsbücher vorgelesen: »Die meisten Menschen heiraten, damit sie sich nicht mehr um sich selbst kümmern müssen.« Liebe Eltern, bitte, seid nicht wie die meisten Menschen. Seid besonders.

Aus Liebe, euer Kind

III. Dein Conscious Mindset: Die Macht der inneren Bilder

»Oma, geh bitte kurz die Stufen runter!«
»Warum?«
»Ich will mit dem Ball werfen. Du wirfst ihn rauf zu mir und ich wieder runter!«
»Mit welchem Ball?«
»Mit dem großen!«
»Na, mit dem großen schaffe ich das nicht!«
»Komm schon, Oma! Wenn man es probiert, kann man alles schaffen!«
(Oma, 68, und Enkelin, 6)

Dein »Mindset« ist deine innere Haltung, deine Einstellung: die Summe aus deinen Gedanken, geistigen Bildern, Werten, inneren Stimmen und Überzeugungen. Es bestimmt nicht nur, *was*, sondern auch, *wie* du über alles Mögliche in deinem Leben denkst. Somit bildet es die Basis für deine Emotionen und deine Handlungen.

> Dein Mindset bildet die Basis für deine Emotionen und Handlungen.

Vergleichbar ist es mit einer Brille, die du rund um die Uhr trägst. Der einzige Unterschied zwischen den beiden ist, dass das Mindset in zwei Richtungen funktioniert: Es prägt nicht nur deinen Blick nach außen in die Welt, sondern auch den nach innen auf dich selbst. So ist es enorm wichtig für schlichtweg alles, was dich betrifft. Es bestimmt, was du vorlebst.

Unsere geistige Innenwelt ist voll von Bildern und Stimmen (vielleicht hören wir unsere Eltern, die Großeltern oder »die Gesellschaft«). Sie formen in uns eine fixe Vorstellung davon, wie das Leben sein muss, damit alles korrekt ist, und schaffen unsere Realität: Ist die Welt ein schöner Ort voller Möglichkeiten, oder verbringen wir unser Dasein stets in banger Erwartung? Ist das Schicksal uns wohlgesinnt, oder wird alles immer schlechter? Wie siehst du dich selbst und andere Menschen in deinem Leben? Was denkst du über dich, deinen Partner und deine Kinder? Wie sieht es mit anderen Menschen aus, mit denen du Zeit verbringst? Und was, meinst du, denken sie über dich?

Wir legen uns Geschichten zurecht, und dazugehörige Bilder entstehen in uns, zum Beispiel davon, wie Kinder zu sein haben oder wie »man« erzieht. Durch sie sehen wir unsere Kinder dann auch, und diese Kopfstorys werden zum Maßstab, nach dem wir sie bewerten. Da unsere Kinder in den allerseltensten Fällen dem entsprechen, was wir uns geistig zurechtgelegt haben, und wir uns quasi selbst Märchen erzählen, leiden wir: Die Story ist nicht das, was wirklich *ist*. Das betrifft natürlich nicht nur die Idee, die wir vom »Soll-Zustand« unserer Kinder haben, sondern alles, was uns umgibt. Manchmal ist der Mensch, der wirklich vor uns steht, bei Weitem freundlicher als in unserem Geiste – manchmal aber auch viel gruseliger. Und manchmal handelt es sich dabei um die eigenen Eltern.

Die allermeisten unserer Wertvorstellungen und inneren Überzeugungen haben wir uns »einfach so« angeeignet, ohne sie zu prüfen oder zu reflektieren. Wir übernehmen das, was uns in unserer Kindheit als *normal* vorgelebt wurde. So kann es eben auch sein, dass uns Bilder begleiten, die unsere Entwicklung nicht unterstützen, sondern behindern: Es kann passieren, dass wir in unserer Kindheit Dinge erleben, die uns sehr weit wegbringen von dem, was eigentlich durch uns leben wollen würde. Manche Menschen werden verbogen, gebrochen und setzen sich dann etwas seltsam wieder zusammen. Wie bei einem Knochen wird es dann vielleicht notwendig, etwas »aufzubrechen«, damit es »richtig« wieder zusammenwachsen kann.

»Richtig« heißt, dass die Menschen wieder die Wahl haben. Sie erleben Gestaltungsspielraum. Es ist nicht mehr so eng. Das »Das-macht-man-so«-Korsett können sie ablegen und sich der Realität öffnen: »Ah, so sieht es also aus! Das ist Sache. Wow!« Um bei unserem Bild von vorhin zu bleiben: Die Brille wird abgenommen, endlich einmal streifenfrei geputzt und sauber wieder aufgesetzt.

Die Krux bei der Beschäftigung mit inneren Bildern und Ähnlichem ist: Wir wollen etwas analysieren und zerlegen, was für uns *normal* ist. Wir wollen aufdecken, was wir nicht automatisch hinterfragen. Denkschablonen sind einfach da. Du merkst nicht, dass du an sie glaubst, in ihnen drinnen steckst und sie dich begrenzen. Sogar dann, wenn sie deinen eigenen Werten widersprechen. Das gibt es! Sagen wir, es ist dir wichtig, mit Bedacht zu essen. Und trotzdem isst du die viel zu große Portion auf, die dir vorgesetzt wurde. Warum? Weil das Stehenlassen von Essen dich direkt mit von der Großmutter tausendfach eingeschärften Bildern hungernder Kinder verbindet.

Kommen wir ins Heute und somit zu dem Ort, den du jetzt aktiv gestalten kannst: Meinst du, es wird dir gelingen, dir selbst gerecht zu essen und zu deinem Körper und deinem eigenen Hungergefühl Ja zu sagen? Und zwar ohne dich dabei für das Leid von Kindern schuldig zu fühlen?

Es geht um Denkmuster und unbewusste Überzeugungen, die in dich hineinerzogen, dir vorgelebt und von dir angenommen und aufgesogen wurden. Und nicht immer sind sie so greifbar wie das Essensbeispiel. Die Bilder, die deine innere Welt prägen und ausfüllen, fixieren dich in einer gewissen geistigen Haltung. Sie bestimmen Gedankengrenzen. (Was erlaubst du dir zu denken?) Und beschränken unbegangene Wege. (Was erlaubst du dir zu tun?) Das Mindset zu ändern heißt manchmal einfach zu schauen: »Gibt es neben diesen fertigen, fixen Bildern in meinem Kopf auch noch etwas anderes? Kann ich auch noch etwas anderes zulassen?« So wollen wir den Satz »Was denkst du dir eigentlich dabei?« erstmals als Einladung und nicht als Vorwurf verstehen.

Glaub nicht alles, was du denkst. Es geht darum, Alternativen zu finden und mehr zu erlauben. Das ist auch anstrengend, und es kann richtig Angst machen. Hierfür braucht es ein starkes Warum, mit dem wir uns beschäftigen werden. Wahrscheinlich fällt dir gleich etwas ein, wofür sich die Reise lohnen wird. Und auch wenn die Sicht gerade noch unscharf ist: Keine Sorge, du kriegst das hin. Wir stellen hier das Brillenputztuch bereit. Gründlich wischen musst du selbst. Auf dass der Blickwinkel sich weitet und noch mehr möglich ist. *Keine Angst, Mama! Und keine Angst, Papa!*

Was erwartet dich nun? Wir wollen dich einladen, das zu hinterfragen, was sich in deinem Geist manifestiert und eingegraben hat. Wie gestaltet sich deine geistige Innenwelt, und wie sieht deine innere Landkarte aus? Welche Grenzen musst du versetzen und welche alten Brücken sprengen, um selbstbewusst und dir gemäß zu leben? Welches deiner No-Gos ist es wert, hinterfragt und über Bord geworfen zu werden? Wie viel Nähe oder Abstand möchtest du zu den Menschen in deinem Leben? Was würde *dir* guttun?

Bist du bereit, dein Mindset neu zu schreiben? Gemäß dem, was und wie du wirklich (vor)leben willst? Das geht. Und dann musst du dranbleiben ... bis du es selbst glaubst. Dafür kannst und darfst du dich in aller Ehrlichkeit selbst befragen: »Was ist mir *wirklich, wirklich* wichtig?« Bevor wir dorthin kommen, teilen wir verschiedene Impulse mit dir. Sie sollen ein Verständnis dafür schaffen, was überwunden werden muss, damit du deine Größe auch zulassen kannst. Damit du dich traust, neue Überzeugungen für dich zu formulieren, die die Macht haben, deine inneren Bilder nach und nach zu verändern. Dazu beschäftigen wir uns mit Denkschablonen, deinen persönlichen Werten, mit der Angst und dem Wachstum in Beziehungen und ausführlich mit deiner Integrität. Final kommen wir an den Punkt, an dem du dein Warum für dich formulierst und im Idealfall in deinem gesamten Körper spürst, dass es für dich richtig und stimmig und ultimativ wünschenswert ist: Du weißt genau, warum du dranbleibst und immer weitergehst.

Und weil du jetzt weißt, was dich in diesem Kapitel erwartet, ist der Wunsch nach Kontrolle vielleicht sogar in einem solchen Maß erfüllt, dass du dich entspannt zurücklegen und wirklich eintauchen kannst in die folgenden Zeilen. Herrlich, so ein klein wenig Sicherheit in all der Unsicherheit, die uns umgibt, oder?

Denkschablonen entlarven: Weißt du, was du glaubst?

Sehen wir uns zunächst einmal an, in welchen Bereichen die meisten unentdeckten, prägenden Überzeugungen wohnen. Vier große Konfliktbühnen gibt es in unser aller Leben, die unseren innersten Wesenskern in seiner Existenz am schnellsten berühren. Sie sind zeitgleich der Ort, an dem unsere Prägungen am stärksten sichtbar und wir dadurch angreifbar werden: Sex beziehungsweise Beziehung, Geld, Erziehung und die Eltern beziehungsweise Schwiegereltern. Wir haben für dich einige der gängigsten Glaubenssätze, die wir auf den vier beschriebenen Bühnen antreffen, gesammelt.

Erlaub dir eine persönliche, kleine Bestandsaufnahme: Glaubst du diese Dinge? Hältst du dich daran? Geben sie dir innere Orientierung? Sind sie unsinnig? Wirklich? Woran und was glaubst denn *du*?

Paarbeziehung und Sex:
- Das ertrage ich noch.
- In Beziehungen muss man Kompromisse eingehen.
- Der Mann versorgt die Familie.
- Sex dient nur zur Fortpflanzung.
- Sex muss gut sein.
- Ein Paar muss im selben Bett schlafen.
- Jeder Mann geht fremd. Männern kann man nicht vertrauen.
- Ich darf nicht mehr verdienen als mein Mann.
- Ich bin für die Kinder verantwortlich.

- Keinen Orgasmus zu haben ist normal.
- Frauen sind schwer zu befriedigen.
- In langjährigen Beziehungen verlieren Frauen schneller die Lust am Sex als Männer.
- Der Haushalt obliegt mir als Frau.
- Wenn mein Mann abends warm essen will, habe ich zu kochen.

Welche Glaubenssätze fallen dir ein? Denk dabei sowohl an deine eigenen inneren Überzeugungen, die dir gerade in den Kopf kommen, als auch an jene der anderen Menschen in deinem Umfeld. Ergänze diese Beispiele, wenn du magst.

Geld:
- Über Geld spricht man nicht.
- Geld verdirbt den Charakter.
- Bescheidenheit ist eine Tugend.
- Wer das Geld hat, schafft an.
- Alle Reichen sind Verbrecher.
- Geld macht sexy.

Erziehung:
- Das hat mir auch nicht geschadet.
- Bis du heiratest, ist es wieder gut.
- Attachment Parenting / Bindungsorientierung (setz deinen »Erziehungsstil« ein) ist der einzige Weg.
- Ein Indianer kennt keinen Schmerz.
- Die Kinder bekommen nichts mit, wir streiten ja nicht vor ihnen.
- Wir streiten vor den Kindern, sie müssen schließlich streiten lernen.
- Kinder brauchen Strafen, um zu lernen.

Eltern/Schwiegereltern:
- Kinder brauchen ihre Großeltern.
- Meine Eltern meinten/meinen es nur gut mit mir.
- Meine Eltern haben ihr Bestes gegeben.
- Ich muss mich mit meinen Schwiegereltern vertragen, um den Frieden zu wahren.
- Eltern sind weise, weil sie älter sind.
- Mama weiß Bescheid.
- Ich muss dankbar sein.
- Ich schulde meinen Eltern etwas.
- Ich bin für meine (gealterten) Eltern verantwortlich.

Und natürlich gibt es dann noch jene inneren Überzeugungen und Gedanken, die uns selbst betreffen und unser Selbstbild maßgeblich beeinflussen. Bist du liebenswert? Bist du nervig? Darfst du laut sein? Darfst du wollen? Und was darfst du wollen? Welche Rollen musst du spielen? Bist du gut genug? Ob wir denken, dass wir selbst wertvoll sind und Liebe verdienen. Ob wir ein Gewinn für unser Umfeld sind oder eine Belastung. Ob wir begabt sind oder »zu dumm und ungeschickt«. All das hat seinen Ursprung.

Was wir als Kinder am häufigsten über uns selbst vernommen haben, prägt. Das ist die Haltung unserer Eltern oder anderer wichtiger Bezugspersonen, vielleicht sind es auch die Stimmen von Geschwistern, Kollegen und -innen in der Schule und so weiter. Jeder Gedanke und die Meinung, die wir uns selbst gegenüber haben, kommen irgendwoher. Und sie haben Auswirkungen. Dabei sind Gedanken nur Einladungen unseres Gehirns. Wir dürfen sie ausschlagen.

> Gedanken sind nur Einladungen unseres Gehirns. Wir dürfen sie ausschlagen.

Wie persönliche Werte (un)glücklich machen

Die inneren Überzeugungen, Bilder, Schablonen und Denkmuster, die wir in uns tragen und mit denen wir durch unser Leben gehen, haben Auswirkungen auf unsere Werte. Und unsere Werte können uns – wenn wir sie nicht kritisch hinterfragen und wenn nötig anpassen – ziemlich unglücklich machen.

Beispiel: Sophie, Markus und Finn I

Sophie hatte nicht gerade das, was man als erfüllte Kindheit bezeichnen würde. Sie wuchs im alten Paradigma des Gehorsams auf. In ihrer Familie gab es eine klare Hierarchie: Ihr Vater hatte das Sagen, alle anderen mussten sich unterordnen. Das betraf Sophie, ihre Mutter und ihre zwei Geschwister. Strafen und Liebesentzug gehörten zu ihrem Alltag: Wenn Sophie nicht »hören wollte«, wurde sie vom Vater bestraft. Fernsehverbot, Hausarrest oder eine Ohrfeige, wenn diese für notwendig erachtet wurde. Tat sie etwas, das ihrer Mutter missfiel, wurde Mama immer »ganz traurig«, entzog sich Sophie für mehrere Tage und ignorierte sie in dieser Zeit, so gut sie es konnte. »Damit du dir merkst, dass du mich wirklich verletzt«, schluchzte Mama dann. Wenn es ihr passte, war das Ignorieren dann vorbei, und sie tat, als wäre nichts passiert.

Die Eltern konnten einander nicht wirklich leiden, blieben aber zusammen. »Alles für die Kinder«, wie Sophie ihre Mutter nachts durch verschlossene Türen rufen hörte. Die elterliche Beziehung war geprägt von großen und kleinen Gemeinheiten, Augenverdrehen und einer längeren Affäre des Vaters. Die Eltern meinten, die Kinder bekämen nichts mit. Diese Annahme war falsch.

Das sind nur ein paar Beispiele für unzählige Vorkommnisse, die Sophie in ihrer Kindheit prägten. Die schönen Momente gab es auch! Aber sie wurden überschattet von dem erdrückenden Familienklima, das sie seit Beginn ihrer Elternschaft erschaffen hatten. Auch mit zunehmendem Alter blieben Sophies Eltern die

Menschen, die sie nun einmal waren, also eben nicht nur, aber auch grausam, unnahbar und ignorant.

Sobald es Sophie möglich war, reduzierte sie den Kontakt zu ihren Eltern auf ein Minimum. Das war ein schmerzlicher Prozess, den sie damals zwar nicht professionell, aber von ein paar guten Freunden, denen sie vertraute, begleiten ließ. Das half, und dank ihres Partners Markus fand sie am Ende die Stärke, für sich eine gesunde, wohltuende Grenze zu ziehen. Das ging ein paar Jahre gut. Nun sind Sophie und Markus seit kurzem Eltern eines kleinen Sohnes namens Finn.

Jetzt gibt es, was die Werte der jungen Eltern angeht, zwei Szenarien, die für uns an dieser Stelle interessant sind: Was wäre, wenn entweder Markus oder Sophie beispielsweise die innere Überzeugung »Mein Kind sollte eine gute Beziehung zu seinen Großeltern haben« in sich tragen?

Je nachdem, was von beidem der Fall ist, sieht Sophie sich mit zwei gänzlich verschiedenen Szenarien konfrontiert. Schließlich geht es einmal um ihre eigenen Werte und im anderen Fall um die Werte und das Mindset eines anderen Menschen, der ihr nahesteht und wichtig ist. Beides verlangt von Sophie, Verantwortung zu übernehmen, nachzudenken und Veränderungen anzustoßen – aber auf ganz unterschiedliche Weisen. Beide Szenarien wollen wir uns in diesem Kapitel näher ansehen.

Das Maß aller Dinge: Schlechte Werte gegen bessere tauschen

Sagen wir, »Mein Kind sollte eine gute Beziehung zu seinen Großeltern haben« sei eine von Sophies inneren Überzeugungen. Ganz bewusst ist ihr das nicht, aber das ändert nichts daran, dass dieser Wert Auswirkungen auf ihr Verhalten hat.

Beispiel: Sophie, Markus und Finn II

Ob ihr Sohn eine gute Beziehung zu seinen Großeltern hat, bemisst Sophie daran, wie regelmäßig die drei Zeit miteinander verbringen und wie oft ihre Eltern sich mit ihm beschäftigen. Das ist ihr Maßstab. Sie sucht nun öfter den Kontakt zu ihren Eltern – auch wenn sie spürt, dass sie nach jeder Begegnung ziemlich gestresst ist und weniger Geduld mit sich selbst und Finn hat. Sie schläft schlechter, seit ihre Eltern näher herangerückt sind. Zweimal die Woche sehen sie sich und telefonieren fast täglich. Zumindest kurz.

»Das ist zu viel, es tut mir nicht gut«, spürt Sophie. Aber sie hat Angst, die Beziehung ihres Kindes zu den Großeltern kaputt zu machen, wenn sie etwas ändert. Zwischendurch schickt Sophie auch Bilder in die neu gegründete WhatsApp-Familiengruppe, in der sie, Markus, ihre Eltern und die Geschwister sind. Anfangs hielt Sophie das für eine nette Idee. Mittlerweile nicht mehr.

Bei den Treffen zeigen Sophies Eltern nur wenig Interesse an Finn, und auch am Telefon geht es eher darum, was Sophie besser machen könnte. Ihre Mama hat ungefragt stets gute Tipps parat: »Schläft Finn schon in seinem Bett?« – »Und diese Küchenmaschine, die du dir angeschafft hast, die ist schon übertreuert. Da gibt es eine andere, die ist günstiger.« – »Ach, und um Markus solltest du dich auch besser kümmern. Männer brauchen auch Aufmerksamkeit, besonders wenn man Kinder hat. Meinst du nicht? Kochst du für ihn? Ich hoffe, du kannst es mittlerweile besser.«

Opa findet Finn etwas zu dick. »Pummelchen«, sagt er oft, wenn er ihn grüßt, und lächelt danach Sophie an. Jedes Mal.

Bei den Treffen mit ihren Eltern spürt Sophie mehrmals diesen unangenehmen Druck auf der Brust. Sie hat auch immer wieder zwischendurch das Gefühl, nicht richtig durchatmen zu können.

»Komisch«, denkt sie sich und atmet noch mal tief ein. Bei so mancher Aussage ihrer Mama bekommt sie Herzklopfen … und schluckt. Und sagt nichts. Zu groß ist die Angst davor, dass Oma und Opa Finn als Enkel verstoßen würden, wenn Sophie etwas sagte. Sie selbst kennt das ja gut genug.

Unsere Werte liegen allem zugrunde, was wir sind und was wir tun. Wenn ein Wert schlecht gewählt ist – etwa weil er nicht durch uns selbst, unabhängig von anderen, gelebt werden kann –, beeinflusst uns das in allen möglichen Bereichen: Ein unerfüllter oder nicht hinreichend erfüllter Wert hat Auswirkungen auf unsere Gedanken, unsere Emotionen und auch unsere Handlungen. Solange Sophie diesen Wert in Form einer fixen Vorstellung aufrechterhält, wird sie das unglücklich machen. Um etwas daran zu ändern, müsste sie sich radikal ehrlich selbst befragen. Und das ist richtig schwer. Nicht zuletzt deshalb, weil die Chancen gut stehen, dass Sophie es einmal mehr mit blinden Flecken zu tun haben wird. Wie könnte ihre Selbstbefragung aussehen?[68]

»Ich finde es schade, dass meine Eltern so wenig Interesse an Finn zeigen.«
Warum?
»Weil es sich anfühlt, als wäre er ihnen egal.«
Warum glaubst du, dass das wahr ist?
»Wenn er ihnen wichtig wäre, würden sie sich Zeit nehmen und mit ihm spielen.«
Warum fühlt es sich so schlimm an, dass sie keine gute Beziehung haben?
»Sie sind doch seine Großeltern. Großeltern sollten eine gute Beziehung zu ihren Enkeln haben. Ich habe mich doch auch so gut mit meiner Oma verstanden.«

Welche inneren Bilder begleiten Sophie? Wenn die Großeltern mit Finn spielen, mögen sie ihn, und dann haben sie auch eine gute Beziehung. So lautet zumindest die Argumentation in Sophies Kopf.

Wenn sie wollte, könnte sie in ihrer Selbstbefragung noch tiefer graben:

Warum sollten Großeltern eine gute Beziehung zu ihren Enkeln haben?
»Weil sie Familie sind! Und die Familie sollte zusammenhalten und sich nahestehen!«
Warum glaubst du, dass das wahr ist?
»Weil die Familie das Wichtigste sein sollte.«
Warum glaubst du, dass das wahr ist?
»Weil es ›normal‹ und ›gesund‹ ist, seinen Eltern nahezustehen, und ich tu das nicht.«

Irgendwann hat es keinen Sinn mehr, weiter zu fragen. Dann dreht Sophie sich im Kreis, und die Antworten werden repetitiv. Sophie deckt auf, womit sie die Beziehung ihres Kindes vergleicht: mit den Beziehungen, die angeblich »alle anderen« Enkel haben. Und es wird sichtbar, was sie selbst gern hätte, aber nicht hat.

Vielleicht gibt sie sich die Schuld dafür, dass ihre Beziehung zu ihren Eltern nicht die ist, die ihrer Aussage zufolge »gesund« und »normal« wäre. Damit wäre sie bei Weitem nicht das einzige heute erwachsene Kind, das so verfährt. Das wiederum kann der Grund dafür sein, warum sie so bereitwillig ihre eigenen Grenzen wieder und wieder missachtet: für die Liebe. Oder besser gesagt das, von dem ihr vorgelebt wurde, dass es Liebe wäre. Sie schiebt ihren inneren Alarm, dieses ungute Gefühl, beiseite, um ihrem Sohn – und final sich selbst – etwas zu ermöglichen, von dem sie *meint*, es wäre wichtig. Und nun?

Sophie ist kein Kind mehr. Sie ist Erwachsene und Mutter, und ihr Kind wird ihrem Beispiel folgen. Finn sieht, was seine Mama macht und ob sie Beziehungen *erträgt* oder *gestaltet*. Sophie ist Vorbild und aufgefordert, von dem kindlichen Prinzip der Schuld in ihre erwachsene Verantwortung zu kommen und diese zu übernehmen. Sie muss alternative Strategien finden, um ihr Bedürfnis nach Verbindung zu befriedigen.

Heute ist sie imstande dazu. Sie ist nicht mehr auf Eltern angewiesen. Liebevolle Verbindung sucht sie hier leider nach wie vor vergebens. Sophies Eltern sind nicht bereit zu geben, was Sophie sich wünscht und wonach sie sich sehnt. Ihre Eltern haben die eigene persönliche Liebes-, Verbindungs- und Intimitätsgrenze erreicht und wollen diese nicht erweitern und darüber hinauswachsen. »Wozu?«, denken sie. »Es ist doch alles in Ordnung!« Das kann Sophie bedauern, und dennoch ist sie nun an der Reihe, damit umzugehen. Denn so ist es. So sind ihre Eltern, und so werden sie bleiben, auch wenn diese Einsicht wehtut und eine Enttäuschung bedeutet. Aber es anzuerkennen impliziert auch die Möglichkeit, sich neu auszurichten und nicht in einer ungesunden Abhängigkeit und Erwartungshaltung steckenzubleiben.

> »Erwarten« beinhaltet immer auch »warten«, und somit Stillstand.

»Erwarten« hat immer auch »warten« zum Inhalt und bedeutet somit Stillstand.

Wenn Sophie sieht, dass sie sich selbst und auch ihrem Kind mit ihrem Versuch, einen unreflektierten Wert zu erfüllen, keinen Gefallen tut, findet sie vielleicht Alternativen. Es ist an ihr, sowohl ihre Werte zu hinterfragen als auch den Maßstab, den sie anlegt.

»Bedeutung liegt nicht in den Dingen. Sie liegt in uns«, schreibt Marianne Williamson.[69] Wir Menschen sind die einzigen Lebewesen, die anderen Menschen, Dingen und Handlungen eine Bedeutung zuschreiben. Welche wir wählen, das liegt in unserer Hand. Wie wir Situationen und Gegebenheiten sehen, wie wir über sie denken, welche Bedeutung wir ihnen verleihen und auch woran wir den Wert, den sie für uns haben, bemessen – all das hat eine viel größere Auswirkung auf unser Wohlbefinden als die Situation an sich. Und diese Auslegung ist eine höchst persönliche und individuelle Angelegenheit.

Impuls- und Reflexionsfragen
- Welche Menschen sind für dich von Bedeutung, und welche Bedeutung haben die einzelnen Personen für dich?
- Wie wichtig sind Großeltern für dich und warum?
- Wer oder was ist noch wichtig in deinem Leben, wem oder was schreibst du noch Bedeutung zu?
- Wie ist es mit Geld, Sex, Partnerschaft oder Kindererziehung und warum?

Wenn du noch einen Schritt weiter gehen willst, dann bitte deinen Partner, über die Bedeutung dieser vier Bühnen nachzudenken und mit dir in den Austausch darüber zu gehen. Messt ihr denselben Dingen dieselbe Bedeutung zu? Und was bedeutet das für euch?

Spräche Sophie mit einem Freund über ihr Problem, der seinen eigenen Eltern extrem nahesteht – vielleicht sogar zu nahe –, würde der ihr vermutlich vorwerfen, dass sie sich nur »nicht genug anstrengt«. Kein guter Gesprächspartner, o nein! Aber woher kommt seine Reaktion? Aus seinem eigenen Werteschema. Sie hat nichts mit Sophie zu tun.

Vertraut Sophie sich wiederum einer Freundin an, die integer durchs Leben geht und reflektierte Beziehungen zu ihren erwachsenen Mitmenschen lebt, würde die womöglich verständnisvoll nicken, Sophie anlächeln und mit aufrichtigem Blick fragen: »Wieso empfindest du das als Problem? Erzähl mir mehr«, und sie würde Sophie zuhören, nachfragen und mit ihr ihre Werte ergründen. Sie würde Sophie dabei helfen, das Bild zu vervollständigen. Wiederum – eine Frage der persönlichen Werte, Überzeugungen, Haltungen. Eine Frage des *Mindsets*: »Was denkst du dir eigentlich dabei?«

Wie du gute von schlechten Werten unterscheidest

Was unterscheidet gute von schlechten Werten? Achtsam sollten wir grundsätzlich immer sein, wenn etwas unreflektiert bleibt. So viel steht fest. Gute Werte sind zudem unabhängig von anderen, also für dich und durch dich erreich- und kontrollierbar. Wenn du vom Außen nicht abhängig und selbst in der Lage dazu bist, deine Werte zu leben, ist das ein Zeichen dafür, dass sie weise gewählt sind. Gute Werte sind im Jetzt leb- und gestaltbar, bergen einen Benefit für dich und dein soziales Umfeld und geben dir Orientierungshilfe bei der Frage »Was ist jetzt das Richtige zu tun?«.

Ein paar Beispiele sind:
- Ehrlichkeit,
- Wahrhaftigkeit,
- Verantwortung,
- Gleichwürdigkeit,
- die eigene Integrität zu wahren,
- die Integrität deiner Mitmenschen zu achten,
- Respekt dir und anderen gegenüber,
- Offenheit für Neues,
- Kreativität und
- Mitgefühl.

Ungesunde Werte wären zum Beispiel:
- sich immer gut fühlen zu müssen,
- von allen gemocht zu werden,
- Macht über andere haben zu müssen,
- immer das Zentrum der Aufmerksamkeit zu sein,
- immer alles positiv sehen oder
- immer recht haben zu müssen.[70]

Immer nur positiv zu sein und in allem zwanghaft das Gute sehen zu wollen ist eine Form der Vermeidung. Das ist nicht *Umgehen mit dem, was ist.* Hier müssen wir aufpassen, denn das Mindset zu ändern hat wirklich nichts mit »Jetzt denk doch einfach positiv!« zu tun. Wenn ich wirklich hinsehe auf das, was ist, und feststelle, dass mir etwas massiv widerstrebt, wird es nicht besser, indem ich es mir »schöndenke«. Dann muss ich Stellung beziehen. Unangenehme Gefühle anzuerkennen ist eine Grundvoraussetzung dafür, dass es dir wirklich gut gehen kann.

Info-Box: Stellung beziehen
Stellung beziehen bedeutet, dich zu positionieren, sichtbar zu machen und dich mit dem, wer du bist, zu zeigen. Es bedeutet, für dich und deine Werte, Wünsche, Entscheidungen und Pläne einzustehen und deinen Werten, Wünschen, Sehnsüchten, Visionen, Fantasien Ausdruck zu verleihen – in dem Wissen, dass dir dein Gegenüber nicht automatisch applaudiert oder zu deinen Ideen gratuliert. Stellung beziehen ist die durch dich gelebte Bestätigung und Wertschätzung deiner selbst. Sie macht dich zu einem sichtbaren und ernst zu nehmenden Gegenüber, an dem sich andere wiederum orientieren und ihrerseits Stellung beziehen können.

Emotionen sind nur Feedback. Du fühlst dich gut, wenn du dich ehrlich bemühst, ein guter Mensch zu sein und eine momentane Situation so gut und bewusst zu beantworten, wie du jetzt gerade dazu imstande bist. Weil du dann stolz auf dich selbst bist und dein Selbstwert sich eben aus dir selbst speist. Du wirst unabhängig von der Bewertung anderer. Du wirst nicht von allen, aber von den richtigen Menschen gemocht, wenn du integer handelst und deine Wahrhaftigkeit lebst. Du wirst erfolgreich sein, wenn du dich traust, deine eigenen Maßstäbe für Erfolg festzulegen. Und du wirst nie aufhören zu lernen, wenn du einsiehst, dass wir alle viel weniger wissen, als wir denken, und dass uns gleichzeitig viel mehr bewusst ist, als wir wahrhaben wollen. (Über Letzteres liest du mehr beim Thema »Mind Mapping« im Kapitel »Inneres Wissen: Ich kenne dich, und du kennst mich« [Teil II].)

Manchmal können wir nicht all unsere Werte im gleichen Ausmaß leben. Dann stehen wir vor einem Dilemma, dem wir entrinnen können, wenn wir unsere Werte *priorisieren*. Ein sehr einprägsames Beispiel für ein solches Wertedilemma sind etwa jene mutigen Menschen, die während des Zweiten Weltkriegs Juden versteckt gehalten und geholfen haben. Sie entschieden sich gegen den Wert der Ehrlichkeit, aber für die Aufrichtigkeit und ihren Glauben an Gerechtigkeit. Sie haben »aufrichtig gelogen«. Eltern lügen manchmal, um zu überraschen. Zum Beispiel beim Christkind und dem Osterhasen. Auch hier kommt es auf die Absicht an: Wollen sie jemanden hinters Licht führen, oder lügen sie, um einen gewissen Zauber aufrechtzuerhalten? Du wirst sehen, es ist eine Frage der persönlichen Haltung. Unsere Werte, wie wir ihnen entsprechen und wie wir uns verhalten, wenn es schwierig wird, ihnen gemäß zu handeln – all das ist Vorbild, all das erzieht.

Neue Werte finden

Was ist *dir* wirklich wichtig? Welche Werte willst du leben? Denk daran, dass deine Werte unabhängig vom Außen und durch dich selbst erreich- und umsetzbar sein sollen. Sie sind gut für dich, und auch für deine Kinder ist es gut, wenn du sie lebst.

Übung: Wertewolke

Denk bei deinen Werten auch an die vier Konfliktbühnen, die wir eingangs besprochen haben: Beziehung/Sex, Geld, Erziehung, Eltern/Schwiegereltern. Und vergiss nicht zu hinterfragen, was du über dich selbst glaubst. Ein paar Beispiele für gute Werte haben wir vorhin bereits angeführt. Zeichne ein paar Wolken, und schreib deine Werte hinein.

Nun, da du erfasst hast, was dir wirklich wichtig ist, überleg weiter: Was wirst du künftig unterlassen, beziehungsweise was kannst du ab sofort tun, um deinen Werten gemäß zu leben?
Formuliere gemäß deinen neu formulierten Werten:
– »Ab heute werde ich nicht mehr ...«
– »Stattdessen werde ich ...«

Sophie könnte für sich zum Beispiel formulieren:
– »Ab heute werde ich nicht mehr versuchen, die Beziehung zwischen Finn und seinen Großeltern zu gestalten.«
– »Stattdessen werde ich bei meinen Angelegenheiten bleiben und die Verantwortung für die Beziehungsgestaltung an meine Eltern abgeben. Wenn sie sich gar nicht melden und kein Interesse zeigen, werde ich einen Weg finden, damit umzugehen, anstatt wieder aktiv zu werden und Treffen mit allein diesem Zweck zu planen.«

Stell dir nun vor, wie sich dein Leben positiv verändern wird, wenn du deine neuen Werte lebst: Was geschieht? Lass den Film ablaufen. Geh bewusst hin zu schönen Bildern, zwing dich dazu, auch wenn dein Gehirn vielleicht woandershin schwenken will. Manchmal musst du dich selbst überreden, um Kontrolle über dein automatisiertes Gehirn zu bekommen. Damit du in deine neue Weite und Fülle gehen kannst. Komm immer wieder zurück zu deinem »Wunsch-Future-Self«, das du nun leben wirst. Sie dich vor dir, aufgerichtet, stark, zuversichtlich und in dir ruhend.

Wer bist du, wenn du deine Werte lebst? Wo ist der Benefit, wo der persönliche Vorteil für dich? Was haben deine Kinder und dein soziales Umfeld davon, wenn du gemäß deinen eigenen Vorstellungen lebst und schlechte gegen gute Werte tauschst? Wenn du möchtest, schreib auch das für dich nieder: »Wenn ich meine neuen Werte lebe, dann …

> Wer bist du, wenn du deine Werte lebst?

Sollte dir diese Übung schwerfallen, komm zu ihr zurück, nachdem du den Input zur Integrität und dem Schreiben deines Motivs gelesen hast. Die Inhalte können dir für diesen Part helfen, Sätze zu finden, die für dich stimmig sind.

Die neuen Werte, die du für dich formulierst, solltest du dir immer wieder ins Gedächtnis rufen. Lass sie nicht auf einem Zettel irgendwo verkommen und in Vergessenheit geraten. Eine Möglichkeit ist, dir deine Sätze mit einer Sprachnachricht auf deinem Handy aufzunehmen und sie dir immer wieder anzuhören. Oder du machst einen Screenshot und deine Sätze zum Bildschirmhintergrund.

Schuld, Verantwortung und dein erwachsenes Ich

Hast du sie auch, diese innere Stimme? Nicht die angenehme, die Orientierung gibt. Wir sprechen von jener Stimme (oder jenen Stimmen), die an manchen Tagen unaufhörlich in deinem Gehirn vor sich hin brabbelt. Sie wird nicht müde, alles zu kommentieren und zu bewerten, was du tust oder nicht tust. Je nachdem, worum es geht und in welcher Situation du dich befindest, können das unterschiedliche Stimmen von mehreren Personen sein. Es lohnt sich, hier einmal besonders gut hinzuhören und zu erforschen, wer da eigentlich spricht. Und wie er oder sie das tut, welche Art von Beziehung diese Stimme oder diese »Person« mit dir hat.

Sophie könnte zum Beispiel versuchen herauszufinden, wen sie sprechen hört, wenn sie wieder einmal bedauert, keine gute Beziehung zu ihren Eltern zu haben, und dabei sich selbst die Schuld gibt: »Du bist schuld. Weil du auch immer so schwierig warst!« Wer ist es, der da in ihrer geistigen Innenwelt *wirklich* spricht? Ihr Vater? Ihre Mutter? Die Schwester, die immer bevorzugt wurde und es Sophie spüren ließ?

Die gemeine Stimme ist es, die dir einflüstert, du wärst nicht gut genug, nicht schön genug, nicht schlau genug, nicht stark genug … einfach nie genug. Sie befeuert deine Ängste, und sie sagt dir auch, dass du etwas Gutes nicht verdienen oder ohnehin niemals schaffen würdest. Vielleicht flüstert sie dir auch zu, dass du verrückt wirst und drauf und dran bist, alles zu verlieren, was dir lieb ist. Sie meint es ernst, das kannst du hören. Sie verletzt. Trägst *du* so eine gemeine Stimme in dir?

Natürlich gibt es Gründe, warum die Stimme da ist. Vielleicht denkst du unversehens an deine Kindheit. Kann es sein, dass deine Eltern *schuld* daran sind, wenn deine quasselnde Stimme nicht liebevoll mit dir ist? Ja, das ist möglich. Ihre Haltung dir gegenüber, wie sie mit dir und mit sich selbst umgegangen sind – das prägt. Aber: Wir unterscheiden ja zwischen Schuld und Verantwortung, und wir wissen, dass das Suchen von Schuldigen uns vom eigentlichen Handeln und Verändern auch gut ablenken kann. Natürlich, mit dem Finger auf andere zu zeigen mag seinen Reiz haben, weil man sich dann herrlich aufregen oder alles von sich weisen kann. Aber bedenke: Wenn du mit einem Finger auf andere zeigst, zeigen automatisch drei Finger auf dich zurück.

> Sich Aufregen ist nicht gleich Veränderung. Es ist einfach nur Drama.

Sich aufzuregen ist nicht Veränderung. Es ist einfach nur Drama. Und Drama macht süchtig. Zuständig dafür sind die Hormone, die während der Aufregung ausgeschüttet werden. Manche Menschen brauchen das, um sich zu spüren, und verfallen dem vorübergehenden Kick. Vom wirklichen Fühlen, Spüren und Empfinden bringt es uns aber weg. Drama ist auch niemals lösungsorientiert, sondern erhält maximal den Status quo aufrecht.

Zum Glück steht es uns in jedem Moment frei, anders zu reagieren oder es zu lernen: Das Bewusstsein darüber, dass es sich bei Schuld und Verantwortung um zwei unterschiedliche Dinge handelt, öffnet einen Handlungsspielraum. Es ermächtigt dich, aus der Opferhaltung herauszukommen. Du kannst nun beschließen, einen anderen, neuen Umgang mit dieser gemeinen Stimme zu finden. Sie nicht wie ein Dauersausen zu ertragen, sondern ihr vielleicht sogar etwas entgegenzusetzen. Also auch nicht mehr beschämend auf dich selbst zu zeigen und wachsam dafür zu werden, wann sie mit dir spricht. Gleichzeitig kannst du beginnen, eine klare, starke, würdevolle und authentische erwachsene Stimme in dir zu entdecken und zu kultivieren: deine eigene. Einmal mehr kann ein neuer Prozess, eine Entwicklung beginnen.

Erlaubst du mit dem Wissen über deine gestalterischen Möglichkeiten der gemeinen Stimme weiterhin, mit dir umzugehen, wie es ihr beliebt, so wirst du gleichzeitig zum Täter. Im Hier und Heute ist niemand anders als du selbst *verantwortlich* dafür, etwas an deiner Stimme zu ändern, damit es dir besser gehen kann. Wohltuende, wenn auch anstrengende Veränderungen anzustoßen – das ist deine Aufgabe. Und du kannst völlig frei entscheiden, ob du sie annimmst oder nicht.

Wir wollen dich zu deinem »Ja« ermutigen. Zu einem »Los geht's, ich bin neugierig!« und einer großen Portion Aufbruchsstimmung. Weil es so unsagbar lohnend ist. Und so guttut. Übernimm die Verantwortung dafür, einen wohlmeinenden Menschen in dir zu entwickeln und ihm Raum zu geben: deinen inneren Erwachsenen.

Er ist bereits da, irgendwo in dir, in deinem Wesenskern. Schließlich bist du ja erwachsen. Und er ist kompetent, stark, lebendig. Er stellt sich der Herausforderung, Lösungen zu finden, indem er die Verantwortung übernimmt für alles, was *ihn* betrifft, und die Menschen, für die er verantwortlich ist: seine Kinder. Du bist bereits fähig, dich selbst zu halten. Du kannst das. Die Psychologin und Autorin Pamela Paresky schreibt in ihrem Artikel in *Psychology Today*: »Wenn du dazu in der Lage bist, sogar Probleme, die sich die Bezeichnung wirklich verdient haben, als momentane Schwierigkeiten anzusehen, die du überwinden kannst, dann wirst du deinen inneren Erwachsenen nicht lange suchen müssen.«[71] Es ist Zeit, erwachsen zu werden.

Fantasiereise zu deiner inneren Erwachsenen

Deine innere Erwachsene gibt es bereits. Sie ist du. Gern möchten wir dir dazu ein Bild geben. Eine Reise, die du antreten und auf der du sie kennenlernen kannst. Es soll ein sicherer Ort für dich sein. Einer, an dem du dich wohlfühlst und weißt, dass du dort immer willkommen bist. Genau so, wie du bist.

Liest du die Sätze für dich, so mach das bitte bewusst langsam. Vielleicht auch gefühlt etwas *zu* langsam. Denk dir drei Auslassungspunkte hinter jedem Satz, damit etwas in deinem Inneren entstehen kann. Scannst du die Buchstaben und gehst du schnell drüber hinweg, wird dich das nicht wirklich eintauchen lassen. Achte auf deine Atmung. Wenn du jemanden hast, der dir die Reise vorlesen kann, dann bitte auch diese Person, bewusst langsam zu lesen und dir so genug Zeit zu geben.

Auch hier wäre es vielleicht eine Option für dich, den Text aufzunehmen, also eine Sprachaufnahme zu machen und sie dann abzuspielen. Wie auch immer du es angehen möchtest: bitte langsam und »meditationsgleich«.

Übung: Auf dem Weg zur inneren Erwachsenen (Fantasiereise)

Bring dich in eine angenehme Position. Nimm dir Zeit, atme ruhig, komm zu dir. Wenn du magst, schließ deine Augen. Spür die Luft um dich herum. Hör die Geräusche, die dich umgeben. Wonach riecht es? Atme einmal tief durch. Nun besinn dich nach innen, lass das Außen nach und nach leiser werden. Spür, wie der Boden dich trägt. Du bist gut verwurzelt. Komm mit in diese neuen Bilder:

Stell dir eine helle Treppe vor, die umgeben ist von wärmendem, angenehmem Licht. Sie führt über zehn Stufen nach oben. An ihrem Ende ist eine Tür. Du lächelst, atmest die frische Luft und betrittst die erste Stufe. Dein Schritt ist sicher. Du spürst, wie du mit jeder Stufe ruhiger wirst. Es ist eine angenehme Ruhe, in der du dich als vital, friedvoll und entschlossen erlebst. Eine Stufe nach der anderen erklimmst du mit Leichtigkeit. Oben angekommen, öffnest du die Tür und betrittst durch sie eine wunderschöne Landschaft.

Du siehst dich um. Da ist grünes, saftiges Gras. Blumen blühen, und Bäume tragen Früchte. Irgendwo in der Nähe muss ein kleiner Bach verlaufen. Du hörst, wie das Wasser sanft vor sich hin plätschert. Es weht eine frische Brise, Sonnenstrahlen wärmen dich. Es duftet, das Atmen fällt dir leicht. Etwas weiter vorn siehst du auf einer Anhöhe einen großen Baum. Wie wohl der Ausblick von dort oben ist? Du gehst darauf zu.

Als du näher kommst, entdeckst du, dass jemand in der Nähe des Baumes sitzt. Du kannst nicht genau erkennen, wie die Gestalt aussieht. Sie hat es sich auf der Anhöhe gemütlich gemacht und genießt die Aussicht. Als sie dich sieht, lädt sie dich ein, dich zu ihr zu setzen.

Du kommst näher und stellst fest, dass ein Platz für dich bereitet ist. Genau so, wie du es dir wünschst und wie es für dich bequem ist. Du nimmst Platz in dem Abstand, in dem es sich für dich gut anfühlt. Du weißt, dass du jederzeit die Position wechseln kannst, näher heran oder weiter weg. Wie es für dich stimmig ist. Du spürst, wie die Gestalt in sich ruht, ihre Kraft und Zuversicht.

Die Gestalt tut dir gut. Du spürst, dass sie dir wohlgesinnt ist. »Es ist schön, bei dir zu sein«, denkst du dir. »Wer bist du?«

Die Gestalt sieht dich an und sagt: »Ich bin immer bei dir. Ich bin deine innere Erwachsene. Ich bin du.« Mit jeder Faser nimmst du wahr, dass du hier ganz willkommen bist. Du darfst sein und verweilen. Sie lächelt: »Schön, dass du hier bist.«

Du spürst ganz deutlich, dass du diese Gestalt mit ihrer Kraft, ihrer Ruhe und Wärme in deinem Leben haben willst. »Ich bin immer bei dir, wenn du mich brauchst«, sagt sie dir, »und du kannst mich hier besuchen kommen, wann immer du möchtest.«

Wenn du bereit bist, verabschiedest du dich von der Gestalt. In dem Wissen, dass du jederzeit willkommen bist. Bei ihr, an diesem Ort. Geh in deinem Tempo zurück zu jener Tür, durch die du gekommen bist. Wenn du möchtest, sieh dich nochmals um. Das grüne Gras, die duftenden Blumen, die prächtigen Bäume. Das Plätschern des Bachs. Du fühlst die angenehme Wärme der Sonne auf deiner Haut. Die Tür kommt näher. Wenn du bereit bist, öffne sie, und geh durch sie hindurch. Du kommst zurück ins Hier und Jetzt.

Überleg dir nun oder notiere:
– So fühle ich mich, wenn ich bei meiner inneren Erwachsenen sitze.
– Das möchte ich meiner inneren Erwachsenen anvertrauen.
– Das will mir meine innere Erwachsene sagen.

Deine innere Erwachsene ruht in ihrer Klarheit und Aufrichtigkeit. Besuch sie, wann immer du das möchtest. Frag sie um Rat und hol ihre Meinung ein. Durch sie lebst du deine eigene Wahrheit und das, was durch dich gelebt werden will. Sie kann mit dir und durch dich wirken und vermag es, bewusst zu entscheiden und angemessen zu handeln, gemäß ihrer eigenen Werte und reflektierten Überzeugungen.

Die Reise vertiefen

Wenn es sich für dich stimmig anfühlt, kannst du die Gestalt in deiner ganz persönlichen Version dieser Reise genau betrachten. Probier Folgendes aus, falls du das Gefühl hast, dass du dir mehr Zeit nehmen willst, um anzukommen, oder dass du mehr Raum brauchst, um Vertrauen zu fassen, wenn du dich zu ihr setzt.

Übung: Die innere Erwachsene genauer anschauen (Fantasiereise)

Wenn du möchtest, kannst du die Gestalt nun betrachten. Mach dich mit ihrem Äußeren vertraut. Wie sieht sie aus? Erkennst du ihr Gesicht? Wie sieht ihre Haut aus, wie ihr Haar und ihre Hände? Nimm dir Zeit, die Gestalt anzusehen, und nimm dir nun auch Zeit, dich mit ihrem Inneren vertraut zu machen. Was geht in ihr vor? Was denkt sie über dich? Und was denkt sie über sich selbst? Wie reagiert dein Körper auf ihre Präsenz, ihr In-sich-Ruhen und ihre Kraft? Nimm dir alle Zeit für deine Betrachtungen. Lass Empfindungen sein, wie sie sind. Alles kann und nichts muss. Wag deinen zweiten Blick.

Willst du der Gestalt etwas sagen? Wie es dir geht und was in dir vorgeht? Nimm dir auch hier Zeit, und lass die Worte in dir entstehen. Vielleicht möchtest du sie fragen, wie sie es geschafft hat, so zu strahlen und so kraftvoll in sich zu ruhen. Friedvoll, authentisch. Möchtest du dich ihr anvertrauen? Was antwortet sie? Lass ein Gespräch zwischen euch entstehen.

Auch in dieser vertiefenden Version kommst du ganz in deinem eigenen Tempo von der Fantasiereise zurück, sobald es sich für dich stimmig anfühlt.

Wenn du mit deiner inneren Erwachsenen gesprochen hast, schreib danach deine Gespräche nieder. Zeig sie jemandem, der dich begleiten kann auf deinem Weg, und besprich sie gegebenenfalls mit deinem Coach oder deiner Therapeutin.

Du darfst bei dieser Reise darauf vertrauen, dass dein Geist dir nur das zumutet, was du verarbeiten kannst, nur so tief und so weit geht, wie es jetzt gerade passt.

Lass dich nicht unterkriegen oder abschrecken, wenn du in den ersten Begegnungen noch nicht vertrauen willst oder kannst. Vielleicht bist du zunächst skeptisch. Das ist in Ordnung. Es ist dein Prozess. Du führst auch hier Regie und kannst Nähe und Distanz immer selbst steuern. Bist du bereit, dir selbst die Zeit zu nehmen, deine innere Erwachsene – diese starke, klare Gestalt – bewusst in dein Leben zu lassen? Wie fühlt es sich an, wenn du dafür die Verantwortung übernimmst?

Gute Erfahrungen mit deiner Erwachsenen machen

Viele heutige Erwachsene haben in ihrem bisherigen Leben nur wenige gute Erfahrungen mit anderen Erwachsenen gemacht. Werden Kinder als Objekte gesehen und behandelt, besteht kein gemeinschaftliches Bündnis[72] zwischen ihnen und den Menschen, die sich selbst zum Subjekt ernennen und so ihre Macht missbrauchen. In den meisten Fällen waren und sind das heute noch die Eltern. Diese prägende Erfahrung dürfen wir nicht einfach ignorieren, wenn es darum geht, die »eigene Erwachsene« zu treffen.

»Erwachsene sind nicht vertrauenswürdig«, auch Sätze wie dieser können zu einer fixen Idee in dir geworden sein. Oder: »Ich schaue, was der andere braucht, dann kann mir nichts passieren!« Beobachte also dich und deine Gedankenwelt, wenn du in dieser Reise deiner inneren Erwachsenen begegnest. Wie beziehst du dich? Was geht in dir vor? Was denkst du dir dabei? Vielleicht kann es für dich wirklich hilfreich sein, dir deine innere Erwachsene während der Reise ganz genau anzusehen und dich mit ihrem Äußeren wie mit ihrem Inneren vertraut zu machen. Mustere sie so lange und so ausgiebig, wie du das möchtest. Pass deine Reise an deine Bedürfnisse an. Es kann ein herausforderndes neues Lernen und Einlassen not-wendig (im Sinne von »die Not wendend«) sein, um diese Art von Subjekt-Subjekt-Beziehung heute, als Erwachsene, kennenzulernen und auch zuzulassen. Die Reise zu deiner inneren Erwachsenen kann eine Möglichkeit auf diesem Weg sein.

Wir möchten dich einladen, diese Fantasiereise immer wieder anzutreten und an deine Bedürfnisse und individuelle Entwicklung anzupassen. Probier zum Beispiel einmal aus, wie es ist, deine innere Erwachsene morgens zu besuchen: Lad sie ein, dich durch den Tag zu begleiten, wenn sich das für dich gut anfühlt.[73]

Gib dir Zeit und sieh, was sich nach und nach verändert. Beobachte dich in deinen Reaktionen und Zuständen über einen gewissen Zeitraum hinweg. Sowohl während deiner Fantasiereisen als auch im Hier und Jetzt, in schwierigen Situationen. Du bist frei, zu experimentieren und dein Richtig zu finden. Deine innere Erwachsene – das bist du. Kümmere dich um dich. Du kannst das, und du darfst das. Ganz dir gemäß.

Aufrichtig leben:
Nötiges Wachstum und Entscheidungen

Neues und Ungewisses ängstigt, zum Beispiel weil wir bereit sein müssen loszulassen, was wir einmal für wahr gehalten haben. Ganz besonders herausfordernd wird es, wenn sich beim Nachdenken herausstellt, dass wir andere Menschen vor den Kopf stoßen werden, wenn wir die für uns stimmige Antwort leben.

Kommen wir zurück auf Sophies Dilemma. Wir haben schon gesehen, wie Sophie ihre eigenen Werte aufdecken und überdenken kann, damit es ihr besser geht. Im zweiten Szenario nehmen wir nun an, »Mein Kind sollte eine gute Beziehung zu seinen Großeltern haben« sei nicht eine ihrer, sondern eine der inneren Überzeugungen ihres Mannes Markus. Wie macht sich dieser Wert bei Markus bemerkbar?

Beispiel: Markus

Markus ist es wichtig, dass Finn seine Großeltern mindestens einmal die Woche sieht. Ideal dafür eignet sich in seinen Augen das Wochenende, da Markus unter der Woche immer bis 18.00 Uhr arbeiten muss und bei den Treffen auch dabei sein will. »Das gehört sich so, das war bei mir als Kind auch so« ist der Gedanke, der ihn da leitet. Am liebsten ist es ihm, wenn sowohl seine als auch Sophies Eltern am Samstagvormittag zu Besuch kommen und alle gemeinsam den Tag verbringen. »Die Familie« sei dann zusammen, sagt er.

Sophie sieht das alles ganz anders. Erstens möchte sie nicht jeden Samstag Besuch, zweitens nicht von den Eltern und Schwiegereltern, und drittens hat sie keine Lust, jeden Samstag groß aufzukochen und die permanenten Dramameldungen ihrer Mama zu ertragen. Markus und sie teilen diesen Wert »Mein Kind sollte eine gute Beziehung zu seinen Großeltern haben« also nicht. Das ist nicht schlimm. Problematisch wird es aufgrund der Art und Weise, wie Markus diesen Wert leben will. Zudem sieht Sophie, dass ihr Vater zu Finn nicht nett ist.

In ihr arbeitet es, und sie ringt in sich um Lösungen, die wirklich stimmig sind. Zunächst schafft sie es nur, in Gegenteilen zu denken: Großeltern sehen oder nicht sehen? Treffen immer samstags oder keine Treffen immer samstags? Alternativen fallen ihr kaum ein. Dazu kommt, dass sie große Angst hat, Markus vor den Kopf zu stoßen. »Ihm ist das doch so wichtig«, denkt sie sich: »Er tut so viel für mich. Da muss ich ihm den Wunsch doch erfüllen.«

Auch ihrem Vater will sie sich nicht »zu-muten«. Was soll sie denn nur sagen, wenn er wieder fies zu Finn ist? Und sie überlegt auch: »Vielleicht sehe ja nur ich das so. Vielleicht ist es mein

Problem, und er ist gar nicht gemein. Vielleicht stört es ja Finn nicht.« Dann fällt ihr wieder ein, dass ihr Sohn beim Opa regelmäßig quietscht und von sich aus keinerlei Nähe zu ihm sucht. Ob ihre Wahrnehmung sie trügt?

Veränderung in Beziehungen und die Angst vor Trennung

Sophie geht einen Teil des notwendigen Wegs bereits, indem sie sich genau dieser inneren Suche nach eigenen, stimmigen Antworten stellt. Sie lässt das Ringen in sich zu, denkt nach und sucht nach Lösungen. Aber sie merkt auch, dass sie für den Rest des Weges – hin zu einer klaren Haltung und einer Entscheidung, hinter der sie stehen kann – Begleitung braucht. Deshalb nimmt Sophie Kontakt zu einer Coachin auf, die Sophie dabei unterstützt, die gesuchten Antworten in sich zu finden und aus einer Haltung der Integrität heraus für ihre Vorstellungen einzustehen, also einen Differenzierungsschritt zu tun: sich in emotional nahen Beziehungen zu zeigen, zu sich selbst zu stehen, auch wenn von der anderen Seite Anpassungsdruck ausgeübt wird. Die Frage »Was würdest du tun, wenn du keine Angst hättest?« gibt Sophie den notwendigen Ermutigungsschub.

Sophie erlaubt es sich, sich selbst zu fragen, wie sie die Situation gern lösen würde, ohne sich für ihre Antwort darauf zu schämen. Diese Spannung, die in ihr entsteht, muss sie erst mal halten können. Das ist unangenehm und neu. Sie findet auch die Worte, die sie zu Markus sagen möchte.

Sophie ist durch die Entwicklungen im Außen dazu angehalten, Verantwortung zu übernehmen und gemäß ihrer Integrität eine aufrechte Haltung einzunehmen, die ihr selbst entspricht. Das tut sie nicht *gegen* jemand anders, sondern *für* sich. Sie versteckt sich nicht, duckt sich nicht weg, sondern findet die »Aufrichtigkeit«, die es ihr erlaubt, im Einklang mit ihrem Ich auch aufrecht zu gehen und friedvoll zu kommunizieren.

Final entscheidet sie sich für sich und ihren Sohn. Und für eine Beziehung zu Markus, in der sie mutig genug ist, sich zu zeigen mit ihren Bedürfnissen, ihrem Wollen und ihren Vorstellungen. Sie geht einen neuen Schritt: Sie teilt Markus mit, dass es für sie undenkbar ist, die Samstage in dieser Form zu verbringen. Sie würde das so nicht weiter mitmachen, nicht mehr bewirten. Sie könne sich vorstellen, den Samstag zu ihrem Tag zu erklären, das Haus zu verlassen und erst wiederzukommen, wenn die Großeltern weg sind. Teilnehmen würde sie jedoch gewiss nicht immer automatisch. Die Verantwortung für die Samstage und für Finn läge dann ab sofort bei Markus. Der ist nun wiederum eingeladen, in sich eine Stellungnahme zu Sophies Entscheidung zu formulieren, nachzudenken und mit einem neuen Schritt Beziehung und Familie gemeinsam mit Sophie zu gestalten. So lässt er ein neues Bild entstehen. Eines, das es davor noch nie gab: ihr gemeinsames!

Wie wir bei Sophie und Markus sehen können, sind Beziehungen Menschenwachstumsmaschinen. Sie arbeiten an uns, bearbeiten uns, schleifen, formen und prägen uns. Wollen wir Beziehungen bewusst gestalten, müssen wir auch unseren Teil der »Arbeit« leisten. Wir sind also idealerweise sowohl der Stein, der geformt wird, als auch der Steinmetz, der achtsam und mit seinem Ziel vor Augen den Meißel ansetzt. Bei Beziehungen zu nahen Menschen brauchen wir dafür dann auch noch eine gehörige Portion Mut.

> Beziehungen sind Menschenwachstumsmaschinen.

In unserem Beispiel ist es Sophie, die etwas Neues in ihre Beziehung bringen will. Bisher hat sie ihren Partner geschont und ihre Wünsche, Vorstellungen und – ja – ihre Wahrheit eher versteckt, als sich zu offenbaren und somit auch Ablehnung zu riskieren: Wer weiß, wie Markus reagiert, wenn sie sich ihm auf diese Weise zeigt? Endlich *ganz* zeigt? Sophie weiß es, sie kennt ihren Mann. Sie weiß, dass ihm seine Eltern wichtig sind. Das macht ihre Situation nicht einfacher, denn sie will ihm das ja nicht nehmen. Aber im Sinne der Weiterentwicklung muss sich etwas verändern. Es ist Zeit. Kindheit Ende.

Wachstumskreise

Gehen zwei Menschen eine Beziehung ein und entscheiden sie sich, zusammen zu sein, entsteht etwas Neues. Manchmal sind es Kinder, in jedem Fall aber ist es ein »Paarraum«: ein Rahmen, den die beiden gestalten. Stell ihn dir als Kreis vor, auf dem die Partner wie Planeten ihre Umlaufbahnen ziehen. Immer weiter kreisen sie umher, machen immer dasselbe. Sicherheit, liebgewonnene Gewohnheiten, Routine …

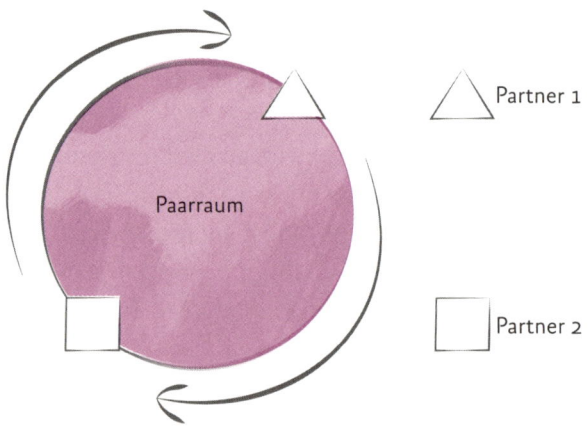

»Umlaufbahnen« der Partner im Paarraum

Dann passiert etwas: Irgendetwas verändert sich. Einem der beiden wird es zu eng oder zu langweilig. Oder ein Einfluss von außen verlangt, dass sich im Inneren der Beziehung etwas bewegt. Das kann Sophie sein, die für sich selbst als neuen Wert etabliert hat, ab sofort gemäß ihrer Integrität und aus ihrem Besten heraus handeln zu wollen. Es kann aber auch ein junges Mädchen sein, das seit Kurzem mit ihrem ersten »richtigen« Freund zusammen ist und nun mehr möchte, als nur zu »kuscheln«. Wenn sie weiß, dass sie bereit ist, Sex zu haben, und nicht weiß, ob ihr Freund das auch ist, kann das Angst machen. Beide Frauen würden, wenn sie sich mit ihren Vorstellungen zeigten, die aktuelle Beziehung – die so sicher, vertraut gewohnt, aber auch eng und langatmig ist – riskieren.

Nicht, dass sie enden muss deshalb. So ist es nicht gemeint! Aber: Sobald einer der Partner etwas »Neues« und »anderes« in eine Beziehung stellt, verändert sie sich. Sie ist dann nicht mehr so, wie sie einmal war. Es gibt kein Zurück mehr. Der bekannte Kreis wird von einem der Partner verlassen. Er hat sich entschieden und macht sich auf in ein neues, unbekanntes Land. Der andere Teil des Paares ist eingeladen, mitzukommen und zu folgen. In dem Moment, in dem nicht klar ist, wie er reagieren wird, herrschen Spannung und Unsicherheit. Und Aufregung. Das Gegenteil des »sicheren Hafens«. Die beiden werden sich ihrer Unterschiedlichkeit, ihres »Andersseins« bewusst. Sie sind nicht eins, sondern existenziell getrennt. Zwei Individuen.

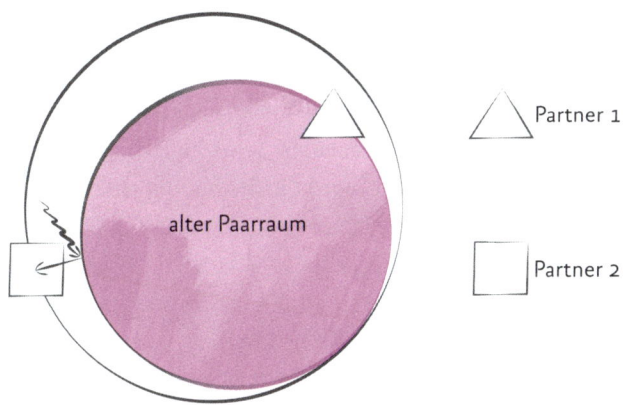

Einer der Partner bewegt sich aus dem gewohnten Rahmen. Spannung entsteht. Der andere Partner ist eingeladen, den Schritt mitzugehen. Tut er das, wächst die Beziehung, verändert sich, und ein neuer Wachstumskreis entsteht.

Jede Entscheidung hat ihren Preis. Sophie und das junge Mädchen haben ihre Entscheidung getroffen. Sie sind bereit, den Preis zu zahlen und über sich und die bekannte Beziehung hinauszuwachsen: Sophie will und muss ihre Integrität auch in ihrer Beziehung mit Markus leben. Das junge Mädchen wiederum will Sex. Für ihr Wollen sind beide Frauen bereit, etwas Neues in die Paarbeziehung zu stellen und den kleinsten gemeinsamen Nenner zu verlassen, in dem sie es sich so gemütlich eingerichtet hatten.[74] Sie betreten neues Terrain in der Hoffnung, die Partner mögen folgen, auf dass ein neuer »Wachstumskreis« entstehen und sie dort herumkreisen können. Gemeinsam. Bis wieder der nächste Schritt getan werden muss, damit beide Partner sich wohlfühlen und ihre eigene Wahrheit leben können.

Es ist ein Ja zu ihrem Wunsch und dem, was aus ihnen heraus noch gelebt werden muss. All das, während sie gleichzeitig dem anderen nahe sind. Auch das ist ein Beispiel für die Differenzierung: »Ich bin bei mir, ruhig, klar und integer. Und ich halte die Spannung aus, die das erzeugen kann. Ich bleibe an uns beiden interessiert und dir zugewandt und lade dich ein mitzukommen.«

Potenziell Trennendes macht Angst. Für ein »Ja« zu sich selbst müssen die Frauen in unseren Beispielen sich von ihren Partnern ein Stück weit lösen: Sie gehen einen Schritt allein, weg vom Partner. Kommt der Partner mit, wird die Beziehung »mehr« und größer werden. Ein Sprung ins Ungewisse, bei dem der Partner nicht unmittelbar dabei sein kann – egal, wie lange das Paar bereits zusammen ist und wie vertraut sie sind. Einer macht immer den Anfang. Dafür braucht es Mut und Angstmanagement. Und auch der andere, der, der noch im alten Raum verweilt und (zumindest vorübergehend) zurückgelassen wurde, muss nun ein gewisses Maß an Spannung aushalten und managen können. Fasst er den Mut mitzukommen, entsteht zugleich ein neuer Möglichkeitsraum, und es gilt für *beide*, Neues zu lernen.

In Sophies und Markus' Fall wäre das, eine Beziehung zu gestalten, in der Sophie nicht hinterm Berg hält mit ihrem Wollen und Nichtwollen. Wie wird es für Markus sein, mit »so einer« Frau zusammen zu sein? In welcher Hinsicht darf er nun wohl über sich hinauswachsen? In der Beziehung des jungen Mädchens und ihres ersten Freundes lernen die beiden jetzt, miteinander zu schlafen. Wie? Indem sie es tun. Genauso ist es mit dem Frausein, Mannsein und Elternsein. Wir lernen es, indem wir es tun beziehungsweise sind. Auf dem Weg. Darauf kann uns nichts vorbereiten.

Jedes Neue lässt um den alten Kreis einen neuen entstehen – wie Jahresringe eines Baumes. Kreis für Kreis gewinnen zwei Menschen mehr an Bedeutung füreinander. Je mehr sie einzeln und schließlich gemeinsam gemeistert haben, umso riskanter wird es, die nächsten Schritte zu gehen. Das Mädchen, dessen Freund sich doch nach den ersten Malen Sex gegen »etwas Festes« mit ihr entscheidet und sich von ihm trennt, lässt einen Wachstumskreis zurück. Das ist schon schmerzhaft! Wie angsterfüllend ist es erst, wenn du mit deinem Partner buchstäblich schon durch dick und dünn gegangen bist: zusammenziehen, Heirat, Kind, noch ein Kind, Eigentum, berufliche Veränderung. Je mehr Kreise, desto höher ist das Risiko, und umso mehr Mut ist notwendig.

Wir wollen dir mit diesen Ausführungen zu den Wachstumskreisen ein Bild an die Hand geben, an dem du dich orientieren kannst. Ein Bild, wie Entwicklung in Beziehungen aussehen kann. Was passiert, wenn du weißt, dass da was Neues in die Beziehung muss, und wo die Spannung »wohnt«, die dann kurzfristig entsteht. Damit du für dich einordnen kannst, wo du gedanklich und emotional unterwegs bist. Es will nur etwas aus dir herausleben, was dich einzigartig macht und dich ausmacht. Du sollst *nur* wachsen. Es ist *nur* unangenehm.

Die österreichische Journalistin Petra Ramsauer schreibt in ihrem Buch *Angst*:

»Risiken haben […] viele Erscheinungsformen. Mitunter sorgen sogar schöne Perspektiven für die heftige Angst, dass etwas passieren und den Kokon der Verlässlichkeit sprengen könnte […]. Angenehm ist das Gefühl nicht, es stresst massiv, vor allem, wenn alles auf maximale Risikominimierung ausgerichtet ist. Die Furchtmuskulatur unserer Seelen ist deshalb untrainiert. So werden viele Gelegenheiten verpasst, weil eben dieser Sprung in Möglichkeiten nicht gewagt wird.«[75]

Wofür entscheiden wir uns? Welchen Preis sind wir bereit für gesundes Wachstum und nötige Veränderungen zu bezahlen? Ja, auch das ist Vorbild und erzieht. Würden wir glauben, Sophies Sohn Finn bekäme ihren neuen Schritt in der Paarbeziehung nicht mit, würden wir irren. Wie wird Papa wohl reagieren?

»Falsche« Wachstumskreise und große Entscheidungen

In Beziehungen gibt es auch immer wieder etwas, was wir als »falsche« Wachstumskreise bezeichnen. Das sind scheinbar gemeinsame Schritte in etwas Neues. Nur »scheinbar«, weil der Partner nicht mitkommt, indem er durch seine Angst durchgeht und sich dem nötigen Wachstum stellt. Er kommt mit, *weil* er Angst hat. Er passt sich an und sagt »Ja«, um seine Angst zu reduzieren. Der Preis ist enorm hoch, weil er sich so in einem Leben wiederfindet, das nicht wirklich seines ist. Der Preis ist der Verrat am eigenen Selbst, der nicht selten dem anderen umgehängt wird. Sichtbar wird das zum Beispiel mit Sätzen, die mit einem »Wegen dir …« beginnen und mit drei Ausrufezeichen enden. (Erinnere dich daran: Zeigen wir mit dem Finger auf andere, zeigen immer drei Finger auf uns selbst. Ein Bild, das so manches deutlich macht.) Spätestens dann ist der Punkt erreicht, an dem es für diesen Menschen nicht mehr möglich ist, sich selbst zu

> Der Verrat an unserem Wesenskern kommt uns – früher oder später – teuer zu stehen.

verleugnen. Oft ist es der Körper, der zu rebellieren beginnt. Vielleicht möchte eine Panikattacke die nötige Kurskorrektur herbeiführen.

Das Leben ringt uns gnadenlose Ehrlichkeit und Verantwortung uns selbst gegenüber ab. Der Verrat an unserem Wesenskern, unserer Integrität, kommt uns – früher oder später – teuer zu stehen.

Beispiel: Svenja und Paul

Svenja und Paul haben drei Kinder. Jedes von ihnen wurde in einem anderen Land geboren. Paul ist Manager in einem internationalen Konzern und somit in der ganzen Welt zu Hause. Svenja ist – als liebende Ehefrau und Mutter – ihrem Mann immer aus ganzem Herzen und mit viel Neugierde, Interesse und Offenheit gefolgt. Sie hat sich auf all die Umstellungen eingelassen. Ihren eigenen Beruf als Chemikerin hat sie aufgegeben und das für gut befunden. »Meine Leidenschaft ist ja sowieso das Kochen«, meint sie. Wie ihre Mutter wollte sie immer ganz und gar für ihre Familie da sein und ihre Erfüllung darin finden.

Als Svenja eines Tages mit einer Kindergartenmama ins Gespräch kommt, wird ihr unverhofft die Übernahme eines kleinen Cafés angeboten. Zunächst noch als lächerlich abgetan, bemerkt Svenja bald, dass ihr der Gedanke irgendwie gefällt: wieder etwas für sich tun, kreativ sein. Sie beginnt, im Geiste ihren neuen Alltag zu gestalten, stellt sich vor, wie sich das mit ihren Kindern organisieren lässt, und überlegt, wie ein Businessplan für ihr neues Business-Baby aussehen könnte. Sie will das. Um mehr Zeit zu haben, und weil Svenja weiß, dass sie mit Paul aufgrund seines Jobs hier nicht rechnen kann, organisiert sie für manche Abende einen Babysitter. Sie vertieft sich in ihre Ideen und blüht auf. Das geht an Paul nicht spurlos vorüber. Er freut sich über die neue Energie seiner Frau. Und er freut sich darüber, dass er bald wieder ein neues Land erobern darf: China.

Machen wir eine kurze Pause. Wie sieht es in dir aus? Was macht das mit dir? Spürst du die Spannung, die entsteht? Wie wird die Geschichte weitergehen?

Beispiel: Svenja und Paul II

Als Paul Svenja die »frohe Botschaft« überbringt, ist sie wie gelähmt. Sie wusste zwar, dass dieser Tag kommen würde, hatte es aber nur allzu gut verdrängt.

»Ich kann nicht mitgehen«, kommt es nun aus ihr heraus: »Ich kann mich da nicht einschränken. Es war in Ordnung in den letzten Jahren, und ich habe dich mit Hingabe begleitet. Es ist für mich an der Zeit, Heimat zu finden und Fuß zu fassen. Hier müssen wir eine Lösung finden.«

Paul ist nun der letzte Mensch, der Svenja ermutigen kann, ihren Weg zu gehen. Zu sehr betrifft es ihn und seinen Traum. Ihr Mann und Partner, ihr Vertrauter, ihr bester Freund kann ihr in dieser Situation nicht beistehen. Genauso wenig kann Svenja Paul über seine Enttäuschung hinwegtrösten. Sie sind gefühlt gänzlich und ultimativ allein. Sie wachsen und müssen neu denken und Entscheidungen treffen.

Hier gibt es keinen Kompromiss, sondern nur eine Entscheidung: Die Entscheidung, einen neuen Raum zu betreten. Die Frage ist, ob beide – Svenja und Paul – in diesem Raum sein werden. Ob Platz für beide ist. Darum geht es in nahen Beziehungen mit den Menschen, die uns wichtig sind: Wir müssen Räume gestalten, in denen genug Platz für alle ist. In denen alle *sein* können. Und wir müssen unsere eigenen Räume entwickeln – das gehört zum Großwerden dazu. Sonst kommen wir in unserem eigenen Leben nicht vor.

Was sind deine Träume? Deine Visionen? Traust du dich zu träumen? Oder lebst du in den Begrenzungen eines anderen Menschen? Wer begrenzt dich?

Es geht bei Einladungen zum Wachstum nicht darum, aus Angst vor dem Aus mitzukommen. Wir dürfen diese Einladungen, die unsere Partner oder Kinder aussprechen, vielmehr gründlich überdenken und unser authentisches »Ja« oder »Nein« finden – anstatt automatisch zu antworten. Wir Erwachsene und unser erwachsenes Selbst wachsen durch das Lösen von inneren Konflikten, die aus dem nahen, emotionalen Zusammensein mit anderen Menschen entstehen. Konflikte sind Wachstumseinladungen.

Beispiel: Peter und Sonja

Peter hat bereits zwei Kinder aus seiner ersten Ehe und sich von Herzen auf ein weiteres Kind mit seiner Partnerin Sonja eingelassen. Nie hat er einen Hehl daraus gemacht, dass nur noch dieses eine weitere Kind für ihn infrage kommt. Sonja und er haben das besprochen, und Sonja konnte dem immer mit einem guten Gefühl zustimmen. Die Gründe waren ihr klar: Es ging um Finanzen, Ressourcen, und auch das Alter spielte eine Rolle. Alles war fein, besprochen und geregelt ... bis sie ihren Sohn Jonas in den Armen hielt.

»Das werde ich nur einmal erleben«, denkt sie. Damit will Sonja sich nicht abfinden, in ihr hat sich etwas verändert. Das innere Ringen beginnt: Sie hat Peter etwas versprochen, und jetzt sieht alles plötzlich ganz anders aus. Sie weiß, dass sie ein zweites Kind will. Würde Peter diesen Weg mitgehen?

Die beiden verbringen viel Zeit damit, unterschiedliche Räume gemeinsam zu betreten. Ein schmerzhafter Prozess für beide, und am Ende geht es auch hier um Entscheidungen: Um ihre Entscheidung zu unterstreichen, informiert Sonja Peter darüber, dass sie die Pille abgesetzt hat. Peter wiederum lässt Sonja wissen, dass er sich sterilisieren lassen wird.

Unser erwachsenes Leben stellt uns vor viele solcher Entscheidungen, die große Verantwortung mit sich bringen. Nirgendwo sonst werden wir so an unsere Grenzen gebracht wie innerhalb unserer Familie. Alle Paare, die wir in diesem Teil des Buches kennengelernt haben, müssen sich entscheiden. Und gerade bei schwerwiegenden Entscheidungen kann es ratsam sein, sich Unterstützung und Begleitung von außen zu holen – sofern sie von den »richtigen« Personen kommt. Das sollte ein Mensch sein, der auch unangenehme Fragen stellt, mit dir erforscht, was du denkst, und das gegebenenfalls hinterfragt.

Final aber können wir keine Entscheidung herbeireden. Wir müssen sie treffen – und die damit verbundenen Erfahrungen machen. Erst dann ist eine Kurskorrektur möglich, weil wir erst dann wirklich wissen, ob diese Entscheidung richtig war oder falsch. Und manchmal müssen wir auch lernen, mit den Konsequenzen einer Entscheidung zu leben, die nicht rückgängig gemacht werden kann. Svenja muss zum Beispiel damit umgehen, mit ihrem Café Verluste einzufahren, weil ihr die Pandemie in die Quere kommt. Sie wird vielleicht ihren Stolz überwinden und ihren Mann um Hilfe bitten müssen. Der wiederum muss sich überlegen, ob er mit Schadenfreude oder Verständnis reagieren wird.

Es ist so ungemein wichtig, in uns ein klares Ja oder ein klares Nein zu finden. Eines, das in dir entsteht, aus deinem puren Ich kommt und widerspiegelt, was du wirklich willst. Oder wirklich nicht willst. Weil es um etwas geht: Es geht um dein Leben. So entwickelt sich, wie gesagt, dein erwachsenes Selbst: durch die eigene Bestätigung. Familie, Beziehungen und die Liebe sind nichts für Feiglinge. Und wie wir uns verhalten, welche Entscheidungen wir treffen und wie wir mit den Resultaten umgehen ... all das erzieht, all das prägt.

Alte Wachstumsräume, du und ich
Kennst du dieses Phänomen, dass dir als Kind Dinge riesig vorgekommen sind – und wenn du sie als Erwachsener wiedersiehst, sind sie plötzlich viel kleiner? Sandra geht es so, wenn sie an den

Gang im Haus ihrer Großeltern denkt: Wie eine Wilde ist sie den gefühlt ewig langen Gang mit dem Dreirad hin und her gefetzt. Mit ihren erwachsenen Augen betrachtet, entpuppte er sich als ganz normaler Vorraum. Bei Jeannine ist es der lange Weg, den sie in die Volksschule hinauf- und hinunterlief und auf dem sie sich einmal so stark das Knie aufschürfte, dass die Kieselsteine im Fleisch steckten. Endlos lang musste sie laufen, und gefährlich steil war es auch. Wenn sie heute mit dem Auto dran vorbeifährt, scheint alles so nah zu sein. Beinah klein, nicht mal steil.

So ist es auch mit den Beziehungsräumen, über die wir hinauswachsen. Sie sind Teil unserer Biografie, und wir passen nicht mehr hinein. Aber so, wie wir jeden neuen Raum erobern und es für uns notwendig ist, vorher zu wachsen, wird auch ersichtlich, wieso wir unseren Kindern nicht erklären können, dass sie sich einen Raum ruhig sparen können. Wie wir, müssen auch sie Raum für Raum selbst erkunden und erobern.

Auch wenn wir uns fürchten: Wir können sie nicht vor den Räumen voller Schmerz bewahren und ihnen den Weg ins Ungewisse nicht abnehmen. Wir können ihnen nur zeigen, vorleben, wie wir es gemeistert haben. Dann müssen sie selbst wachsen, immer wieder durch ihre ganz eigene Angst gehen. Sie müssen selbst erfahren dürfen, wie das ist, sich zu fürchten. Und sie müssen erleben, wie es sich anfühlt, wenn sie mutig sind und über ihre Angst triumphieren.

> Unsere Kinder müssen selbst erleben, wie es sich anfühlt, wenn sie mutig sind und über ihre Angst triumphieren.

Unsere Räume sind nicht die ihren. Stehlen wir unseren Kindern nicht ihre altersgemäßen Erfahrungen. Schon gar nicht, um dadurch unsere eigenen Ängste zu bändigen. Lass uns ihnen beistehen, präsent sein, unsere Erfahrungen teilen, wenn wir danach gefragt werden, Stellung beziehen und vertrauen.

Wenn unser Kind einen Schritt ins Neue gehen will und wir gehen nicht mit, kann es den Schritt nicht tun. Das ist einer der großen Unterschiede in den Beziehungen zwischen Eltern und

Kindern und jenen zwischen Erwachsenen: Fürchten wir uns und begrenzen wir unsere Kinder, haben sie keine Wahl. Wir sind also eingeladen, unsere Angstgrenzen zu dehnen – bewusst und nur so weit, wie wir es können.

 Beispiel: Johanna
Meine Tochter wollte mit ihrer Freundin nach London fliegen. Ich war dazu noch nicht bereit: »Ich weiß, du willst mit deiner Freundin in den Urlaub fahren. Ich bin noch nicht so weit, ich kann dazu nicht von Herzen Ja sagen.«
Ich wollte es aber möglich machen. Unsere Lösung war, gemeinsam zu fliegen. Ich konnte mich so davon überzeugen, wie großartig meine Tochter und ihre Freundin das alles machten. So hatte ich die Sicherheit, ihr das auch allein zutrauen zu können – wo auch immer auf der Welt.

Johanna übernimmt die Verantwortung für ihre Grenze und achtet gleichzeitig die Würde und das Wollen ihrer Tochter. Kinder sprechen ständig Einladungen zum Wachstum an uns aus: das erste Mal Windeln wechseln, das erste Mal woanders schlafen (auch bei der Schwiegermutter, die wir selbst vielleicht nicht so leiden können wie unser Kind), das erste Mal allein zur Schule gehen, das erste Ausgehen abends, das erste Mal beim Schwarm übernachten …

Schicksalhaftes Wachstum
Manchmal werden wir von Ereignissen, die wir nicht beeinflussen können, aufgefordert zu wachsen. Fehlgeburten, Unfälle, Krankheiten, der Tod … Dinge, die außerhalb unserer Kontrolle liegen: Da öffnet sich eine neue Tür. Noch bevor wir mitbekommen, was hier eigentlich geschieht, werden wir vom Schicksal hineingestoßen. Von einer auf die andere Sekunde befinden wir uns in einem völlig neuen, unbekannten Raum. Wir hatten nicht die Wahl, wir

konnten nicht überlegen, ob wir so weit sind. Womöglich ist es ein Raum, den wir niemals betreten wollten: Niemals wollten wir erfahren, wie es ist, einen geliebten Menschen zu vermissen, dem Tod ins Auge zu blicken oder den Job zu verlieren. Und auch in diesen Räumen finden Menschen sich immer wieder irgendwie zurecht. Wir sind in der Lage, unglaubliche Anpassungsleistungen zu vollbringen. Oftmals sind es der Schmerz und das Leiden, die uns einen Grund dazu geben, unser Leben zu erforschen. Und das birgt eine große Chance auf Heilung und Wachstum in sich.

Vielleicht weißt du ja genau, wovon wir sprechen. Weil du als Kind, als Elternteil oder als Frau oder Mann durch schwere Zeiten gegangen bist oder weil ihr als Eltern viel miteinander geschafft und bewältigt habt. Wie ist dein Erleben, dass es ein »Durch-die-Angst-Gehen« und ein Leben nach der Angst gibt?

Eine Mutter hat mit uns ihr persönliches schicksalhaftes Wachstum geteilt – ihren Umgang mit der Krebsdiagnose der damals drei Wochen alten Tochter und die Zeit im Krankenhaus (das Mädchen ist heute fünfzehn Jahre alt und gesund):

Beispiel: Krebsdiagnose

Wenn du so eine Nachricht bekommst, dann zieht es dir den Boden unter den Füßen weg. Man fragt sich vielleicht nach dem Warum, aber genau diese Frage hilft nicht weiter, hat mir nicht weitergeholfen. Es war für mich total wichtig, das im Hier und Jetzt einfach anzunehmen, da ich schließlich nichts an der Situation verändern konnte und deshalb meine Energie in die Bewältigung dieser herausfordernden Situation steckte.

Einfach war das nicht. Aber es funktionierte, auch wenn man es sich vorher nie vorstellen konnte, dass man so was jemals schaffen würde. Wir schaffen einfach viel, viel mehr, als wir uns vorstellen können, wenn es notwendig ist.

Für mich war das Wichtigste, aus der Opferrolle herauszugehen und im Augenblick zu leben. Die schönen Momente genauso wie die traurigen zu erleben und in alle Gefühle hineinzugehen, in die Höhen und in die Tiefen. Das war für mich wichtig, auch wenn das mein Mann anders gemacht hat. Ich habe mir aus dieser Zeit beizubehalten versucht, im Hier und Jetzt zu leben und mir genau die Gedanken daran immer wieder herzuholen. Denn wenn ich im Hamsterrad drinnen bin und nur mehr funktioniere, vergesse ich sonst leicht, im Hier und Jetzt zu leben. Besonders in einer über alle Maßen herausfordernden Situation hilft es mir immer wieder, nur den nächsten Schritt zu tun und nicht zu weit nach vorn zu blicken, weil mich sonst die Situation überfordern und verzweifeln lassen würde.

Als Paar ... Jeder ist sehr stark für sich mit der Sache umgegangen. Ich habe mich manchmal ein bisschen allein gefühlt. Wobei mein Mann das nicht so erlebt hat [...].

Angst im Leben habe ich viel, viel weniger seither, weil: Das Leben ist einfach lebensgefährlich, und solche Situationen bringen uns mit der eigenen Endlichkeit unseres Lebens in Verbindung, was das Leben im Moment wiederum viel kostbarer macht.

Wenn du selbst bereits mit schicksalhaftem Wachstum konfrontiert warst, möchten wir dich einladen, mit diesen Fragen für dich zu reflektieren:
- Was war in der Situation die größte Herausforderung?
- Was hat dir in dieser Zeit geholfen? Wer oder was hat dir den Rücken gestärkt?
- Was war in der Zeit absolut hinderlich und welcher Rat alles andere als hilfreich?
- Wie hat sich deine Einstellung zur Angst, zu Krankheit oder zum Tod verändert?
- Wenn du Eltern in Angst und Sorge etwas mitgeben könntest, was wäre das?
- Wie geht es dir heute? Wie sieht dein »Danach« aus?

Zeit aufzuräumen:
Ich lebe meine Integrität

Integrität meint den Mut, das für dich Richtige zu tun und dir treu zu bleiben, auch bei Gegenwind und nicht nur bei Sonnenschein, wenn es leichtfällt. Ein integrer Mensch ist vertrauenswürdig: Er spielt keine Rollen, sondern ist und bleibt er selbst. Man kann sich auf ihn verlassen. Er steht für sich ein und für das, woran er glaubt und was ihm wichtig ist.

Wenn wir unsere Integrität leben, erfahren wir eine große Stärke, die immer schon in uns war. Wir empfinden innere Ruhe und Klarheit. Es ist ein echtes Richtig- und Im-Einklang-Sein, das uns befähigt, ehrlich und aufrichtig zu lieben. Integrität ermöglicht eine gelebte, unserem Wesenskern entspringende, friedliche Haltung, die sowohl Individualität als auch tiefe Verbundenheit erlaubt – zwei fundamentale menschliche Bedürfnisse. Integre Mütter/Väter vermitteln ihrem Kind mit der Art und Weise, wie sie in der Welt sind:

>»Wir sind zwei voneinander getrennte Wesen. Du bist dein eigener Mensch. Wir beide dürfen ganz sein: Keiner muss sich verbiegen, damit wir in Beziehung sein können. Ich lebe dir vor, was es heißt, gemäß der eigenen Wahrheit zu handeln. Du bist sicher und geliebt. Auch dann, wenn deine Wünsche, Ansichten, Meinungen und Handlungen sich von meinen oder dem, was ich denke und tun würde, unterscheiden. Ich bin dein Leuchtturm, bei dem du Orientierung suchen kannst, wenn du sie brauchst. Ich bin hier. Du kannst dich auf mich verlassen.«

Dazugehören: Der Verrat an deinem Wesenskern

 Beispiel: Sophie

Sophie, die du bereits kennengelernt hast, hat sich mit ihrer Entscheidung, für sich selbst einzustehen, einem neuen Prozess hingegeben. Dieser bedarf der Wiederentdeckung oder zumindest der Schärfung ihrer Integrität. Auf die hat sie nämlich, vor allem in der letzten Zeit, nicht gehört. Dieses Stechen in der Brust, der Druck auf dem Herzen, die sperrige Atmung: ein ungutes Körpergefühl, das sie immer öfter ereilt; und irgendwo im Hinterkopf doch das Wissen, dass sie anderen zuliebe ständig ihre eigenen Grenzen überschritten hat. Das will sie nicht mehr.

Wenn wir nun vom Wiederentdecken oder Finden der eigenen Integrität sprechen, dann müssen wir ja davon ausgehen, dass wir sie irgendwann einmal verloren haben. Oder dass sie irgendwo, irgendwie verschüttet liegt. Wie kam es dazu? Für ein Baby beispielsweise bedeutet, allein gelassen zu werden, sozial zu verkümmern, schwer traumatisiert zu werden oder den Tod. Daran ändert sich im Laufe unseres Lebens wenig: Wir alle brauchen andere Menschen in einem gewissen Ausmaß. Der Gedanke daran, ausgeschlossen oder abgewiesen zu werden und allein zu sein, macht Angst. Hinzu kommen für sehr viele heute Erwachsene – vielleicht ja auch für dich – die Erfahrungen, die sie in ihrer Kindheit gemacht haben.

Wenn Sophie zum Beispiel etwas anderes wollte als ihre Mutter, wurde sie ausgeschlossen. Sie wurde schlicht ignoriert. Von einer der Personen, die am allerwichtigsten für sie waren. Kinder mit Liebesentzug oder Ignoranz zu bestrafen ist ein sehr wirksames Mittel, um sie schwer zu verletzen. Es ist eine »weiße Folter«, die keine sichtbaren Spuren hinterlässt, sondern langfristig auf die Psyche eines Menschen einwirkt. Das prägt.

Unser Gehirn sammelt permanent Informationen. Das beginnt

bereits, bevor wir geboren werden. Erleben wir immer wieder Ausgrenzung, wenn wir zu dem stehen, was für uns richtig ist, brennt sich entsprechend auch das ein. Das Hirn lernt: »Handle ich meiner eigenen Wahrheit gemäß und passe ich mich meinem Umfeld nicht an, gehe ich ein großes Risiko ein. Es könnte wieder wehtun.« Wir wollen – als die aufs soziale Umfeld angewiesenen Schmerzflüchter, die wir sind – den Schmerz verhindern und beginnen, zu antizipieren: »Wie muss ich reagieren, um dieses Ausgeschlossenwerden zu vermeiden? Welche Reaktion ist von meinem Umfeld gewünscht?« Kinder tun dies, um in ihrer Familie zu überleben. Ein natürlicher Instinkt, der für größtmögliche Sicherheit sorgen soll.

Wir verbiegen uns weiterhin, wie wir es als Kinder taten, um geliebt zu werden und dazuzugehören. Manchmal passiert das in sehr subtiler Form: Es genügt schon, wenn wir glauben, was andere sagen, und dem Urteil anderer über uns mehr Gewicht geben als unserem eigenen. Wenn Sophie beispielsweise glaubt, sie sei eine schlechte (Haus)frau und Mutter – gemäß der Beurteilung ihrer eigenen Mutter. Infolge unserer Angst oder weil wir ihr entkommen wollen, leben wir ein ungesundes Angepasstsein, auch wenn unser Bauchgefühl uns eigentlich flüstert, das Gegenteil sei richtig. Unsere Handlungen werden diktiert von einer vorgestellten Reaktion unserer Mitmenschen. Einem angstbeladenen »Was wäre, wenn …?«. Schon geht unser Gehirn auf Reisen, driftet ab in die wildesten Horrorszenarien.

Aus Angst entscheiden wir uns fürs Verbiegen, Gefallenlassen, Bücken, Schönreden, Wegsehen. Wir verraten unsere Integrität. Dieser Verrat kann nicht nur belasten, sondern auch krank machen. Erinnere dich: Das Verleugnen der eigenen Wahrheit und Wahrnehmung ist eine häufige Ursache für Angstzustände bis hin zu Panik.

Wir müssen uns darüber im Klaren sein, dass wir immer einen Preis zahlen. Ja, auch um dazuzugehören, wenn dies unserer Integrität widerspricht. Das macht mehr als unglücklich. Über kurz oder lang bezahlen wir mit unserem Sein. Wir bezahlen mit dem, was eigentlich in uns und durch uns leben wollen würde: mit unserem Wesenskern. Dieser Preis ist enorm hoch.

Die Überzeugung, dass wir denken, sagen und tun müssen, was andere Menschen wollen oder was ihnen ein »gutes Gefühl« gibt, ist tief verwurzelt in unserem Gehirn. Ein lang einstudierter Tanz, der dich vergessen lässt, dass du erwachsen bist und die Choreografie ändern kannst.

Wenn du für dich beschließt, deine Integrität zurückzuerobern, und mutig ein neues Handeln erforschst, wirst du wieder mit dieser leisen, dir wohlgesinnten Stimme in Kontakt kommen. Sie ist immer noch in dir, und wir sind uns sicher, du hörst oder spürst sie auch. Zumindest ab und zu. Vielleicht ganz leise, nur sanft – vielleicht auch recht deutlich. Du wirst auf jeden Fall lernen, sie besser zu hören oder besser auf sie zu hören. Je nachdem, was auf dich zutrifft. Und du beginnst, wieder zu tun, was ihr – deiner Integrität – entspricht. Was *dir* wirklich entspricht. Hörst du auf deine innere Stimme, wird es stimmig.

Wie schon in den Wachstumskreisen beschrieben, wird das zunächst auch unangenehm sein: Die eigene Wahrheit zu leben kann Angst machen. Wir müssen aus altbekannten und automatischen Handlungsmustern aussteigen. In der Sekunde kann dich das absolut fertig machen, verunsichern und dich einiges an Kraft kosten. Sagst du: »Ich kann das nicht«, dann frag dich: »Will ich es lernen?« Deine neue, eigene Choreografie einzustudieren wird mit Stolpern, Hinfallen, Muskelkater und vielleicht Fluchen einhergehen. Aber irgendwann ist es dann gut. Endlich richtig gut. Es ist dann ruhig in dir: Du bist »zu-frieden«, ohne fahlen Beigeschmack.

Lauschen lernen: Wie deine innere Stimme zu dir spricht

Wie ein wahrhaft »Selbst-gerechtes« Leben aussehen kann, wurde vielen von uns nicht vorgelebt. Wir betreten also Neuland, das es erst zu erforschen gilt und auf dem wir eingeladen sind, unsere Ängste zu überwinden. Dazu musst du dich immer wieder achtsam und bewusst mit dem Hier und Jetzt verbinden und darfst dich nicht vom Dort und Damals verwirren lassen. Deine Integrität wohnt in der Gegenwart – deshalb kannst du nur in jeder einzelnen, präsenten Sekunde in sie hineintauchen. Jetzt. Und jetzt. Und wieder jetzt.

Wie deine ersten Schritte auf diesem Weg aussehen können, möchten wir dir im Folgenden zeigen: Eine Möglichkeit, in dich hineinzuspüren und den Ort in dir zu finden, wo dein »Ja« und dein »Nein« aus vollem Herzen wohnen, und entsprechend deinen eigenen Vorstellungen zu leben. Deine Wahrheit zu leben, öffnet eine neue Welt: dein Freisein.

> Deine Wahrheit zu leben, öffnet eine gänzlich neue Welt: dein Freisein.

Manchmal *weißt* du, was du tun solltest. Oder sagen wir, du glaubst zumindest, es zu wissen. Und manchmal *spürst* du es, richtig? Hier konkurrieren, einfach und bildlich gesprochen, deine zwei verschiedenen Gehirne: das *denkende* und das *fühlende* Gehirn. Ein rationaler Teil, der analysiert, bewertet, Argumente gegeneinander aufwiegt und Optionen auslotet. Und ein emotionaler Teil, der deine Emotionen repräsentiert, deine Impulse, Intuition und Instinkte. Und nicht das denkende, sondern das fühlende Gehirn sitzt am Steuer.

Das denkende hat tatsächlich manchmal seine liebe Not, irgendwie Einfluss zu nehmen. Da kann es noch so oft sagen: »Hey, fühlendes Gehirn, schau dich doch um. Es ist jetzt gerade alles gut. Wir liegen im Bett nach einem anstrengenden Tag und können entspannen. Unsere Lieben sind gesund und schlafen schon neben uns. Es gibt im Moment keinen Grund, so unruhig zu sein. Fürchte dich nicht. Du bist doch nicht umgeben von Klapperschlangen!« Und was macht das fühlende Gehirn? Es zieht die Decke über den Kopf, drückt die Zehen ganz nah an die Pobacken, damit niemand danach schnappt, und zittert weiter.

Unsere Emotionen sind mächtige Triebfedern. Daher ist das Bewusstsein so wichtig, wenn wir unsere Beziehungen und unser Leben gestalten wollen. Marc Manson hat die zwei Gehirne, die nicht sehr gut darin sind, miteinander zu kommunizieren, treffend beschrieben: Während das denkende Gehirn die Ausgaben vom letzten Monat kontrolliert und berechnet, wie viel du dir dieses Jahr noch leisten darfst, ohne dich zu verschulden, will das fühlende Gehirn auf der Stelle alles verkaufen, die Familie unter den Arm packen und in die Karibik auswandern. Während das denkende Gehirn ausschließlich im Kopf sitzt, erfasst das fühlende Gehirn unseren ganzen Körper: all seine Weisheit und auch die nicht so »hellen« Körpermomente.[76]

Angst ist nichts, was unser Gehirn erfindet. Sie passiert im Körper. Auch integres Handeln ist nicht Denken und Argumentieren, sondern Spüren. Es geht also nicht um Logik und nachvollziehbare Erklärungen, sondern ums Fühlen. Deshalb bezeichnen viele dieses innere Gefühl von Einklang und Stimmigkeit – ihre Integrität – auch als »Bauchgefühl«. Den Unterschied macht, dass wir dieses Spüren unseres inneren Kompasses in bewusste Handlungen umsetzen. Die Energie schwirrt nicht irgendwo herum und geht verloren, sondern wir bündeln und nutzen sie.

Übung: Den Integritätssinn schärfen

Du hast in diesem Buch schon so viel über die Verbindung mit deinem Körper gelesen und sie schon an allen möglichen Ecken und Enden gespürt, wenn du diverse Übungen ausprobiert und dich auf die Inhalte eingelassen hast. Auch hier kommen wir nicht darum herum. Es steht und fällt so vieles mit unserem nicht oder schon vorhandenen Körperbewusstsein. So auch, ob wir wieder mit unserem »Integritätssinn«[77] in Kontakt kommen – oder eben nicht.

Integrität ist, wenn man so will, eine *sinnliche* Erfahrung: Wenn wir lügen, gibt es darauf eine körperliche Reaktion. Das haben mittlerweile zahlreiche Studien belegt und gilt quasi als Allgemeinwissen.[78] Genau dasselbe trifft zu, wenn du etwas tust, was deiner Integrität widerspricht! Also dich selbst anlügst. Auch hier reagiert der Körper.[79]

> Integrität ist eine *sinnliche* Erfahrung.

Willst du deiner Integrität auf die Spur kommen, gilt es, dieses Gefühl von absoluter Übereinstimmung in deinem Körper wahrzunehmen und dir einzuprägen: Wie fühlt es sich an, wenn du aus deiner Integrität gehandelt hast? Und wie, wenn du nicht auf sie gehört hast? Gelingt es, dir diese unterschiedlichen Empfindungen und Zustände bewusst zu machen, kannst du deinen Integritätssinn trainieren.

Schritt 1

Um in Kontakt mit dem eigenen Integritätssinn zu kommen, stellt Martha Beck in ihrem Arbeitsbuch *The Integrity Cleanse* die Empfindungen gegenüber, die aufkommen, wenn du gemäß oder entgegen deiner Integrität handelst.[80] Ihr Ansatz hat uns zu dieser Übung inspiriert, bei der das körperliche Erspüren deiner Integrität im Zentrum steht.

Denk dafür zunächst an verschiedene Situationen in deinem Leben, in denen sich eine Entscheidung oder eine Handlung richtig beziehungsweise nicht richtig angefühlt hat, und schreibe jeweils ein Beispiel in deinem Notizbuch oder auf einem Blatt Papier nieder. Hast du deine Beispielsituationen auf dem Papier vor dir, folgt der nächste Schritt, wo du wieder bewusst in dich hinein spürst.

Aber alles der Reihe nach: Um deine persönliche »Spürliste« vorzubereiten, könntest du beispielsweise an einen Moment denken, in dem du einer Freundin einen Gefallen getan hast und das in dir stimmig war – und danach an eine Begebenheit, bei der du ebenso hilfsbereit warst, sich aber etwas in dir gesträubt hat. Weil sich das »Ja« zum anderen in Wahrheit wie ein »Nein« zu dir selbst angefühlt hat. Gab es in deinem Leben bereits solche oder ähnliche Situationen? Schreib sie auf. Auch, wenn es dir unangenehm ist, dir einzugestehen, dass es sich für dich besser angefühlt hätte, nicht zu helfen. Denk an Momente, in denen du dich zu etwas hast überreden lassen. Oder an Begebenheiten, in denen du stumm geblieben bist, obwohl alles in dir geschrien hat: »Nun sag doch endlich, was du dir eigentlich denkst!« Gibt es die? Wenn ja, schreib eine davon auf und stelle ihr eine andere gegenüber, wo du dich rausgehalten hast aus einer Angelegenheit und das für dich komplett in Ordnung und richtig war.

Fülle deine Liste mit diesen Gegenüberstellungen, und geh dann weiter zum nächsten Schritt dieser Übung.

Schritt 2: Wie Integrität sich nicht anfühlt
Wenn du Beispiele gefunden hast, lies dir deine Antworten zu den Situationen, in denen dein Verhalten sich für dich nicht richtig angefühlt hat, nochmals in Ruhe durch.

Nimm wahr, was sich in deinem Körper tut. Wie fühlst du dich? Was verändert sich? Mach einen kleinen Scan: Beobachte, was in deinem Körper passiert. Verändert sich deine Atmung? Hast du weniger Raum in deinem Körper für die frische Luft zur Verfügung? Hast du einen Frosch im Hals oder einen Knoten im Magen? Sind deine Muskeln angespannt? Wie ist es mit den Muskeln in deinem Gesicht oder deinem Kiefer? Sind sie starr? Wie geht es dir?

Nach dieser Bestandsaufnahme notier die Wörter, die dir in den Sinn kommen, um den Zustand zu beschreiben, den du empfindest, wenn du nicht gemäß deiner Integrität handelst (etwa in den Kreisen wie in der folgenden Abbildung dargestellt).

Schritt 3: Wie Integrität sich anfühlt
Wiederhol diesen Vorgang nun für jene Ereignisse, in denen sich deine Handlungen richtig und für dich stimmig angefühlt haben. Fühl dich wiederum in Ruhe ein, scanne deinen Körper nach Reaktionen ab. Nimm hierfür die Fragen aus dem vorherigen Schritt zur Hand. Beobachte wieder aufmerksam, und nimm wahr, was sich in deinem Inneren tut.

Notier nun die Worte, die dir in den Sinn kommen, um deinen Zustand zu beschreiben, und die Empfindungen, die du wahrnimmst, wenn du gemäß deiner Integrität handelst.

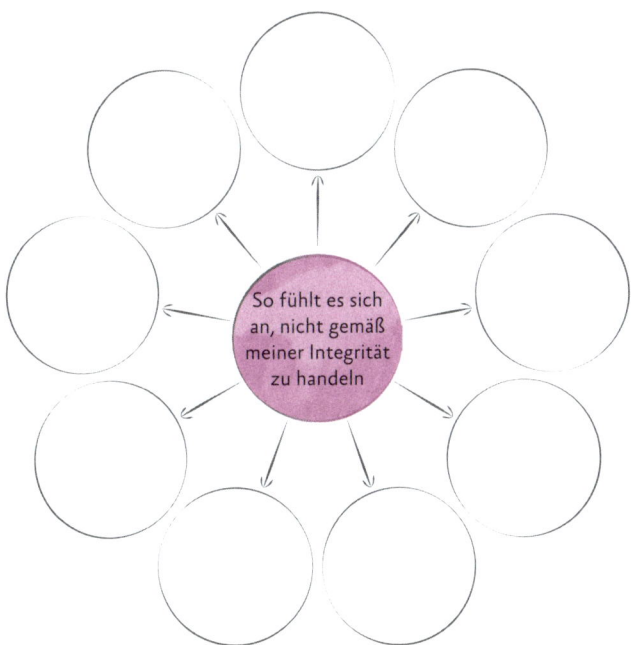

Ordne die verschiedenen Körperempfindungen ein, und lern so nach und nach den Unterschied kennen: Nur wenn du spürst, was deiner Wahrheit entspricht und wann du dich verbiegst, kannst du deine Integrität als deinen inneren Kompass nutzen.

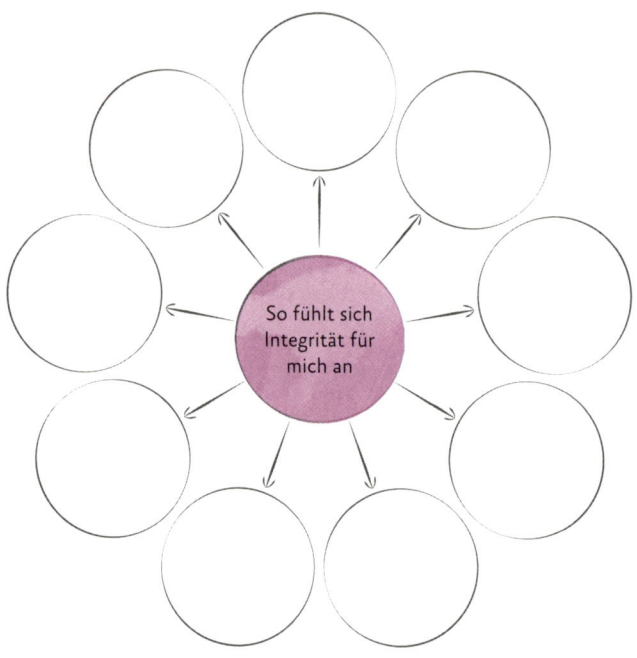

Einen guten Anfang hast du mit dieser Übung gemacht. Vielleicht möchtest du eine Zeit lang ein »Integritätstagebuch« führen, in dem du zum Beispiel abends noch einmal deinen Tag und die Begegnungen mit anderen Menschen, deine Gespräche und Handlungen Revue passieren lässt und dir Notizen dazu machst, wie du dich dabei gefühlt hast. Warst du integer, oder bist du von deinem Pfad abgekommen? Wann war es gut? Wann nicht stimmig? So wirst du nach und nach vertrauter mit deinem »Bauchgefühl« und über kurz oder lang wird es wieder dein ganz persönliches, auf dein Inneres abgestimmtes, Werkzeug.

Ich atme.
Ich erlaube meinem Körper, zu spüren.
Ich nehme wahr, was ist.
Ich handle mir gemäß.

Dein Ja und dein Nein aus vollem Herzen

Für ein »Ganzkörper-Ja« oder auch ein »Ganzkörper-Nein« müssen drei Komponenten im Einklang sein: deine Instinkte, deine Gedanken und deine Handlungen.[81] Dein Instinkt ist dieses erdige, ureigene Wissen tief in dir drinnen. Deine Gedanken meinen die Bilder, die in deinem Geist ablaufen, wenn du dir deine Entscheidung vorstellst und versuchst, logisch zu überlegen und zu argumentieren, warum sie für dich richtig ist. Und deine Handlungen sind eben das, was du dann letzten Endes tust. Passt eines von den dreien nicht zu den anderen, sind wir in einem Zwiespalt. Ein Teil von uns sagt Ja, ein anderer aber Nein. Wir sind also beim »Jein« – und so fühlt es sich an: halbherzig. Umgekehrt spürst du aber auch, wenn deine Instinkte, deine Gedanken und Handlungen gänzlich übereinstimmen, wenn es keine innere Verwirrung gibt, sondern nur Klarheit herrscht. Dann fällt das Ja oder das Nein aus vollem Herzen. Es ist stimmig in deinem Körper. Das Hinspüren zu deinem Integritätssinn verrät dir: »Es passt genau so.« Wann immer du dich für eine Sache entscheidest, die sich nicht komplett richtig für dich anfühlt, bist du dir »un-eins«. Zum Beispiel: Mein letztes Jein war, als ich …

- zugestimmt habe, mit meinem Mann abends noch einen Film anzusehen, obwohl ich todmüde war und am nächsten Tag früh raus musste.
- mit meinem Sohn »Auto« gespielt habe. Ich hasse es, mit Autos zu spielen.
- meine Eltern besucht habe, obwohl ich lieber zu Hause geblieben wäre.
- noch ein Stück Kuchen von Oma gegessen habe, obwohl ich schon satt war.

Nach einem Jein bist du immer schlecht gelaunt. Entweder du bist sauer auf deinen Mann, deine Kinder oder sonst jemanden (Schuld) oder auf dich selbst (Verantwortung). Ist es für dich normal, bei Entscheidungen einen inneren Konflikt zu haben und so gut wie nie Ja oder Nein aus vollem Herzen zu sagen, weil ständig irgendwelche konkurrierenden Gedanken, schädliche fixe Ideen oder Wertekämpfe in deinem Inneren ablaufen, ist das zermürbend. Im besten Fall. Es gilt also auch dann, dich an deinem Integritätssinn zu orientieren und gegenzuchecken. Es kann aber auch sein, dass dein Ego einiges daransetzt, dir einen Strich durch die Rechnung zu machen. Schließlich mag es Veränderungen überhaupt nicht. Weißt du das, kannst du auch unangenehme Gefühle, die bei deiner Entscheidungsfindung entstehen, besser einschätzen.

Wenn du das nächste Mal mit einer Entscheidung konfrontiert bist, die kein klares Ja oder Nein zulässt, frag dich: »Wie würde ich mich entscheiden, wenn es keine Gründe gäbe, welche gegen die Entscheidung sprechen, die ich *eigentlich* gern treffen würde? Was würde ich tun, wenn ich keine Angst hätte?«[82]

Du kannst auch all die Gründe niederschreiben, die dich daran hindern, die Entscheidung zu treffen, die du eigentlich gern treffen würdest, und dann deinen Körper befragen: Was sagt er dazu? Eines der größten Geschenke, die du dir selbst machen kannst, ist, dir für Entscheidungen Zeit zu nehmen. In Ruhe hast du die Möglichkeit, in dich hineinzuspüren. Die eigene Integrität wieder zu hören, sie nach und nach wahrzunehmen und deinen Integritätssinn zu trainieren – das dauert. Und noch mal länger kann es dauern, bis du dieses Gefühl von Richtig und Falsch in deinem Alltag einfach so abrufen kannst.

Das nächste Mal, wenn dein Kind dich um etwas bittet oder dein Partner dich etwas fragt: Befrag zunächst einmal deinen Integritätssinn, bevor du antwortest. Hör hin, was er flüstert. Wir wünschen dir viele neue Erkenntnisse beim Spüren und Ausleben deines »Ganzkörper-Ja« und deines »Ganzkörper-Nein«.

Beziehungen gestalten mit meiner Integrität als Kompass

Deinen neugewonnenen Integritätssinn kannst du nutzen, um verschiedene Bereiche deines Lebens aufzuräumen. Glaubenssätze, Werte, Entscheidungen, Beziehungen – alldem haben wir uns im Laufe des Buchs bereits gewidmet.

Beispiel: Susanne

Als ich noch klein war, war es meinen Eltern sehr wichtig, dass ich sie auf den Mund küsse. Morgens und abends und auch tagsüber, wenn jemand außer Haus gewesen und wieder heimgekommen war. Ich wollte das nicht. Es war ein ganz klares »Nein«. Heute weiß ich nicht mehr, warum, aber ich habe noch genau im Gefühl, wie es für mich war, das trotzdem zu tun.

Weigerte ich mich, sahen mich meine Eltern immer sehr traurig an. Ich fühlte mich furchtbar. Ich erinnere mich, dass meine Mutter sagte: »Schau mal, wie du Papa traurig machst. Er hat dich so lieb. Nun gib ihm doch den Kuss!« Und ich tat es, weil es mich innerlich zerriss. Natürlich wollte ich meine Eltern nicht traurig machen. So ging ich über meine Grenzen, missachtete meine Integrität, damit meine Eltern nicht »traurig« waren.

Als ich dieses Thema mit meiner Therapeutin aufzuarbeiten begann, entdeckte ich verschüttete alte Wut und auch versteckten Ekel. Ich schämte mich für diese Gefühle. Stelle ich mir aber heute vor, mich meinen Kindern gegenüber so zu verhalten, wie meine Eltern es taten, wird es in meinem Kopf ganz wirr. Das Bild, das sich mir bei der Vorstellung bietet, ist so verdreht und verkehrt. Nein, ich würde den Kuss von ihnen nicht wollen, wenn sie ihn nicht von sich aus geben möchten!

Neben der alten Wut, die im Zuge meiner Therapie hochkam, stellte ich mit Entsetzen fest, dass ich meine Eltern nach wie vor mit einem Kuss auf den Mund begrüßte. Immer noch, auch mit meinen 35 Jahren! Da musste ich mich zunächst einmal fassen. Ich kam zu dem Entschluss, das nicht mehr länger zu machen.

Als ich bei der nächsten Gelegenheit das Gespräch mit meinen Eltern suchte, dachte ich, ich müsse sterben. Mein Herz klopfte so wild und stark, mein Körper zitterte, mein Kopf pochte im Rhythmus meines Herzens. Ich konnte vor Nervosität kaum atmen. Während ich meine Sätze formulierte und meinen Eltern mitteilte, dass ich sie nicht mehr auf den Mund küssen würde, wenn wir uns sähen, nahm ich all die Empfindungen bewusst wahr. Einmal sagte ich sogar zwischendurch: »Puh, ich habe so starkes Herzklopfen. Das ist nicht leicht für mich.«

Ich merkte, wie zwei gegenteilige Kräfte in mir arbeiteten, mit aller Macht: einmal meine Integrität, die um ihren Platz kämpfte und darum, von mir endlich gehört zu werden, und einmal auch diese kindliche, ängstliche Stimme, die mir weismachen wollte, dass ich doch meine Eltern nicht so verletzen *dürfte:* »Nach allem, was sie für dich getan haben! Zeigst du so etwa deine Dankbarkeit?«

Es war grauenhaft. Und ich habe es überlebt. Ich habe auch die Reaktionen meiner Eltern überlebt. Mein Vater, der die Welt nicht mehr verstand und mir sagte, dass es ihm leidtue. Ehrliches Überraschen in seinem Gesicht, und auch sehr nachdenklich war er. Und meine Mutter auf der anderen Seite, die in einer eher ablehnenden Haltung meinte, sie könne sich an all das gar nicht erinnern. Es war sehr schwer für mich, ihre Reaktion einzuordnen.

Nun ... Ich habe es überstanden. Es war der Beginn meiner Reise zu einem Leben in Integrität. Es ist nicht immer leicht, aber ich fühle mich besser. Auch wenn es schwierig sein kann, wenn Menschen sich durch meine Integrität angegriffen fühlen, obwohl ich weiß, dass sie wissen und spüren, dass ich ihnen nichts Böses will. Ich habe Seiten entdeckt an anderen Nahestehenden, die mir nicht gefallen. Die mich auch enttäuschen, weil ich nun sehe, dass sie nicht ganz so sind, wie ich immer dachte. Ich sehe klarer.

Lebe ich in meiner Integrität, so tue ich das immer für mich und niemals gegen jemand anders. Es ist manchmal schwer. Und es lohnt sich. Puh, jetzt muss ich tief durchatmen.

Was du womöglich selbst erfahren wirst, wenn du beginnst, gemäß deiner Integrität zu handeln, oder vielleicht schon weißt, wenn du es bereits tust: Das mögen nicht all unsere Mitmenschen. Das missfällt auch. Eigentlich eine krasse Sache, wenn wir uns ins Bewusstsein rufen, dass es gesund, gut und wohltuend für jeden Menschen auf der Welt wäre zu tun, was seiner innersten Wahrheit entspricht. Integrität ist immer gut: Sie ist niemals *gegen* jemand anders, sondern immer *für* dich. Wenn ein Mensch, der uns nahesteht, nun etwas dagegen hat, dass wir demgemäß handeln: Wie meint er es denn dann mit uns? Hat er unser Wohlergehen im Blick, oder kommt das Missfallen aus einer egoistischen Ecke? Fürchtet die Person sich? Integrität mag kein unehrliches, schmerzendes Verhalten.

Direkt in einer Situation kann integres Handeln sich auch nicht gut anfühlen, und selbst danach muss sich nicht unmittelbar Erleichterung bei dir einstellen, zum Beispiel wenn du dich gegen die Erfüllung eines Wunschs deines Kindes, deines Partners, eines Elternteils oder einer anderen dir wichtigen Person entschieden hast. Weil du dich nun schuldig fühlst. Oder undankbar. Und auch wenn dein Gegenüber »nur« enttäuscht ist: Wir können es nicht gut ertragen (sofern wir nicht darauf stehen, wenn es anderen schlecht geht), unseren Nächsten irgendein schlechtes Gefühl zu vermitteln. Und manchmal kommen wir nicht drum herum. Susanne fällt es nicht leicht, ihre Eltern zu konfrontieren. Und doch ist es für sie richtig und wichtig.

Oder denk an Svenja und Paul beim Beispiel zu den Wachstumskreisen im Abschnitt »›Falsche‹ Wachstumskreise und große Entscheidungen«: Sie enttäuscht ihn nicht gern, muss aber einstehen für sich und das, was sie will und braucht. Genauso kann es uns schwerfallen, uns selbst gegenüber einzugestehen, dass wir nicht gern Rollenspiele spielen mit unseren Kindern. Vor allem dann, wenn wir meinen, dass eine »gute« Mutter genau das aber hingebungsvoll und stundenlang zu tun hat. Vielleicht birgt es dann auch eine Enttäuschung für unser Kind in sich, wenn wir ihm genau diese Wahrheit zumuten, indem wir sagen: »Ich will heute nicht mit dir und den Puppen spielen. Sehr gern basteln wir etwas gemeinsam oder gehen auf den Spielplatz. Willst du etwas davon machen?«

Es kann Angst machen, etwas zu tun, was für dich richtig ist, wenn da gleichzeitig auch von irgendeiner Seite Druck kommt. Egal, ob vom sozialen Umfeld oder von deinen eigenen alten, inneren Überzeugungen. »People Pleaser«, also Menschen, die Bedürfnisse und das Glück anderer chronisch vor ihr eigenes stellen, kennen das nur zu gut. Und das ist nicht Liebe. In der Liebe nehmen wir den anderen ernst und wichtig – genauso ernst und wichtig wie uns selbst.

Für sich selbst einzustehen kann sich wie der unmittelbare Tod anfühlen. Es ist mitunter ein beschwerlicher Weg hin zu einer integren Haltung und entsprechenden Handlungen ... aber einer, den man gehen kann!

Es ist möglich, Menschen zu lieben, die sich dir gegenüber nicht angemessen verhalten, während du gleichzeitig bei dir und integer bleibst. Du gestaltest auch solche Beziehungen nun bewusster. Weil du auf dich hörst und so im Einklang mit dem lebst, was für dich richtig ist. So kannst du achtsam Nähe und Distanz regeln und dich immer wieder nach deiner Integrität ausrichten. Und vielleicht stellst du dabei fest, dass du manche Menschen ehrlich lieber magst, wenn sie weniger Platz in deinem Leben bekommen.

Übung: Wunsch und Realität, Nähe und Abstand
Hier wollen wir dir noch ein weiteres Werkzeug zur Hand geben. Es wird dir dabei helfen herauszufinden, mit welchen Menschen du eine nahe Beziehung möchtest und bei wem dir mehr Abstand lieber wäre. Befragst du hier deinen Integritätssinn, stellst du vielleicht fest, dass dir Menschen in deinem Alltag nahe sind, bei denen dir mehr Abstand guttun würde – oder umgekehrt.

Du hast vielleicht schon einmal den Satz gehört: Du bist die Summe der Menschen, mit denen du die meiste Zeit verbringst. Was macht die Aussage mit dir, wenn du mal darüber nachdenkst, wer diese Menschen in deinem Fall sind?

Das Ziel hier ist nun, die Menschen zu benennen, deren Meinung dir am wichtigsten ist und mit denen du viel Zeit verbringst. Um dann herauszufinden, wie eure Beziehung aussähe, wenn du dich von deiner Integrität leiten ließest. Halt für dich bitte fest, wer diese Menschen in deinem Leben sind.

Im nächsten Schritt wirst du ermitteln, ob du mit diesen Menschen auch die Nähe oder den Abstand in eurer Beziehung lebst, der dir *eigentlich* angenehm wäre.[83] Du vergleichst also den Ist- (2) mit dem Wunschzustand (1) und siehst die Unterschiede schwarz auf weiß vor dir.

Überleg es dir für jede einzelne der Personen und vergib dabei mindestens 0 (kein/nie/gar nicht) bis maximal 3 (alles/immer/sehr viel) Punkte:

- (1) Wie viel Zeit willst du mit diesem Menschen verbringen?
  (2) Wie viel Zeit verbringst du mit diesem Menschen?

- (1) Wie viel möchtest du diesem Menschen von dir erzählen?
  (2) Wie viel erzählst du diesem Menschen von dir?

- (1) Wie oft darf dieser Mensch dich berühren? Wie nah darf er dir körperlich sein?
 (2) Wie oft berührt dich dieser Mensch? Wie nah ist er dir körperlich?
- (1) Wie gern denkst du an diesen Menschen?
 (2) Wie oft denkst du an ihn?
- (1) Wie oft stimmen die Aussagen und Handlungen dieses Menschen überein? Wie vertrauenswürdig ist er?
 (2) Wie oft vertraust du diesem Menschen?
- (1) Wie oft meinst du, bei diesem Menschen ganz du selbst sein zu können?
 (2) Wie oft bist du bei diesem Menschen ganz du selbst?

Deine Antworten auf die jeweils erste der sechs Fragen (1) machen messbar, was du eigentlich gern möchtest: den *Wunschzustand*. Durch die jeweils zweite Frage (2) wird sichtbar, wie der Status quo in der Tat aussieht: der *Ist-Zustand*.

Susanne aus unserem obigen Beispiel etwa würde die Frage nach der gewünschten körperlichen Nähe mit einer »1« beantworten: Sie möchte sehr wenig davon mit ihren Eltern. (Was für die erwachsene Frau, die sie ist, völlig normal und legitim ist. Auch wenn sie sich zunächst einmal mies fühlt, als sie sich das eingesteht.) Beim Ist-Zustand muss sie aber ebenso ehrlich mit sich selbst sein: Die Nähe fühlte sich an wie eine »3«, bevor sie das Gespräch suchte.

Final kannst du nicht nur die einzelnen Punkte gegenüberstellen, sondern alle Punkte, die den Wunschzustand beschreiben, addieren und mit der Summe der Punkte des Ist-Zustands vergleichen. Wie sehr unterscheiden sich die beiden? Entspricht dein Management von Nähe und Abstand dem, was du eigentlich leben möchtest? Gestaltest du die Beziehung zu dieser Person so, wie du sie dir wünschst?

Wenn du ehrlich geantwortet hast und die Ergebnisse aus den ersten und zweiten Fragen relativ ähnlich sind, ist die Gestaltung der Beziehung für dich stimmig. Das Grad an Nähe ist für dich angenehm und passt zu dem, was dein Integritätssinn dir sagt.

Gibt es große Unterschiede, wird es höchste Zeit nachzujustieren. Je nachdem, welcher Wert höher ist, ist die Person entweder zu nah oder zu weit entfernt: In einem Fall wünschst du dir mehr Abstand, im anderen mehr Nähe. Egal, was zutrifft, gilt es beide Male, deine Angst zu überwinden, allen Mut zusammenzunehmen und das zu leben, was du spürst und willst. Du kannst entscheiden, wie das aussehen soll: ob du das Gespräch mit diesem Menschen suchst oder es vielmehr um deine eigene Ausrichtung geht. Vielleicht verändert sich das auch mit der Zeit. Möchtest du mehr Nähe, ist es an dir, das auszudrücken. Auch im anderen Fall darfst du im Sinne deiner Integrität Stellung beziehen. Ob du das tust, indem du deine Wahrheit sprichst, oder nur für dich die Art und Weise änderst, wie du dich beziehst – das ist individuell. Du selbst darfst in dich hineinspüren, was für dich passt.

Findest du noch weitere Sätze, die sich für eine solche Gegenüberstellung eignen und mit denen der Unterschied zwischen dem aktuellen Ist und deinem ganz persönlichen, wohltuenden Soll sichtbar wird?

Diese »Übung« kannst du für jede deiner Beziehungen machen und so einen Abgleich vornehmen zwischen dem, was ist, und dem, was du gern hättest. Die Zahlen lügen schließlich nicht!

Mein neuer Tanz und die anderen: Inspiration oder Gefahr?

Wichtig ist bei der bewussten Beziehungsgestaltung, dass wir uns immer auf uns fokussieren: Uns ist bewusst, dass wir niemand anderen ändern, sondern nur auf uns selbst schauen können. Auf unsere Haltung, unsere Werte, inneren Bilder – unser Mindset – und entsprechend auch unsere Emotionen und Handlungen. Wir achten darauf, dass wir bei unseren eigenen Angelegenheiten bleiben, in unserem eigenen »Kreis«.[84] Nur hier können wir wirklich gestalten. Alles andere wären Grenzübertritte mit Veränderungsabsicht oder zum eigenen Wohl, »gut gemeint« und damit das Gegenteil von »gut« und lästig.

Nur weil *wir* integer handeln wollen, dürfen wir auch nicht verlangen, dass andere das plötzlich genauso tun müssen, und beleidigt sein, wenn sie das ablehnen. Und wäre es in unseren Augen noch so gut für sie. Es geht um uns oder besser gesagt: um dich. Du kannst nur deine Wahrheit leben. Vorleben. Das ist es. Deine Integrität wird dir dabei helfen, bei deinen Angelegenheiten zu bleiben und dich immer wieder darauf zu besinnen.

> Du kannst nur deine Wahrheit leben.

Gleichzeitig ist klar: Beziehungen sind keine Einbahnstraße. Familie ist ein System. Unser Verhalten – das Verhalten jedes Einzelnen – hat Auswirkungen. Du tanzt nun anders, weil du dich gemäß deiner Integrität ausrichtest. Damit verlässt du die lange einstudierte Choreografie und das immer gleiche Zusammenspiel, das bisher vollautomatisiert ablief. Das waren alle Beteiligten gewohnt. Dass du dich veränderst, wird auch die Menschen auf irgendeine Weise irritieren und bewegen, mit denen du in Beziehung bist. Wie sie reagieren und den neuen »Tanz« aufnehmen, kannst du nicht beeinflussen. Sie können mitgehen und die Veränderungen akzeptieren, sich ebenso neu orientieren. Im besten Fall begrüßen sie dieses Neue sogar und sind neugierig. Oder aber da entsteht Spannung, die zuvor nicht da war. Diese Spannung und womöglich auch Distanz gilt es dann wiederum auszuhalten. Das kann dich herausfordern. Aber die Alternative – entgegen deiner Wahrheit zu handeln und nicht gemäß deiner Integrität – schmerzt, wie du weißt.

Die Landkarte, die andere von dir haben, werden sie in jedem Fall an der einen oder anderen Stelle umschreiben müssen. Ob es ihnen passt oder nicht. Das wiederum wird zur Folge haben, dass sie beginnen, sich anders auf dich zu beziehen. »Anders« heißt dabei nicht schlecht(er), falls du dich nun sorgst. Anders heißt einfach nur anders. Fühlst du dich an die Wachstumskreise erinnert? Und merkst du, wie alles zusammenhängt? Wenn du dich bewegst, bewegt sich alles.

Seit ich integer bin …

Du hast erfahren, weshalb so viele Menschen den Kontakt mit ihrer inneren Wahrheit auf ihrem Lebensweg verlieren und wie wir ihn wiederherstellen können. Und warum die allermeisten von uns früher oder später an einen Punkt kommen, an dem genau das notwendig wird. Du weißt nun, dass Integrität eine sinnliche Erfahrung ist: etwas, was wir im Körper wahrnehmen. Und auch, wie es sich für dich ganz persönlich anfühlt, integer zu handeln, und wie du zu deinem Ja und Nein aus vollem Herzen kommst.

Übung: Integrität als Kompass

Wir haben Sätze für dich gesammelt, die beschreiben, wie sich unser beider Leben verändert hat, seit wir uns gemäß unserer Integrität ausrichten:

Seit ich integer bin,
- ☐ nehme ich mir Zeit dafür, eine stimmige Antwort in mir zu finden, wenn sich die Frage stellt: »Was ist jetzt das Richtige zu tun?«

- ☐ treffe ich Entscheidungen in meinem Tempo und mute meinem Gegenüber zu, sich zu gedulden.
- ☐ lebe ich im Ein-Klang mit mir, weil ich meine eigene Wahrheit nicht mehr verstecke.
- ☐ besinne ich mich öfter auf meinen Körper und fühle mich bewusst ein. Das tut mir gut.
- ☐ gehe ich aufrechter.
- ☐ habe ich bessere Beziehungen zu anderen Menschen. Auch wenn das bedeutet, dass ich manche enttäuschen muss.
- ☐ ist es ruhiger in mir.
- ☐ bin ich ein ernst zu nehmendes Gegenüber und somit zuverlässig.
- ☐ kann ich aushalten, einen geliebten Menschen zu enttäuschen.
- ☐ habe ich aufgehört, mir und anderen etwas vorzumachen.
- ☐ spreche ich meine Wahrheit.

Jetzt bist du dran! Wenn du möchtest, halte fest, was sich in deinem Leben verändert hat, sobald du dich neu ausgerichtet hast und dein Integritätssinn dir als Kompass dient. Ergänze:

Seit ich integer bin ... _____

> »Lieben, was ist«, heißt nicht »sich abfinden, ertragen und beschönigen, was ist«.

»Lieben, was ist«, heißt nicht »sich abfinden, ertragen und beschönigen, was ist«. Nur weil wir uns darin üben, mit dem umzugehen, was jetzt und in diesem Moment tatsächlich *ist*, und aus unseren »Märchen im Kopf« aussteigen, heißt das noch lange nicht, dass wir nicht aktiv gestalten können. Ein Bewusstsein für die Gegenwart zu entwickeln und gleichzeitig Gestalterin zu sein, schließen einander nicht aus. Im Gegenteil: Erst durchs Gewahrsein können wir wahrhaftig gestalten.

Auch um diese Selbstwirksamkeit und wie wir sie wieder kultivieren können, geht es in der »Motivwerkstatt«. Mit unserer Integrität im Gepäck machen wir uns auf zu neuen inneren Bildern, die genauso stimmig sind und zu dem Wie passen, das wir leben wollen wie unsere neuen Entscheidungen.

Motivwerkstatt:
Auf dem Weg zur gelebten Vision

Was dir bewusst ist, kannst du verändern. So auch die inneren Bilder, Überzeugungen und Beschränkungen, die dein Gehirn gespeichert hat. Dein Mindset also. Und du hast in diesem Teil des Buchs bereits mehr als nur den Anfang gemacht: Du bist schon die ersten wichtigen Schritte gegangen, indem du neue Gedanken und Impulse zugelassen hast. Inspiriert dadurch hast du – idealerweise und wenn wir unseren selbstauferlegten Job hier gut machen – neue Bilder etabliert. Du weißt, wie du leben willst.

Die Mindset-Brille hast du also schon lange abgelegt, das Putztuch gezückt und ordentlich darauf herumgewischt. Nun wollen wir über Routinen sprechen, über Komfortzonen und die Motivatoren, die uns in Bewegung setzen. Was braucht es, damit wir laufen? Losrennen? Weitermachen? Wenn du weißt, was *dich* bewegt, fällt es dir leichter weiterzugehen. Final formulierst du dein ganz persönliches Warum und bebilderst es, wenn du magst. Damit du schwarz auf weiß (oder mit reichlich Farbe und bunt strahlend) vor dir hast, was *du* willst. Starten wollen wir mit einem Postkartenspruch, weil er uns gefällt. Und mit einer Frage, die wir uns viel öfter stellen sollten: Warum eigentlich nicht?

Stell dir vor, die Zukunft wird wunderbar
und du bist schuld daran.

Dein Motiv: Starte mit »Warum?«

Die meisten erwachsenen Menschen machen immer dieselben vertrauten Dinge. Sie leben unzählige Routinen, müssen nicht groß nachdenken, sich nicht anstrengen:

- Sie stehen Tag für Tag um dieselbe Uhrzeit auf.
- Sie putzen sich mit derselben Zahnpasta in derselben Abfolge die Zähne.
- Sie kaufen im Supermarkt immer dasselbe ein.
- Zu Mittag kochen sie eines der immer selben zehn Gerichte.
- Vierzig Jahre lang gehen sie demselben Job nach.
- Sie machen immer an denselben Orten Urlaub.
- Sex haben sie immer in derselben Stellung.
- Dem Kind geben sie stets dieselben Nullachtfünfzehn-Antworten selbst auf die buntesten Fragen.
- Auf unerwünschtes Verhalten reagieren sie mit Sätzen wie »Du machst mich traurig«.
- Sie rauchen, wenn der Stress zu groß wird.
- Sie lächeln, wenn die Angst zu groß ist, Stellung zu beziehen.
- Weihnachten feiert »man« sowieso immer nur auf die eine Weise. Und nur so.
- Und Geburtstag hat man auch zu feiern. Selbst wenn man gar keine Lust dazu verspürt.
- Morgens küsst man sich zum Abschied – ohne wirklichen Kontakt.
- Die Nächsten werden gefragt: »Wie geht's dir?«, ohne auch nur irgendein Interesse an der Antwort zu haben.

Zu tun und zu denken, was uns automatisch entspringt, weil es immer schon so war, ist einfach. Ob diese Routinen guttun oder nicht, spielt dabei oft keine entscheidende Rolle. Zu normal sind sie, als dass »routinierte« Menschen einfach so in ein neues Denken und Handeln kämen. Aber es ist, wie Paulo Coelho schreibt: »Wer denkt, Abenteuer seien gefährlich, der sollte es mal mit Routine versuchen: die ist tödlich.«[85]

Natürlich macht es einen Unterschied, ob es für mich Routine ist, immer auf dieselbe Weise Zähne zu putzen, oder ob es für mich Routine ist, mein Kind für meine Gefühle und Zustände verantwortlich zu machen. Ersteres wird sehr wahrscheinlich irrelevant sein. Außer der Zahnarzt weist dich darauf hin, dass du mal etwas abwechseln solltest. Aber egal, ob wir was Wichtiges oder Unwichtiges ändern wollen: Immer ist eines von zwei Dingen nötig, damit wir etwas tun. Wir brauchen entweder *Leidensdruck*, der stark genug ist, oder eine *Vision*, die groß genug ist.

Der »innere Schweinehund« – der sich oft als Ausreden tarnt – hat seinen Namen nicht umsonst. Stell dir einmal vor, du gehst mit deinem Schweinehund in den Park und sagst ihm: »Lauf ein paar Runden! Sieh dich um, es ist so schön hier! Genieß es, da vorn ist dein Ziel!« Und er guckt dich nur verwundert an, setzt sich hin und rümpft die Nase: »Sicher nicht! Dass es nett hier ist, sehe ich auch so. Genügt mir. Lauf du doch die Runden.« Stell dir nun weiter vor, am Ziel wartet eine Würstelbude, ein All-inclusive-Wellness-Hotel oder ein riesiger Spielplatz. Oder eine Million Euro. Oder ein erfülltes Leben. Je nachdem, was deinem Hündchen *wirklich* Spaß macht. Da vorn ist es, Hündchen muss nur loslaufen. Na, hockt er immer noch? Oder flitzt er schon?

Ein wirklich guter Grund, ein bewegendes Warum, ist nötig, damit wir uns in Bewegung setzen und weiterlaufen, bis wir angekommen sind. Je mühsamer und langwieriger die Veränderung, desto größer muss das Warum sein. Fehlt das, bleiben wir sitzen. Aber vor unserer Nase fährt der Zug in Richtung erfülltes, bewusstes Leben leider nicht vorbei. Wir müssen also unseren Po hochbekommen.

Ein Beispiel nehmen: Kinder sind Selbstwirksamkeits-Gurus
So ein Motiv zu formulieren kann sehr schwer fallen. Denn wenn wir uns trauen, da mal hinzudenken, stellt unser Gehirn fest, dass es sich aus seiner Komfortzone bewegen muss. Es muss was Neues einladen, um was Neues zu bekommen. Das macht Angst. Denn waren wir oft genug im Vertrauten und haben Herausforderungen oft genug ausgeschlagen, so hat unser Hirn auch in diesen Momenten gelernt. Nämlich: »Hah, ich bleibe am Leben!« Und diese Lernerfahrung prägt. »Denn wer weiß«, denkt es sich, »ob ich auch überlebe, wenn ich die Herausforderung annehme?« Das führt aber dazu, dass wir uns jegliche Wachstumsmacht wegnehmen, weil wir dann an dem Punkt sind, an dem wir uns von Vornherein denken, dass wir etwas ohnehin nicht schaffen. Dabei basiert auch dieser Gedanke nur auf einer Erfahrung, auf etwas Bekanntem, auf einem »Kenn ich schon« deines Gehirns. Und das wiederum ist da, weil es gewohnt ist, Dinge nicht zu machen und Herausforderungen auszuschlagen.[86] Ein Teufelskreis.

Unsere Haltung muss also sein: »Ich halte es für möglich, am Rande meiner Komfortzone und darüber hinaus eine neue Erfahrung zu machen. Ich halte es für möglich, neue Bilder zuzulassen.«

Wieder: die Wachstumskreise! Wenn wir diese Haltung einnehmen und ihr entsprechend handeln, geht es weiter mit dem Lernen. Weil wir aufgrund eines Motivs, das stark genug ist, gute neue Erfahrungen machen: »Ich dehne meine Komfortzone und werde es schaffen, diese Erfahrung einzubauen. Als Resultat wird sich meine Komfortzone weiten. So mache ich das mit jeder Herausforderung, die sich mir bietet. Ich biege nicht ab, sondern sehe die Würstelbude (eine Million Euro, erfülltes Leben – setze ein, was dir beliebt) am Ende des Weges und laufe darauf zu. Ach, super, geht ja. Noch einmal. Oh, es verändert sich etwas! Mein Tun hat *Auswirkungen*.«

Wir müssen unserem Gehirn also beweisen, dass es *selbstwirksam* sein kann. Wir müssen wieder bemerken, dass unsere Handlungen – genau wie unterlassene Handlungen – einen Einfluss haben. Kinder, vor allem kleine, sind da wahre Selbstwirksamkeits-Gurus. (Größere wären es auch, wenn wir es ihnen nicht »abgewöhnten«.) Wie spannend das ist, alles zu erforschen und zu sehen, was sie anstellen können: »Was kann ich bewegen? Wenn ich das hier tue, Mama und Papa, wie reagiert ihr?« Aufmerksam beobachten sie uns, nachdem sie den Löffel zum fünfzigsten Mal runtergeworfen haben. Und wenn sie immer wieder an die Pflanze fassen, obwohl uns das gerade gar nicht recht ist. »Was kann ich beeinflussen? Oh wow, so vieles!« Kinder laden eine Herausforderung nach der anderen in ihr Leben ein. Komfortzone? Pah, wer braucht denn so was? Der Motivationsexperte Dr. Stefan Frädrich sagte es so genial: »Kinder haben keine Schweinehunde, die haben Ferkelwelpen!«[87] Schrumpfen wir doch auch unsere Schweinehunde. Oder lassen wir sie einfach hocken, wenn sie wollen. Laufen wir ihnen davon, auf zur besten Version unserer selbst! Lass den Schweinehund nicht zum Dämon werden. Fang jetzt an. Ja, das prägt, das erzieht. Ist das nicht Motiv genug?

Leidensdruck und Vision: Die zwei großen Motivatoren

Was könnte dein Motiv sein? Überlege: Warum willst du dein Mindset ändern? Warum willst du überhaupt Veränderung? Warum willst du dich nicht mehr fürchten? Was ist denn für dich so schlimm an der Angst? Warum willst du wissen, wie du dein Kind selbstbewusst begleiten kannst? Warum liest du dieses Buch? Es gibt einen Grund. Oder mehrere. Und jetzt bist du schon so weit gekommen: Warum liest du denn noch immer? Vielleicht war der Grund ja beim Kauf des Buchs ein anderer, als er es jetzt ist, wo du es fast bis zum Ende gelesen hast?

Motive können wir grundsätzlich nach »weg von« (bei unerträglichem *Leidensdruck*) und »hin zu« (bei einer tollen *Vision*) unterscheiden. Je nachdem, was dich mehr anspricht, kannst du dich mit einer von zwei Leitfragen auf die Suche nach deinem ganz in-

dividuellen Motiv machen oder auch beide beantworten und Parallelen finden:
- *Weg-von-Motivation:* Was möchte ich ganz sicher nicht mehr in meinem Leben haben? Was muss weg? Was will ich endlich ändern, was will ich loswerden?
- *Hin-zu-Motivation:* Was will ich unbedingt in meinem Leben haben? Was darf nun endlich kommen? Worauf will ich nicht länger verzichten? Was darf mehr werden?

Fallen dir nur Punkte für die ersten Fragen ein, überleg im Anschluss, wie du diese umformulieren kannst. Wenn du ein Weg-von-Motiv hast, was für ein Hin-zu-Motiv könnte das dann sein? Wenn ich beispielsweise weg von irgendeiner Abhängigkeit will, kann ich hin zur Selbstbestimmung in diesem Bereich wollen. Will ich weg von dem, wie ich selbst erzogen wurde, möchte ich eventuell zeitgleich hin zu einer Beziehung mit meinen Kindern, die zu uns passt und bei der es wirklich um unser Zusammenspiel als Team geht. Kinder können erfahrungsgemäß riesengroße Motivatoren sein. Angst übrigens auch, zum Beispiel:

- Ich will meine Ängste überwinden, um mich frei zu fühlen und meinen Kindern ein Vorbild zu sein, auf das ich stolz bin.
- Ich will meinen Job kündigen und mich selbstständig machen, um selbstbestimmter zu leben und meinen Alltag mit meiner Familie flexibel gestalten zu können.
- Ich will wieder in Kontakt mit meinem Körper und meiner Atmung kommen, um mich selbst besser regulieren zu können und so wirkliche Verbundenheit mit meinen Kindern beziehungsweise meinem Partner zu leben.
- Ich will die Verantwortung für mein Tun und Sein, meine Gedanken, meine Entwicklung, meine Entscheidungen und meinen Weg übernehmen, damit ich für meine Kinder ein ernst zu nehmendes Gegenüber sein kann, das ihnen Sicherheit und Orientierung spendet.

Wenn du es ganz genau nehmen willst, beachte gleich ein paar Dinge, wenn du für dich selbst ein Motiv in prägnanten Sätzen formulierst. Am stärksten wird dein Motiv, wenn du das »Ich will« ersetzt. Nicht durch »Ich werde«, wie du jetzt vielleicht vermutest. Formuliere die Sätze stattdessen komplett so, als wären sie bereits Realität. Sie *sind* bereits wahr. In diesem Moment. Das hat nichts mit Schönreden zu tun. Es geht darum, deinem Geist zu erlauben, sich zu weiten und diese neue Weite zu kosten, bevor du sie real auskosten wirst. Probier es aus, und experimentiere mit den unterschiedlichen Sätzen: mit »Ich will«, »Ich werde«, »Es ist schon«. Achte auf den Unterschied. Wie kann das aussehen?

- Ich überwinde meine Ängste und fühle mich frei. Meinen Kindern bin ich ein Vorbild, auf das ich stolz bin.
- Ich kündige meinen Job und arbeite selbstständig. Ich lebe selbstbestimmt und gestalte meinen Alltag mit meiner Familie flexibel.
- Ich bin im Kontakt mit meinem Körper und meiner Atmung. Ich kann mich selbst gut regulieren und lebe wirkliche Verbundenheit mit meinen Kindern beziehungsweise meinem Partner.

Und so weiter. Das fühlt sich vielleicht komisch an. Gut so! Es macht etwas mit dir. Das ist wichtig. Dein Motiv – wenn du es wie beschrieben formulierst und vor dir siehst – muss dich *bewegen*. Lächeln, bis über beide Ohren grinsen, tief durchatmen, seufzen, laut loslachen, weinen, Luftsprünge, unendliche Motivation, große Sehnsucht, Aufbruchsstimmung … was auch immer genau sich in dir tut: Du musst es spüren. Dann wird dein Motiv, dein Warum, stark genug sein. Nimm dir bewusst Zeit, dein Warum und deine Vision in dir entstehen zu lassen.

Du kannst auch auf einem Blatt Papier zwei Spalten machen und in drei Minuten so viele »Hin-zus« und »Weg-vons« wie möglich aufschreiben. Ein schnelles

> Nimm dir bewusst Zeit, dein Warum und deine Vision in dir entstehen zu lassen.

Motiv-Brainstorming, mit dem du dann weiterarbeiten und von dem aus du tiefer gehen kannst. Die Antworten, die zu dir kommen, sind natürlich nicht in Stein gemeißelt. Sie dürfen sich ändern, du kannst jederzeit Neues hinzufügen und Altes streichen. Ganz so, wie es dir beliebt und sich für dich gut anfühlt.

Vision Board: Dein Herzens-Warum in Bildern

Wenn du dein Motiv und deine Vision verstärken willst, empfehlen wir dir einmal mehr die Arbeit mit Bildern. Du kannst tiefer eintauchen, indem du konkrete Szenen nicht nur vor deinem inneren Auge siehst, sondern sie bereits ein Stück »verwirklichst«. Und zwar zunächst einmal auf einer Pinnwand oder einer Magnettafel. Je nachdem, was dir gefällt. Was du vorhin bereits erarbeitet hast, kann ein wunderbarer Ausgangspunkt für dich sein, um mit dem Basteln zu beginnen. Lass die Sätze in deinem Geist zu konkreten inneren Bildern werden, und such dann nach Fotos, die ihnen möglichst nahe kommen.

Hast du zum Beispiel formuliert, dass du jede Menge Zeit mit deinen Kindern verbringst und ihr wundervolle Abenteuer miteinander erlebt, bei denen du dich auch deinen Ängsten stellst, siehst du euch vielleicht gemeinsam in einem Kletterpark. Nun könntest du ein Foto von dir und deinen Kindern und eines von einer Kletterwand suchen, drucken und an deiner Pinnwand anbringen. Oder du findest ein Foto oder eine Darstellung, die symbolisch fürs Überwinden deiner Ängste steht: eine Frau, die über eine sehr hohe Hängebrücke geht, in einem klaren Bergsee badet … was auch immer für dich passt.

Auch ein paar »Kraftsätze« sind gut geeignet: Vielleicht »Ich bin sicher« oder »Ich bin beschützt«? Kurze Erinnerungen können ebenfalls Platz auf deiner Pinnwand finden: »Atme.«

So entsteht nach und nach eine Collage, die deine persönlichen Ziele und Visionen zeigt. Dein Vision Board. Es klingt so simpel, und das ist es auch. Aber simpel oder nicht – es macht etwas mit dir. Es bewegt dich. Achte darauf, dein Board an einer Stelle anzubringen, an der du es oft siehst. Vielleicht ist das Kletterpark-Beispiel ja dein ganz persönliches Bild von »Was ich tun würde, wenn ich keine Angst hätte«. Wer weiß! Wie wirst du dich fühlen, wenn die verschiedenen Bilder auf deinem Vision Board real geworden sind? Wirst du stolz auf dich sein? Lächelst du bei der Vorstellung? Finde deine Bilder. Das, was dich bewegt, damit du dich bewegst.

Beispiel: Jeannine

Ein ganz besonderer Moment für mich war, als ich mein Vision Board »rundumerneuerte«. Ich klebte auch ein Foto von meinem Mann und mir darauf, auf dem ich mit unserer ersten Tochter schwanger bin. Daneben steht der Satz: »Mein Körper weiß, was er tut.«

Warum ich das Foto wählte, wusste ich damals nicht. Ich fand es einfach schön. Einen Monat später erfuhren wir dann von meiner zweiten Schwangerschaft. Zu dem Zeitpunkt, als ich das Foto angebracht hatte, war ich also bereits ganz frisch schwanger gewesen. Vielleicht wusste ja ein Teil in mir schon von dem neuen Leben ... Das berührte mich tief.

Wir legen dir ans Herz: Gib dem Ganzen eine Chance, und gestalte dein Vision Board. Durchsuche zum Beispiel am besten gleich Pinterest, da findest du unzählige Fotos und eine Menge an Inspirationen und Tipps sowie Anleitungen, wie du dein ideales Vision Board kreieren kannst. Du wirst sehen, du wirst schnell fündig. Was darf alles in dein Leben kommen?

Du brauchst deine Vision davon, wie du leben willst und wer du sein willst. Du brauchst ein Zukunfts-Selbst, ein Gefühl oder ein Bild dafür.[88] Wenn dir nicht klar ist, *wohin* du *warum* willst, wirst du dich nicht dauerhaft bewegen. Du wirst nicht dorthin kommen, wo du hinkommen musst, um so zu leben, wie du es in deiner Vision siehst. Dranbleiben ist nicht einfach. Aber wenn wir in herausfordernden Situationen anfangen zu jammern, geben wir ab an unser »nicht bestes Ich«. Probleme sind Mentoren, wir die Mentees.

Deine Vision wird nur real, wenn du für sie läufst. Keinen Sprint, sondern einen Marathon: jeden Tag wieder raus aus dem Gewohnten und dorthin, wo du hinwillst. Durch die Angst durch. Überlebt? Juhu! Eine Routineunterbrechung nach der anderen. Und dabei das Ziel, dein Motiv, fest im Blick haben: »Ich gehe voran.« Wer das Wofür kennt, erträgt – frei nach Viktor E. Frankl – fast jedes Wie.

Das Ego: Warum so viele Menschen Angst vor Veränderung haben

Reden und Handeln sind wahrlich zwei grundverschiedene Angelegenheiten. Aber woran liegt es, dass zwar so viele Menschen sagen, sie wünschten sich Veränderung – aber so wenige davon tatsächlich etwas verändern? Da gibt es etwas in uns, was es uns schwer macht, das Steuer in die Hand zu nehmen und die Richtung zu ändern: Das Ego wehrt sich. Für Veränderung müsste es sich öffnen und etwas riskieren. Es müsste alte Überzeugungen ablegen oder etwas dazulernen. Davor fürchtet es sich. Einer der häufigsten Gründe, warum ein Leben mit mehr Mut und Leichtigkeit nicht möglich sein soll, ist diese Angst vor Veränderung. Das Ego setzt also alles daran, den Status quo aufrechtzuerhalten, und will lieber im Gewohnten – wenn auch im gewohnt Schlechten – ausharren. Ganz nach dem Motto »Lieber die vertraute Hölle als den unbekannten Himmel«. So legt man das Buch wieder weg, bricht den Selbstfürsorgekurs ab oder nimmt die nächste Stunde mit der Therapeutin nicht wahr. Zu groß ist die Angst davor herauszufinden, was sich hinter unseren eigenen geschlossenen Türen verbirgt, stellt die Autorin und Therapeutin Sheryl Paul fest: Wir fürchten uns vor dem, was wir entdecken könnten.[89] Vor einer

Wahrheit, mit der wir dann irgendwie umgehen müssten. Unser Gehirn setzt Veränderung gleich mit Bestrafung. Wen wundert es da noch, dass diese oft so schwerfällt?

Diese innere Abwehrhaltung anzusprechen und bewusst zu benennen ist eine Möglichkeit, das Ego zu beruhigen. Interessant zu wissen ist auch, dass es uns mitunter Sätze einflüstert, deren Gegenteil wahr ist. Sheryl Paul gibt hierfür ein paar Beispiele:

- *Die Angst sagt:* »*Wenn du wächst, verlierst du deinen Partner.*«
  Die Wahrheit lautet: Wenn du wächst und dich für die Entdeckung deines Selbstbewusstseins entscheidest, wirst du offener für die Liebe. Dadurch kannst du verbundener sein mit den Menschen, die dir wichtig sind.
- *Die Angst sagt:* »*Wenn du wächst, wird dir bewusst werden, dass alles in deinem Leben falsch ist, und du wirst alles ändern müssen.*«
  Die Wahrheit lautet: Der Weg in ein bewussteres Leben wird dich auch offener und dankbarer werden lassen für das Gute, was bereits in deinem Leben ist.
- *Die Angst sagt:* »*Wenn du mit dir selbst verbundener bist, wirst du feststellen, wie wenig verbunden du mit deinem Partner bist.*«
  Die Wahrheit lautet: Eine gute Verbindung mit dir selbst ist eine Grundvoraussetzung dafür, dass du anderen Menschen überhaupt wirklich nah sein kannst.
- *Die Angst sagt:* »*Wenn du dich nach innen wendest, wirst du ein schreckliches, dunkles Geheimnis über dich selbst aufdecken.*«
  Die Wahrheit lautet: Wenn du dich nach innen wendest und diesen Prozess zulässt, wirst du entdecken, wer du in deinem Wesenskern eigentlich bist, und dir gemäß leben und damit Vorbild sein können. Du entdeckst, wie du vor all dem Verbiegen und der Angst ursprünglich gemeint warst. Du kommst dir selbst näher und damit allem, was dich umgibt. Sowohl anderen Menschen, die dir wichtig sind, als auch dem Leben und der Lebendigkeit, die es für uns bereithält.[90]

Ohne ein gewisses Gefühl von Sicherheit ist dieser Weg schwierig. Deshalb gilt es für dich herauszufinden, was dir Sicherheit spenden oder worin du sie finden kannst. Menschen, denen du dich anvertrauen kannst – freilich nicht deine Kinder –, sind zum Beispiel gute Wegbegleiter. Vielleicht gibt es eine Community Gleichgesinnter, die ähnliche Wege gehen wie du. Körperarbeit kann auch eine Option sein. Oder du findest neue Rituale, die dir guttun. Es gilt, nach und nach sicherer zu werden durch gute, neue Erfahrungen.

> Mutig ist also, wer die Angst spürt und dennoch handelt.

Unser Ziel sollte nicht sein, die Angst wegzuwischen. Das hat keinen Sinn, denn Lebendigkeit erreichen wir nicht durch Verdrängung und Wegschieben. Jegliche Vermeidungshaltung führt uns in eine Art Starre: handlungsohnmächtig und ausgeliefert. Leben heißt durchgehen durch das, was sich uns bietet. Mutig ist also, wer die Angst spürt und dennoch handelt: »Da bist du also, Angst. Sei still, ich hab zu tun!« Das macht dich stolz auf dich selbst.

Gut reguliert ist halb gewonnen

An dieser Stelle möchten wir dich daran erinnern, immer wieder deinen gegenwärtigen Zustand zu checken, wenn du dich mit deinem Mindset auseinandersetzt. Das meinen wir unter anderem, wenn wir vom »Hinspüren« sprechen. Egal, ob es um deine Werte geht, das Schärfen deines Integritätssinnes, ob du über wichtige Entscheidungen und dein Wachstum nachdenkst, deine Routinen hinterfragst oder dein Warum formulierst.

Wenn du in einem schlecht regulierten Zustand bist und somit unangenehmen Stress empfindest, hast du keinen Zugriff auf deine klaren Gedanken, die dir zufliegen würden, wenn du dich sicher fühltest. Das heißt dann nicht, dass du dich selbst nicht wertschätzt, sondern vielmehr ist es dein Gehirn, das dich beschützen will. Und immer wenn es das tut, indem es dich spüren lässt, dass es lieber im Alten, Gewohnten und der »sicheren« Routine bleiben will, kannst du unmöglich aus deinem Besten handeln.

Das ist nicht schlimm, das müssen wir einfach nur wissen, um uns selbst entsprechend einschätzen zu können: Es fühlt sich nicht sicher an, dein Ziel zu erreichen, einen wichtigen Schritt zu gehen, die Verantwortung zu übernehmen …, weil all das etwas Neues bringt. Und schon versteckt sich dein fühlendes Hirn wieder unter der Bettdecke, diesmal mit der Taschenlampe fest umklammert. »Bloß nicht«, stammelt es, und das Ego verschlimmert alles noch, indem es ein fürchterliches »Buuuh« aus der Ecke ertönen lässt.

Sei also gnädig mit dir selbst. Du beschützt dich. Das ist okay. Wenn du langsam und achtsam vorwärts gehst, kannst du dir den Raum nehmen, deinen Zustand immer wieder zu checken, und dir entsprechend selbst auch Ruhe gönnen. Damit meinen wir kein Wellnesswochenende – das gerne auch – sondern dafür zu sorgen, dass du dich »gut genug« regulieren kannst und somit Kontakt und Beziehung möglich werden. Mehr dazu hast du im ersten Abschnitt gelesen.

Gib deinem Gehirn Zeit und nimm sie dir auch. Ihr beide habt euch aufgemacht, neue innere Bilder zu etablieren, die das überschreiben sollen, was sich über viele Jahre eingeprägt hat. Das dauert. Es ist, wie so vieles, ein Prozess. Bleib im Vertrauen und wie gesagt: Verpflichte dich dir selbst gegenüber, die notwenige Zeit zu investieren.

Beobachte, spür immer wieder in dich hinein und sieh, was es mit dir macht, dich ganz bewusst mit deinem Mindset auseinanderzusetzen. Es ist eine so unsagbar lohnende Sache, dieses Thema in den Fokus zu rücken. Deine inneren Bilder, deine Überzeugungen und deine Gedanken – sie sind die Grundpfeiler deiner Realität. Das Wissen, dass du hier aktiv gestalten kannst, ist ein großer Schatz. Nutze ihn und bleib dran. Erfolg hat drei Buchstaben: Tun.

Ein Geschenk an dich:
Der Brief deines Wunsch-Future-Self

Was ist die ehrlichste und schönste Version von dir und deinem »Wie«, die du dir in deinem Leben vorstellen kannst? Nein, keine Selbstoptimierung. Es geht ums Träumen. Wirklich und wahrhaftig und wild und bunt und genial und grenzenlos und ganz so, wie du es willst. Wirklich, ehrlich willst. Wenn du dir vorstellst, wie dein Leben in drei bis fünf Jahren aussehen wird, was siehst du dann? Und zwar nicht, wenn du sorgenvoll an die Zukunft denkst, sondern wenn du »einfach« losträumst. Auch und gerade dann, wenn dich das herausfordert. Wie wird dein Leben sein, wie wirst du sein? Was hast du überwunden? Was hast du geschafft und dir erschaffen? Was hast du dich getraut? Was hast du umgesetzt, von dem du die längste Zeit nicht gedacht hättest, dass es möglich wäre – und jetzt ist es deine Wahrheit? Wer bist du, was machst du, was hast du dann in dieser Zukunft? Sei mutig genug, über beengende Denkschablonen hinwegzusteigen. Dein Blick ist so freudvoll nach vorn gerichtet, dass du die Stolpersteine am Boden gar nicht bemerkst. Dein Wunsch-Future-Self sieht sie nicht, es hat dafür keine Zeit. Denn es geht aufrecht und ist voller Zuversicht und Freude. Viel zu voll ist es mit Leben. Und es schreibt *dir* diesen Brief. Für den wertvollen Impuls und das Teilen ihres Briefes, der uns zu dieser Übung inspiriert hat, danken wir Marina Buterus.

Wir möchten dich jetzt einladen, dir selbst einen Brief zu schreiben, in dem du die Position deines zukünftigen Ichs einnimmst, das sich an dich wendet. Nimm dir ein schönes Blatt Papier und einen Stift, der dir gut gefällt. Schaff für dich einen Raum, eine kleine, momentane Insel, auf der du dich wohlfühlst. Vielleicht läuft da Musik im Hintergrund, womöglich zündest du ein paar Kerzen an oder findest einen Platz draußen, an dem du durchatmen kannst. Was auch immer für dich passt und sich fein anfühlt. Und dann leg los. Erzähl dir selbst, was alles Wunderbares geschehen ist in den letzten Jahren.

Schreib deinen Brief. Was für ein bewegender Moment das sein wird, wenn du deinen Brief an dem Datum liest, das du heute daraufschreibst! Träume groß.

Nachwort: Selbstbewusst durch die Angst in Verbundenheit

Was heißt es nun also, selbstbewusst zu sein? Wer und wie bin ich, wenn ich mir meiner selbst bewusst bin? Ich weiß, wer ich heute bin. Ich bin achtsam im Hier und Jetzt. Ich bin mir meines Körpers gewahr und weiß, was ich empfinde. Ich bin wach für das, was in meinem Geist vorgeht. Ich kenne mein Absichts- und Effektbewusstsein, und mir ist klar, warum ich etwas tue. Verliere ich dieses Bewusstsein oder finde ich mich in den Angelegenheiten anderer wieder, erkenne ich das und kehre zu mir zurück. Ich bin Gestalterin meiner Gegenwart. Ich weiß, was unter der Oberfläche schlummert, und stelle mich meiner Wahrheit und meinem Wissen. Ich weiß mehr, als mir manchmal lieb ist.

Selbstbewusstsein heißt nicht, Gefangene meiner Vergangenheit, meiner Erziehung und meiner Prägungen zu sein. Mein Autopilot ist nicht selbstbewusst, sondern ein Freund von Routine und Gewohnheit und damit vermeintlich energiesparend, weil das Gehirn dann Pause hat. In Wahrheit aber beraubt er mich der Energie, die mir ein selbstgerechtes Leben bringt.

Selbstbewusst zu sein heißt auch nicht, arrogant zu sein. Genauso wenig, wie Stolz arrogant ist. Er ist das Gegenteil von Scham und entsteht, wenn ich etwas gemeistert oder eine Entscheidung gemäß meiner Integrität getroffen habe. Wenn ich meine inneren Dämonen besiegt und entschieden habe, aus meinem Besten heraus zu handeln. Es geht nicht um Perfektionismus, Selbstoptimierungswahn oder Wiedergutmachung. Es geht um das Anerkennen dessen, wo ich gerade heute bin, und darum, mich mit mir selbst zu verbinden. Es geht um meine persönliche Fehlerkorrektur und nicht um das Fehlervermeiden. Es geht um mein Erforschen, Verlernen und Neulernen. Selbstbewusstsein ist kein Zustand, sondern ein Weg. Diesen Weg beginne ich dort, wo ich jetzt gerade in meinem Leben stehe. Genau an dieser, meiner Stelle – keinen Schritt weiter hinten oder vorn. Heute. Jetzt. Von hier aus starte ich meine Reise.

Gelingende Beziehungen brauchen ehrlichen Austausch, aufrichtiges Interesse und den Mut, sich selbst zu zeigen und die Antworten des Gegenübers auszuhalten. Frei von Erwartung, dafür voller Möglichkeiten. Kinder brauchen Familien, in denen sich Menschen respektvoll und aufrichtig begegnen sowie wahrhaftig sind und in denen über alles gesprochen werden darf. Das gibt Sicherheit. Begegne dir und deinen Nächsten, und trag deinen Teil dazu bei, Begegnung zu ermöglichen. »Beispiel und Liebe« begleiten uns im Leben mit Kindern ständig. Das mag eine Herausforderung darstellen. Wir sehen jedoch die Möglichkeiten, die es uns bietet, unser Leben selbst in die Hand zu nehmen und uns mit Fragen zu beschäftigen, die für uns wirklich Bedeutung haben. Und uns so zu verändern, dass wir in unser volles Potenzial kommen können. Dass wir uns das trauen, mutig genug sind. Für unsere Kinder. Für unsere Familien. Und ja, zu einem großen Teil auch: für uns selbst.

Dreierlei möchten wir dir abschließend von Herzen mit auf deinen weiteren Weg geben. Jetzt, da du ein neues, kleines Mosaiksteinchen zu deinem Gemälde hinzugefügt hast:

- Der Anfang ist immer jetzt! Sobald du erkannt hast, was los ist, wo du stehst, in welchem Zustand du bist, welche Muster und eingefahrenen Wege du bisher gegangen bist, kannst du etwas verändern.
- Du bist nicht das Problem, du bist die Lösung! Du *bist* nicht deine Angst, sondern du *hast* Angst. Sie ist in deinem Körper. Wenn du erfüllte Beziehungen führen möchtest, musst du den ganzen Weg gehen. Der führt nicht an der Angst vorbei, sondern durch sie hindurch.

- Wenn du es nicht für dich selbst tust, schuldest du es immer noch deinen Kindern.

C. G. Jung soll gesagt haben: »*Bis Sie das Unbewusste bewusst machen, wird es Ihr Leben lenken, und Sie werden es Schicksal nennen.*«[91] Wir hoffen, dass dir nun einiges mehr bewusst ist als vor der Lektüre dieses Buches. Das wäre schön. Den allermeisten großen Veränderungen geht großes Chaos voraus, und Zusammenbrüche kommen oft vor Durchbrüchen. Für Wachstum müssen wir uns immer wieder aufs Neue entscheiden und durch unsere Ängste immer wieder erneut durchgehen. Wir dürfen lernen, uns abzugrenzen, und erkennen, dass die Dringlichkeiten anderer nicht *unsere* Notfälle sind.

Um wahre Verbundenheit mit anderen Menschen leben zu können, müssen wir sehen, dass wir nicht eins mit ihnen sind. Das gilt es dann nicht nur auszuhalten, sondern zu zelebrieren: Wir bringen den Mut auf, uns für das andere und Neue zu öffnen, und lassen es in unser Leben fließen. Es ist eine Bereicherung und bietet immer neue Chancen auf Wachstum und mehr Weite, im Innen wie im Außen. Da ist Raum, reichlich Raum für dich und mich und all jene Menschen, die wir ganz bewusst einladen. In einem Ausmaß, das für uns selbst stimmig und wohltuend ist. Wir kreieren neue Räume, in denen wir atmen können und in denen Entspannung und Verbindung unser neues Normal sind. Endlich. Die Vergangenheit, die Welt da draußen und andere Menschen können wir nicht verändern. Unsere Einstellung, unsere inneren Bilder und die gelebten Werte aber jeden einzelnen Tag.

Wir starten im Hier und Jetzt mit allem, was war, und zugleich in grenzenloser Vorfreude auf all das, was noch wahr werden darf für uns. Denn was kostet es, Träume wahr werden zu lassen? Mut. Nur Mut.

Anhang

Übungsverzeichnis

S.29   Wovor ich Angst habe
S.63   Schmetterling
S.64   5–4–3–2–1
S.67   Das Regulationsmenü kreieren
S.71   Tonglen-Atemmeditation
S.74   Angst erlauben (nach Avi Grinberg)
S.162 Wertewolke
S.168 Auf dem Weg zur inneren Erwachsenen (Fantasiereise)
S.170 Die innere Erwachsene genauer anschauen (Fantasiereise)
S.194 Den Integritätssinn schärfen
S.205 Wunsch und Realität, Nähe und Abstand
S.209 Integrität als Kompass

Literaturverzeichnis

Beck, Martha: *The Integrity Cleanse. Your Ultimate Path to Peace*, DIY Workbook, Martha Beck, Inc., 2016, https://marthabeck.com/diy-integrity-cleanse-kit-detail/, abgerufen am 16.12.2020

Bloom, Paul: *Against Empathy. The Case for Rational Compassion*, Penguin Random House, London 2016

Bordt, Michael: *Die Kunst, die Eltern zu enttäuschen. Von Mut zum selbstbestimmten Leben*, Elisabeth Sandmann Verlag

Brisch, Karl-Heinz (Hrsg.): *Bindung – Paare, Sexualität und Kinder*, J. G. Cotta'sche Buchhandlung, Stuttgart 2012

Brooks, Kim: *Small Animals. Parenthood in the Age of Fear*, Flat Iron Books, New York 2018

Clement, Ulrich: *Systemische Sexualtherapie*, Klett-Cotta, Stuttgart 2004

Croos-Müller, Claudia: *Alles gut. Das kleine Überlebensbuch. Soforthilfe bei Belastung, Trauma & Co.*, Kösel-Verlag, München 2017

–, *Nur Mut! Das kleine Überlebensbuch. Soforthilfe bei Herzklopfen, Angst, Panik & Co.*, Kösel-Verlag, München, 6. Aufl. 2014
–, *Viel Glück. Das kleine Überlebensbuch. Soforthilfe bei Schwarzsehen, Selbstzweifeln, Pech und Pannen*, Kösel-Verlag, München, 4. Aufl. 2014
Dana, Deb: *Die Polyvagal-Theorie in der Therapie. Den Rhythmus der Regulation nutzen*, G. P. Probst Verlag, Lichtenau/Westfalen, 2. Aufl. 2019
–, *Polyvagal Exercises for Safety and Connection. 50 Client-Centered Practices*, W. W. Norton & Company, New York 2020
Dethmer, Jim / Chapman, Diana / Warner-Klemp, Kaley: *The 15 Commitments of Conscious Leadership. A new paradigm for sustainable success*, Digital Book by booknook.biz, 0. O. 2015
Dolan, Yvonne: *Resolving Sexual Abuse*, W. W. Norton & Company, New York 1991
Feldman Barrett, Lisa: *How Emotions Are Made. The Secret Life of the Brain*, First Mariner Books, New York 2017
Fröhlich, Laura: *Die Frau fürs Leben ist nicht das Mädchen für alles. Was Eltern gewinnen, wenn sie die Mental Load teilen*, Kösel-Verlag, München 2020
Giacobbe, Giulio Cesare: *Gedankenmedizin für Schisser. Wie wir unseren Zweifeln die Macht nehmen*, Goldmann Verlag, München 2010
Gibson, Lindsay C.: *Adult Children of Emotionally Immature Parents. How to Heal from Distant, Rejecting, of Self-Involved Parents*, New Harbinger, Oakland 2015
Gordon, Thomas: *Gute Beziehungen. Wie sie entstehen und stärker werden*, Klett-Cotta, Stuttgart 2013
Groß, Anke: *Die Bowen'sche Familiensystemtheorie: Eine Einführung in Theorie und Praxis*, Vandenhoeck & Ruprecht, Göttingen 2012
Haines, Steve: *Anxiety is Really Strange*, Singing Dragon, London 2018
Haller, Reinhard: *Die Macht der Kränkung*, Red Bull Media House, Wals bei Salzburg 2015
Hendriks, Gay: *The Big Leap. Conquer your hidden fear and take life to the next level*, Harper Collins, New York 2010
Hodgkinson, Tom: *Leitfaden für faule Eltern*, Rogner & Bernhard bei Zweitausendeins, Berlin, 2. Aufl. 2009
Hühn, Susanne: *Der innere Erwachsene. Ein Begleiter für Selbstbewusstsein, Selbstbestimmtheit und innere Stärke*, Schirner Verlag, Darmstadt 2018
Juul, Jesper: *Das Kind in mir ist immer da*, Beltz Verlag, Weinheim 2018
–, *Dein selbstbestimmtes Kind. Unterstützung für Eltern, deren Kinder früh nach Autonomie streben*, Kösel-Verlag, München 2020
–, *Nein aus Liebe. Klare Eltern – starke Kinder*, Kösel-Verlag, München 2008
–, *5 Grundsteine für die Familie. Wie Erziehung funktioniert*, Kösel-Verlag, München 2015
Knock Knock: *How to Traumatize Your Children. 7 Proven Methods to Help You*

Screw Up Your Kids Deliberately and with Skill, Knock Knock, Venice, CA, 2011

Manson, Marc: *Everything is F*cked. A Book about Hope*, HarperCollins, New York 2019

–, *The Subtle Art of Not Giving a F*ck: A Counterintuitive Approach to Living a Good Life*, HarperCollins, New York 2016; dt. *Die subtile Kunst des darauf Scheißens*, mvg Verlag, München, 9. Aufl. 2019

Mertens, Wolfgang, und Bruno Waldvogel: *Handbuch psychoanalytischer Grundbegriffe*, Kohlhammer Verlag, Stuttgart, 3., üb. u. erw. Aufl. 2008

Mik, Jeannine / Teml-Jetter, Sandra: *Mama, nicht schreien! Liebevoll bleiben bei Stress, Wut und starken Gefühlen*, Kösel-Verlag, München 2019

Miller, Alice: *Dein gerettetes Leben. Wege zur Befreiung.* Suhrkamp, Stuttgart 5. Auflage 2007

–, *Wege des Lebens. Sechs Fallgeschichten*, Suhrkamp, Stuttgart 3. Auflage 2008

Miller, Martin: *Das wahre »Drama des begabten Kindes«. Die Tragödie Alice Miller*, Herder, Stuttgart 2016

Nagosky, Emily / Nagosky, Amelia: *Burnout. The Secret to Solving the Stress Circle*, Vermillion, London 2019

Niederberger, Ueli: *Die Anatomie der Kränkung. Ein Beitrag zum Werk von Jesper Juul.* Kleinteil, 2010. PDF – https://familylab.ch/anatomie-der-kraenkung/? doing_wp_cron= 15993251028644568920135498046875

Paul, Sheryl: *Wisdom of Anxiety. How Worry and Intrusive Thoughts Are Gifts to Help You Heal*, Sounds True, Boulder, CO, 2019

Popper, Karl R.: *Auf der Suche nach einer besseren Welt. Vorträge und Aufsätze aus dreißig Jahren*, Piper Verlag, München 1984

Ramsauer, Petra: *Angst*, Verlag Kremayr & Scheriau, Wien 2020

Rosenberg, Stanley: *Der Selbstheilungsnerv. So bringt der Vagus-Nerv Psyche und Körper ins Gleichgewicht*, VAK Verlag, Kirchzarten bei Freiburg, 2. Aufl. 2018

Schellenbaum, Peter: *Das Nein in der Liebe. Abgrenzung und Hingabe in der erotischen Beziehung*, Deutscher Taschenbuch Verlag, München 15. Auflage 1999

Schnarch, David: *Brain Talk. Professional Edition. How Mind Mapping Brain Science Can Change Your Life and Everyone in It*, Sterling Publisher, New York 2018; dt. *Brain Talk: Wie wir das Gehirn nutzen, um uns selbst und andere besser zu verstehen*, Kösel-Verlag, München 2020 (Zitate je nach Bedarf aus beiden Ausgaben)

–, *Die Psychologie der sexuellen Leidenschaft*, Klett-Cotta, Stuttgart 2016

–, *Intimacy and Desire. Awaken the Passion in Your Relationship*, Sterling Productions, New York 2009; dt. *Intimität und Verlangen. Sexuelle Leidenschaft in dauerhaften Beziehungen*, Klett-Cotta, Stuttgart 2011

Siegel, Daniel J.: *Das achtsame Gehirn*, Arbor Verlag, Freiburg im Breisgau 2007

Stern, Daniel N.: *Tagebuch eines Babys. Was ein Kind sieht, spürt, fühlt und denkt*, Piper Verlag, München 21. Auflage 2013

Taylor, Jill Bolte: *My Stroke of Insight. A Brain Scientist's Personal Journey*, Penguin, New York 2016; dt. *Mit einem Schlag. Wie eine Hirnforscherin durch ihren Schlaganfall neue Dimensionen des Bewusstseins entdeckt*, Knaur MensSana, München 2006

Titelman, Peter (Hrsg.): *The Therapist's Own Family. Toward The Differentiation of Self*, Jason Aronson Inc., Northvale, New Jersey, London 1995

Bildnachweis

polyvagale Leiter auf S. 55: nach einer Vorlage von Deb Dana und kreiert von © Kösel-Verlag unter Verwendung eines Motivs von Aleks Melnik / Shutterstock.com

Wolken auf S. 163: unter Verwendung eines Motivs von magicmary / stock.adobe.com

Grafiken auf den Seiten 176, 177, 197 und 198: © Kösel-Verlag nach Entwürfen der Autorinnen

Illustrationen (Stift, Herz, Sonne): Sylvia Wolf

Anmerkungen

[1] Mik, Jeannine / Teml-Jetter, Sandra: *Mama, nicht schreien! Liebevoll bleiben bei Stress, Wut und starken Gefühlen*, Kösel-Verlag, München 2019.

[2] Vgl. Rick Hanson: »Using Your Mind to Change Your Brain«, o. D., https://www.rickhanson.net/using-your-mind-to-change-your-brain/, abgerufen am 25.10.2020.

[3] Zur leichteren Lesbarkeit wird in diesem Buch auf die zusätzliche maskuline Schreibweise weitgehend verzichtet. Mit dem hier verwendeten generischen Femininum sind weibliche, männliche und alle anderen LeserInnen gemeint.

[4] Dieses Verhalten nennt man in der Psychologie auch »Tend-and-Befriend-Reaktion«. Bei Stress und in Gefahrensituationen arrangiert man sich mit den Umständen. Man besänftigt, passt sich an und gleicht aus, um dazuzugehören. Ein Notfallprogramm.

[5] Juul, Jesper: *Das Kind in mir ist immer da*, Weinheim, Beltz Verlag 2018, S. 28.

[6] Einer der großen Philosophen unserer Zeit, Sir Karl Popper, prägte

diesen Begriff. Er beschreibt, dass das Wissen, das wir als Menschheit heute haben, wahrscheinlich bald überholt sein wird. »Wissen« ist demnach etwas, was sich immer erneuert und verändert. Deshalb können wir Menschen bestenfalls und in jedem Bereich immer nur von »Vermutungswissen« sprechen – vermutlich.

7 Sheryl Paul: Wisdom of Anxiety. How Worry and Intrusive Thoughts Are Gifts to Help You Heal, Sounds True, Boulder, CO, 2019, S. 1.

8 Laut Weltgesundheitsorganisation WHO haben weltweit 264 Millionen Menschen die Diagnose »Anxiety«, also »Angst«, in unterschiedlichen Ausprägungen und mit verschiedenen Symptomen. Nun ist es ja nicht so, dass man in psychischen Angelegenheiten sofort zum Arzt geht, wie etwa mit einem gebrochenen Bein. Wenn wir das berücksichtigen, können wir uns vielleicht ansatzweise vorstellen, wie hoch die Dunkelziffer hier wohl ist. Vgl. World Health Organization: »Depression and Other Common Mental Disorders. Global Health Estimates«, 2017, S. 10, https://apps.who.int/iris/bitstream/handle/10665/254610/WHO-MSD-MER-2017.2-eng.pdf, abgerufen am 6.12.2020.

9 Richtig gelesen: Viele Menschen haben Angst vor dem Guten, weil sie es nicht (aus)halten können. Sie trauen sich nicht, den nächsten Schritt zu gehen. Und das, obwohl oder weil sie wissen, dass es nur besser werden kann.

10 Zit. n. aphorismen.de, https://www.aphorismen.de/zitat/79174, abgerufen am 6.12.2020.

11 Siehe auch Nagosky, Emily, und Amelia Nagosky: Burnout. The Secret to Solving the Stress Circle, Vermillion, London 2019, S. 3 ff.

12 Vgl. National Institute for the Clinical Application of Behavioral Medicine: »A Story for Clients Stuck in Worry and ›What Ifs‹«, 2020, https://www.nicabm.com/a-story-for-clients-stuck-in-worry-and-what-ifs/, abgerufen am 5.8.2020.

13 Unterscheidung akute und chronische Angst nach Murray Bowen, vgl. Anke Groß: Die Bowen'sche Familiensystemtheorie: Eine Einführung in Theorie und Praxis, Vandenhoeck & Ruprecht, Göttingen 2012, S. 10.

14 Dami Charf: »Wie aus traumatischen Erfahrungen Angst entsteht«, https://www.youtube.com/watch?v=LbYN_e8_KX0, abgerufen am 24.10.2020.

15 Der Psychotherapeut und Autor Wilfried Ehrmann im Gespräch mit Sandra Teml-Jetter, Wien, im August 2020.

16 Vgl. o.V.: »Anxiety and panic attacs«, 2020, https://www.mind.org.uk/information-support/types-of-mental-health-problems/anxiety-and-panic-attacks/causes-of-anxiety/, abgerufen am 22.10.2020.

17 Vgl. Dami Charf: »Entwicklungstrauma«, 7.7.2017, https:// traumaheilung.de/entwicklungstrauma/, abgerufen am 24.10.2020.
18 Ob uns vererbte genetische Faktoren »anfälliger« machen oder wir die Angst erben, weil unsere Eltern ihre Art, zu denken und zu handeln, auf uns übertragen, ist ungeklärt.
19 Auch deine physische Gesundheit, Medikamente und Drogenkonsum können Ängste und Panik begünstigen. Vgl. o.V.: »Anxiety and panic attacs«, a.a.O.
20 Paul, a.a.O., S. 5 (aus dem englischen Original von uns übersetzt).
21 Ebenda, S. 11.
22 Dami Charf: »Wie Angst dein Leben lenkt – und du es nicht mal spürst, 7.3.2019, https://www.youtube.com/watch?v=gojQxE0jAwk, abgerufen am 12.8.2020.
23 Dami Charf: »Angst – wie sie entsteht und was du dagegen tun kannst«, 23.7.2015, https://www.youtube.com/watch?v=Qri8rDu6QpY, abgerufen am 2.8.2020.
24 Deb Dana: Die Polyvagal-Theorie in der Therapie. Den Rhythmus der Regulation nutzen, G. P. Probst Verlag, Lichtenau/Westfalen, 2. Aufl. 2019, S. 23.
25 Vgl. Daniel J. Siegel: Das achtsame Gehirn, Arbor Verlag, Freiburg im Breisgau 2007, S. 164.
26 Rosenberg, Stanley: Der Selbstheilungsnerv. So bringt der Vagus-Nerv Psyche und Körper ins Gleichgewicht, VAK Verlag, Kirchzarten bei Freiburg, 2. Aufl. 2018, S. 220.
27 Ebenda, S. 215.
28 Polyvagal bedeutet, dass der Vagusnerv aus verschiedenen Teilen besteht, die mit verschiedenen Gehirnbereichen korrespondieren – eine Entdeckung von Stephen Porges. Eine leicht verständliche Erklärung der Polyvagal-Theorie liefert Mathias Thimm in seinem Video »Der Polyvagal-Kreis«, https://www.youtube.com/watch?v=2hc9PPN7L2c&feature=youtu.be
29 Deb Dana: »A Beginner's Guide to the Polyvagal Theory«, 2018, https://www.rhythmofregulation.com/resources/Beginner's%20 Guide.pdf, abgerufen am 24.10.2020. Grafik in Anlehnung an https://www.traumathrivers.com/2020/05/18/co-regulation-why-feeling-soothed-by-relationships-helps/, abgerufen am 24.10.2020.
30 Rosenberg, a.a.O. S. 64 ff.
31 Bevor Stephen Porges die Polyvagal-Theorie vorstellte, wurde angenommen, dass der Vagus als einzelne Nervenbahn funktioniert. Wir wissen jedoch inzwischen, dass unsere beiden Vagus-Äste – der vordere (ventral) und der hintere (dorsal) – an zwei verschiedenen Stellen entspringen und ganz unterschiedliche Aufgaben haben.

32 Jim Dethmer / Diana Chapman / Kaley Warner Klemp: The 15 Commitments of Conscious Leadership. A new paradigm for sustainable success, Digital Book by booknook.biz, o.O., 2015, S. 218.
33 Vgl. ebenda.
34 Deb Dana: Polyvagal Exercises for Safety and Connection. 50 Client-Centered Practices, W. W. Norton & Company, New York 2020, S. 32 ff.
35 Vgl. Hara Estroff Marano: »How to Fight Depression and Anxiety«, 9.7.2007, rev. 9.6.2016, https://www.psychologytoday.com/us/articles/200707/how-fight-depression-and-anxiety, abgerufen am 27.7.2020.
36 Vgl. zum Beispiel »emDria«: »Was ist EMDR?«, o. D., https://www.emdria.de/emdr/was-ist-emdr/, abgerufen am 12.12.2020.
37 Vgl. Steffen Bambach: »Die 5–4–3–2–1-Übung (2003)«, deutsche Version nach Yvonne Dolan: Resolving Sexual Abuse, Norton, New York 1991, https://www.traumatherapie.de/users/bambach/hydratext.html, abgerufen am 23.8.2020.
38 o.V.: »How to Create a Pathway to Regulation Menu«, angepasst durch NICABM, ursprünglich von Deb Dana, LCSW, o. D., https://nicabm-stealthseminar.s3.amazonaws.com/Blog/Worksheets/NICABM-My+Pathways+to+Regulation+Menu.pdf, abgerufen am 13.12.2020.
39 Vgl. Avi Grinberg: »Angst vor dem Neuen«, Abschrift eine Vortrags aus dem Jahr 1992, http://www.grinbergmethod.com/ge/avi_lecture.asp, abgerufen am 26.10.2020.
40 Carolyn Pape Cowan / Philip A. Cowan: »Adult attachment, Couple attachment, and Children's Development: A family relationship model with implications for intervention«, International Conference on Couples, Sexuality and Children, München, 14.11.2010.
41 Stern, Daniel: Tagebuch eines Babys, S. 89 ff.
42 siehe Mik, Jeannine / Teml-Jetter, Sandra: Mama, nicht schreien!, S. 166 ff.
43 Groß, a.a.O., S. 13.
44 Ebenda, S. 14.
45 Zitat von Winston Churchill.
46 Groß, a.a.O., S. 12.
47 Ebenda, S. 11.
48 Vgl. Wolfgang Mertens / Bruno Waldvogel: Handbuch psychoanalytischer Grundbegriffe, Kohlhammer Verlag, Stuttgart, 3., üb. u. erw. Aufl. 2008, S. 633 ff.
49 Vgl. Dami Charf: »Warum es sinnvoll ist, Gefühle auch mal nicht rauszulassen«, 7.11.2018, https://einfachmenschsein.com/warum-es-sinnvoll-sein-kann-gefuehle-auch-mal-nicht-rauszulassen/, abgerufen am 30.9.2020.

50 Vgl. Lisa Feldman Barrett: How Emotions Are Made. The Secret Life of the Brain, First Mariner Books, New York 2017, S. 42 ff.
51 Wie eine sichere Bindung zwischen Elternteil und Baby aussehen kann und wie wir Babyweinen begleiten können, beschreibt der Begründer der Emotionellen Ersten Hilfe Thomas Harms 2018 im Video-Interview mit Jeannine auf ihrem Blog »Mini and Me«. Hier kommst du zum sehenswerten Interview: https://www.mini-and-me.com/emotionelle-erste-hilfe-wie-du-durch-achtsamkeit-das-weinen-deines-babys-sicher-begleiten-kannst-video-interview-mit-thomas-harms/, abgerufen am 7.10.2020.
52 Vgl. Paul Bloom: »Why Empathy Is Not the Best Way to Care«, 18.1.2017, https://youtu.be/YVCwjjT_CVY, abgerufen am 3.8.2020.
53 Unser Prozess »C.I.A.« ausführlich in Mik/Teml-Jetter, a.a.O., S. 62 f.
54 Eine simple Erklärung für einen nicht so simplen Vorgang, der sich in unserem Gehirn abspielt: Wir »parken« manche unserer Erinnerungen (die traumatischen) im bildhaften, impliziten Teil unseres Gedächtnisses und halten sie dort unter Verschluss, wodurch sie aber keinen Weg zu unserem verbal zugänglichen Teil des Gedächtnisses finden, in dem sie weiterverarbeitet werden könnten. Erst wenn wir sie auf diesen Weg schicken, können wir blinde Flecken in unserer Biografie bearbeiten und das Bild vervollständigen. David Schnarch beschreibt diesen Prozess ausführlich in seinem Buch »Brain Talk. Professional Edition. How Mind Mapping Brain Science Can Change Your Life and Everyone in It«, Sterling Publisher, New York 2018; dt. Brain Talk: Wie wir das Gehirn nutzen, um uns selbst und andere besser zu verstehen, Kösel-Verlag, München 2020, Appendix D.
55 Inspiriert von dem Büchlein Knock: How to Traumatize Your Children. 7 Proven Methods to Help You Screw Up Your Kids Deliberately and with Skill, Knock, Venice, CA, 2011. Wie gesagt: Keine der Empfehlungen in den zwölf Punkten dieses Abschnitts ist ernst gemeint. Es handelt sich um Satire.
56 Stern, Daniel: Tagebuch eines Babys, S. 89ff.
57 Vgl. Schnarch, a.a.O. (dt.), E-Book-Pos. 408 ff.
58 Jill Bolte Taylor: My Stroke of Insight. A Brain Scientist's Personal Journey, Penguin, New York 2016; dt. Mit einem Schlag. Wie eine Hirnforscherin durch ihren Schlaganfall neue Dimensionen des Bewusstseins entdeckt, Knaur MensSana, München 2006, S. 120.
59 Vgl. Schnarch, a.a.O. (dt.), E-Book-Pos. 2316.
60 Ebenda, E-Book-Pos. 5415 und Anhang C und D.
61 Ein weiteres Beispiel findest du im Kapitel »Beziehungen gestalten mit meiner Integrität als Kompass« in Teil III: Susanne konfrontiert ihre Eltern mit dem, was war, und verteidigt endlich ihre Grenzen.

62 Die polnisch-schweizerische Autorin und Psychologin Alice Miller war eine der ersten, die es Ende der 1970er-Jahre bahnbrechend wagte, Erziehungsmethoden und somit das Tun und Handeln der eigenen Eltern zu hinterfragen, und diese schließlich auch damit zu konfrontieren. Ihr Sohn, Martin Miller, beschreibt in seinem Buch »Das wahre ›Drama des begabten Kindes‹« wiederum sein schwieriges Verhältnis zu seiner Mutter und seinen persönlichen Weg, mit ihrer Form der Erziehung umzugehen.

63 Reinhard Haller: Die Macht der Kränkung, Red Bull Media House, Wals bei Salzburg 2015, S. 35.

64 Ebenda, S. 26.

65 Vgl. Lydia Heller: »Das gekränkte Ich«, 27.2.2020, https://www.deutschlandfunkkultur.de/psychologie-das-gekraenkte-ich.976.de.html?dram: article_id=471191, abgerufen am 19.10.2020.

66 Ueli Niederberger: »Anatomie der Kränkung – Ein Beitrag zum Werk von Jesper Juul«, 2010, https://familylab.ch/anatomie-der-kraenkung/?doing_wp_cron=1603139708712937116622924804687 5, abgerufen am 19.10.2020.

67 Haller, a.a.O., S. 155.

68 Zum Prozess der Selbstbefragung vgl. Marc Manson: The Subtle Art of Not Giving a F*ck: A Counterintuitive Approach to Living a Good Life, HarperCollins, New York 2016, S. 73 ff.

69 Marianne Williamson: Rückkehr zur Liebe, Harmonie, Lebenssinn und Glück durch »Ein Kurs in Wundern«, Goldmann Verlag, München 1993, S. 20.

70 Manson, a.a.O., S. 83.

71 Pamela B. Paresky: »Finding Your Inner Adult«, Psychology Today, 5.5.2017, https://www.psychologytoday.com/us/blog/happiness-and-the-pursuit-leadership/201705/finding-your-inner-adult, abgerufen am 29. August 2020.

72 Kollaborative Allianz: gemeinschaftliches Bündnis, in dem alle zum Wohle aller in bestem Wissen und Gewissen zusammenarbeiten; vgl. die Info-Box »Kollusive, kombative und kollaborative Allianz« in Mik/Teml-Jetter, a.a.O., S. 148.

73 Vgl. Susanne Hühn: Der innere Erwachsene. Ein Begleiter für Selbstbewusstsein, Selbstbestimmtheit und innere Stärke, Schirner Verlag, Darmstadt 2018.

74 Vgl. Clement, Ulrich: Systemische Sexualtherapie, S. 66 ff.

75 Ramsauer, Petra: Angst, Verlag Kremayr & Scheriau, Wien 2020, S. 96.

76 Vgl. Marc Manson: Everything is F*cked. A Book about Hope, HarperCollins, New York 2019. S. 31 f.

77 Diesen Begriff haben wir von Martha Beck übernommen und eingedeutscht. In ihrem englischsprachigen Arbeitsbuch »Integrity Cleanse«, das wir großartig finden und in dem es zahlreiche Übungen zur Erforschung deiner Integrität gibt, bezeichnet sie ihn als »Sense of Integrity«. Vgl. Martha Beck: The Integrity Cleanse. Your Ultimate Path to Peace, DIY Workbook, Martha Beck, Inc., o. O. 2016, https://marthabeck.com/diy-integrity-cleanse-kit-detail/, abgerufen am 16.12.2020, S. 12 ff.
78 Ebenda, S. 12.
79 Probier's aus! Schau dir an, wie Eltern ihren Kindern »einen Streich spielen« und sich auf ihre Kosten lustig machen: Sie lügen sie an und erzählen ihnen, sie hätten all ihre Halloween-Süßigkeiten gegessen. Wie geht es dir beim Zusehen? Was macht dein Körper, was spürst du? Könntest du das auch? Haben wir dich in eine unangenehme Situation gebracht? Dann ist es gut. Lern deine Integrität kennen. Hier findest du das Video von Jimmy Kimmels Halloween Candy Challenge: https://youtu.be/N1pTZTHZF4E, abgerufen am 13.10.2020.
80 Martha Beck: The Integrity Cleanse, S. 13f.
81 Beck, a.a.O., S. 30.
82 Umgekehrt willst du dir vielleicht das Worst-Case-Szenario vorstellen: Was ist das Allerschlimmste, was passieren kann? Mehr über das Worst-Case-Szenario liest du in Mik/Teml-Jetter, a.a.O., S. 97 f.
83 Inspiriert von Beck, a.a.O. S. 44 f.
84 Vgl. das Kapitel »Dein Selbst, deine Grenzen und dein Kreis« in Mik/Teml-Jetter, a.a.O., S. 127–146.
85 Zitiert nach »Zitate berühmter Personen«, 15.12.2020, https://beruhmte-zitate.de/zitate/954523-paulo-coelho-wer-denkt-abenteuer-seien-gefahrlich-der-sollte/, abgerufen am 16.12.2020.
86 Inspiriert von dem Psychiater, Motivationsexperten und Autor Dr. Stefan Frädrich in einem Gespräch. Siehe zum Beispiel: »Das Günter-Prinzip: So motivierst du deinen inneren Schweinehund«, 9.7.2017, https://www.youtube.com/watch?v=9fQ4mHd47fA&feature=emb_title, abgerufen am 8.1.2021.
87 Ebenda.
88 Sandra hat beispielsweise das Foto einer 82-jährigen Frau als Handybildschirm-Hintergrund, deren Energie sie begeistert. Sie lächelt: »So stelle ich mir mein Zukunfts-Selbst in dreißig Jahren vor. Diese Ausstrahlung!«
89 Vgl. Sheryl Paul: »This is the #1 Reason Why People are Terrified to Heal«, 13.9.2020, https://conscious-transitions.com/this-is-the-1-reason-why-people-are-terrified-to-heal/, abgerufen am 14.9.2020.

62 Die polnisch-schweizerische Autorin und Psychologin Alice Miller war eine der ersten, die es Ende der 1970er-Jahre bahnbrechend wagte, Erziehungsmethoden und somit das Tun und Handeln der eigenen Eltern zu hinterfragen, und diese schließlich auch damit zu konfrontieren. Ihr Sohn, Martin Miller, beschreibt in seinem Buch »Das wahre ›Drama des begabten Kindes‹« wiederum sein schwieriges Verhältnis zu seiner Mutter und seinen persönlichen Weg, mit ihrer Form der Erziehung umzugehen.

63 Reinhard Haller: Die Macht der Kränkung, Red Bull Media House, Wals bei Salzburg 2015, S. 35.

64 Ebenda, S. 26.

65 Vgl. Lydia Heller: »Das gekränkte Ich«, 27.2.2020, https://www.deutschlandfunkkultur.de/psychologie-das-gekraenkte-ich.976.de.html?dram: article_id=471191, abgerufen am 19.10.2020.

66 Ueli Niederberger: »Anatomie der Kränkung – Ein Beitrag zum Werk von Jesper Juul«, 2010, https://familylab.ch/anatomie-der-kraenkung/?doing_wp_cron=1603139708712937116622924804 6875, abgerufen am 19.10.2020.

67 Haller, a.a.O., S. 155.

68 Zum Prozess der Selbstbefragung vgl. Marc Manson: The Subtle Art of Not Giving a F*ck: A Counterintuitive Approach to Living a Good Life, HarperCollins, New York 2016, S. 73 ff.

69 Marianne Williamson: Rückkehr zur Liebe, Harmonie, Lebenssinn und Glück durch »Ein Kurs in Wundern«, Goldmann Verlag, München 1993, S. 20.

70 Manson, a.a.O., S. 83.

71 Pamela B. Paresky: »Finding Your Inner Adult«, Psychology Today, 5.5.2017, https://www.psychologytoday.com/us/blog/happiness-and-the-pursuit-leadership/201705/finding-your-inner-adult, abgerufen am 29. August 2020.

72 Kollaborative Allianz: gemeinschaftliches Bündnis, in dem alle zum Wohle aller in bestem Wissen und Gewissen zusammenarbeiten; vgl. die Info-Box »Kollusive, kombative und kollaborative Allianz« in Mik/Teml-Jetter, a.a.O., S. 148.

73 Vgl. Susanne Hühn: Der innere Erwachsene. Ein Begleiter für Selbstbewusstsein, Selbstbestimmtheit und innere Stärke, Schirner Verlag, Darmstadt 2018.

74 Vgl. Clement, Ulrich: Systemische Sexualtherapie, S. 66 ff.

75 Ramsauer, Petra: Angst, Verlag Kremayr & Scheriau, Wien 2020, S. 96.

76 Vgl. Marc Manson: Everything is F*cked. A Book about Hope, HarperCollins, New York 2019. S. 31 f.

77 Diesen Begriff haben wir von Martha Beck übernommen und eingedeutscht. In ihrem englischsprachigen Arbeitsbuch »Integrity Cleanse«, das wir großartig finden und in dem es zahlreiche Übungen zur Erforschung deiner Integrität gibt, bezeichnet sie ihn als »Sense of Integrity«. Vgl. Martha Beck: The Integrity Cleanse. Your Ultimate Path to Peace, DIY Workbook, Martha Beck, Inc., o. O. 2016, https://marthabeck.com/diy-integrity-cleanse-kit-detail/, abgerufen am 16.12.2020, S. 12 ff.
78 Ebenda, S. 12.
79 Probier's aus! Schau dir an, wie Eltern ihren Kindern »einen Streich spielen« und sich auf ihre Kosten lustig machen: Sie lügen sie an und erzählen ihnen, sie hätten all ihre Halloween-Süßigkeiten gegessen. Wie geht es dir beim Zusehen? Was macht dein Körper, was spürst du? Könntest du das auch? Haben wir dich in eine unangenehme Situation gebracht? Dann ist es gut. Lern deine Integrität kennen. Hier findest du das Video von Jimmy Kimmels Halloween Candy Challenge: https://youtu.be/N1pTZTHZF4E, abgerufen am 13.10.2020.
80 Martha Beck: The Integrity Cleanse, S. 13 f.
81 Beck, a.a.O., S. 30.
82 Umgekehrt willst du dir vielleicht das Worst-Case-Szenario vorstellen: Was ist das Allerschlimmste, was passieren kann? Mehr über das Worst-Case-Szenario liest du in Mik/Teml-Jetter, a.a.O., S. 97 f.
83 Inspiriert von Beck, a.a.O. S. 44 f.
84 Vgl. das Kapitel »Dein Selbst, deine Grenzen und dein Kreis« in Mik/Teml-Jetter, a.a.O., S. 127–146.
85 Zitiert nach »Zitate berühmter Personen«, 15.12.2020, https://beruhmte-zitate.de/zitate/954523-paulo-coelho-wer-denkt-abenteuer-seien-gefahrlich-der-sollte/, abgerufen am 16.12.2020.
86 Inspiriert von dem Psychiater, Motivationsexperten und Autor Dr. Stefan Frädrich in einem Gespräch. Siehe zum Beispiel: »Das Günter-Prinzip: So motivierst du deinen inneren Schweinehund«, 9.7.2017, https://www.youtube.com/watch?v=9fQ4mHd47fA&feature=emb_title, abgerufen am 8.1.2021.
87 Ebenda.
88 Sandra hat beispielsweise das Foto einer 82-jährigen Frau als Handybildschirm-Hintergrund, deren Energie sie begeistert. Sie lächelt: »So stelle ich mir mein Zukunfts-Selbst in dreißig Jahren vor. Diese Ausstrahlung!«
89 Vgl. Sheryl Paul: »This is the #1 Reason Why People are Terrified to Heal«, 13.9.2020, https://conscious-transitions.com/this-is-the-1-reason-why-people-are-terrified-to-heal/, abgerufen am 14.9.2020.

90 Vgl. ebenda.
91 Zitiert nach »Zitate berühmter Personen, Zitate Carl Gustav Jung«, o. D., https://beruhmte-zitate.de/autoren/carl-gustav-jung/?page=2, abgerufen am 16.12.2020.

Wirklich da sein, statt perfekt sein

Basierend auf aktuellen Erkenntnissen aus Neurowissenschaften und Bindungsforschung gibt das erfolgreiche Autorenduo Daniel J. Siegel und Tina Payne Bryson Eltern konkrete Strategien an die Hand, wie sie ihre Kinder dabei unterstützen können, dass aus ihnen körperlich und mental starke Menschen werden.

www.koesel.de